Inhalt

Darwin
Arnhem Land
Katherine
Victoria highway
Roe River
Prince Regent River
Lennard River
Wyndham
Kununurra
Timber Creek
Lac Argyle
Ord Riv.
Birdwood Downs
Derby
Broome
Gantheaume Point
Windjana Gorge
Bungle Bungle
Halls Creek
Fitzroy Crossing
Daly Waters
NORTHERN TERRITORY
Tanami Desert
Port Hedland
Dampier
Roebuck Plains
Tunnel Creek
Hamersley Ranges
Exmouth
Tropique du Capricorne
Red Bluff
Carnarvon
Gibson Desert
WESTERN AUSTRALIA
Geraldton
Îles Abrolhos
Kalgoorlie
Perth
Fremantle
Great eastern highway
Manjimup
Albany
Kings Canyon
Mac Donnell Ranges
Mts Olgas
Yulara
Ayers Rock
Nullarbor Plain
Eyre highway
Stuart highway
Tennant Creek
Delmore Downs
Bond Springs
Alice Springs
Todd Riv.
Finke River
Coober Pedy
SOUTH AUSTRALIA
Lac Eyre
Simpson Desert
Adelaide
Cape York Peninsula
Cooktown
Cairns
Townsville
Charters Towers
Rockhampton
QUEENSLAND
Brisbane
NEW SOUTH WALES
Newcastle
Sydney
Canberra
VICTORIA
Melbourne
Ranches
Sehenswürdigkeiten
500 km

HEILIGE STÄTTEN UND STÄMME DER ABORIGINES
Maningrida
Darwin
Arnhem Land
Gove
Bodeidei Camp
Bulmann
Weemol
Katherine
Cooktown
Cairns
Lombadina
BARDI
Beagle bay
Turkey Creek
NORTHERN TERRITORY
Derby
Wave Hill
Broome
JABIRR
Fitzroy Crossing
Halls Creek
Lajamanu
Lagrange
YAWURU
Tanami Desert
Tennant Creek
Townsville
Battle Mountain
Port Hedland
Delmore Downs
Balgo
Dampier
WARLPIRI
Mount Isa
Charters Towers
Mackay
Yuendumu
ARANDA
Utopia
Kintore
Papunya
Tropique du Capricorne
PINTUBI
Alice Springs
Rockhampton
ARRERNTE
Carnarvon
WESTERN AUSTRALIA
Hermannsburg
QUEENSLAND
Docker River
Ayers Rock
Ernabella
Meekatharra
Wiluna
PITJANTJARRA
SOUTH AUSTRALIA
Brisbane
Laverton
Geraldton
Maralinga
Kalgoorlie
NEW SOUTH WALES
Perth
Port Augusta
Newcastle
NYUNGAR
Bunbury
Sydney
Adelaide
JABIRR Stammesnamen
Canberra
* Missionen und Aborigine-Siedlungen
Albany
VICTORIA
500 km
Melbourne

Dem Traumvolk

Für Emmanuèle

»Was heute bewiesen ist,
existierte einst nur in der Vorstellung.«

William Blake

Perth – entweder oder

Sieben Jahre ist es schon her. Das ist angeblich die Zeit, die unser Körper braucht, um alle Zellen einmal zu erneuern. Dann beginnt ein neuer Zyklus. Sieben Jahre bin ich nicht nach Australien zurückgekehrt. Vierzehn Jahre ist es her, dass ich die Liebe für diesen Kontinent entdeckt habe, für sein rotes Herz, das Buschland der Wüste, und einige Monate später für einen seiner Söhne, einen der verrücktesten und wildesten … der mich nach zehn Tagen gefragt hat, ob ich ihn heiraten will.

Ich habe ja gesagt. Ja zu allem und auf der Stelle. Ja zur Wüste, ja zum Land, ja zu Craig, dem Mann, der mich zwei Jahre auf seinem Fischerboot entlang der wilden Küste des Indischen Ozeans mitnehmen sollte … Australien hat mein ganzes Leben durcheinander gewirbelt. Mit der unausweichlichen Klarheit des Schicksals tauchte es auf meinem Weg auf und erfüllte meine Suche nach Sinn und meinen Hunger nach Weite mit dem Geschenk seines unendlichen Himmels, dieses Land ohne Grenzen, mit unberührten Küsten und mit einem Ehemann, der größer als das Leben selbst war. *Bigger than life,* sagt man hier.

Das Flugzeug neigt sich zur Seite, wir setzen zur Landung auf Perth an. Ich schnalle mich an, auch wenn mein Herz eigentlich abheben möchte. Das Gras ist ganz gelb und die Seen sind nur noch Tümpel mit salzverkrusteten Rändern. Dabei ist die Regenzeit gerade vorüber. Sollte es wieder eine Dürreperiode geben? Ich presse mein Gesicht ans Fenster und sehe die Erde immer näher kommen, braunrosa und voller Risse. Noch ein Schwenken der Flügel und vor uns glitzern hell die ersten Wasserreservoirs der Stadt. Wie eine Kette erscheinen dann die kleinen Vororthäuschen, die alle gleich aussehen und die Felder auf dem Damebrett der rechtwinklig angelegten Straßen ausfüllen. In der Ferne erkenne ich die ersten Wolkenkratzer der City, die sanften Wellen der grünen Hügel. Ich kann die Krümmung des Swan River erahnen und mein Herz schlägt schneller… An seiner Mündung tanzen die glitzernden Wellen des Indischen Ozeans.

Nach einer letzten Schleife in Richtung Busch* senkt sich das Flugzeug langsam auf die von Eukalyptus und Akazien gesäumte Landebahn. Der Flughafen hat sich nicht verändert. Vor vierzehn Jahren spürte ich sofort, dass dieses Fleckchen australischer Erde zu mir gehörte, und als das Flugzeug aufsetzte, entspannte sich mein Körper und ich wusste, dass meine rastlose Reise zu Ende war. Ich fühlte mich plötzlich ganz friedlich, ich war zu Hause.

Eine leichte Erschütterung zeigt unsere Landung an. Ich bin wieder hier, in dem Land, das nicht mehr meines ist, in dem ich nicht mehr leben darf. Ich komme als Journalistin mit einem Touristenvisum für drei Monate und meine Aufgabe ist es, einen persönlichen Reiseführer über Australien zu schreiben. Das Wort Reiseführer hat mich zunächst beruhigt. Die Journalistin kennt sich damit gut aus, kann das Erlebte und zu starke Erinnerungen auf Distanz halten – oder sie gar verschwinden lassen, indem sie sich fern hält von den alten Wegen des Herzens.

Was das Maß der Vertrautheit anging, beschloss ich, es je nach Situation zu dosieren. Ich war sicher, alles unter Kontrolle zu haben.

Noch habe ich keinen Fuß auf die rote Erde gesetzt oder gar den Geruch des Staubs in die Nase bekommen, der nach Eukalyptus duftet und einen schon beim Verlassen des Flugzeugs berauscht, da schlägt mein Herz bereits Trommelwirbel. Mein Körper fühlt, dass dieses Land wieder von mir Besitz ergriffen hat, sofort, wie vor vierzehn Jahren, und dass ich es niemals verlassen habe, dass dieses Land immer meines geblieben ist.

Alle guten Vorsätze lösen sich in Luft auf. Ich werde dorthin gehen, wohin es mich zieht, die Wege des Herzens, die alten und die neuen, miteinander verquicken, den vergangenen Leidenschaften nachspüren, voller Neugier auf kommende Entdeckungen… Ich will mich selbst entdecken, wenn ich dieses Land bereise, eintauchen in tiefere Schichten, in entlegenste Gebiete.

»Australien ist gefährlich, weil es keinen Ort gibt, wo man sich verstecken kann. Hier zählt nur deine gegenwärtige Bedeutung, deine Vergangenheit wird großzügig ignoriert und du bist gezwungen, ganz du selbst zu sein!« Das hatte Astrid gesagt und dabei angefangen zu lachen, als sei es das Selbstverständlichste der Welt. Es war Frühling und wir saßen im Café de l'Alma in Paris. Am nächsten Morgen ging ihr Flugzeug nach Perth, wohin sie vor sieben Jahren ausgewandert ist, »weil ich mich auf diesem Stückchen Erde endlich lebendig fühle«.

Wir wussten bereits, dass wir uns wiedersehen würden. Sie würde ich als eine der Ersten besuchen. Nach Meg natürlich, meiner Ex-Schwiegermutter und Mutter auf dieser Hälfte der Erde.

Der Garten hat sich nicht verändert. Der einzige Schatten spendende Baum ist eine Akazie mit einem schütteren Blätterkleid. An der hinteren Mauer klettern rosa- und malvenfarbene Bougainvilleen hoch. Auch das Haus ist unverändert, ein altes viktorianisches Gebäude aus weiß gestrichenem Holz, mit verrosteten Verzierungen und wackligen Markisen, die von den müden Ventilatoren hin- und herbewegt werden. Die Pionierin Meg war nie eine perfekte Hausfrau. Sie gießt gerade ihre Pflanzen. Sie hat sich nicht verändert, abgesehen von den schneeweißen Haaren und einem Zittern der rechten Hand… »Vor zwei Jahren haben sie mir gesagt, ich hätte Parkinson. Vom Rathaus hat man mir eine Haushaltshilfe geschickt, die ich sofort wieder entlassen habe: Ich falle niemandem zur Last!«

Auf jeden Fall hat Meg immer alles selbst gemacht: zwei Kinder aufgezogen, dann vier weitere aus einem anderen Nest, eine

Farm mit dreihundert Schweinen geführt, eine Bildhauerwerkstatt eingerichtet, das größte Kunsthandwerksgeschäft in ganz Perth geführt, das Kulturfestival in ihrem Viertel, Subiaco, auf die Beine gestellt, im Gemeinderat mitgearbeitet ... Und vor kurzem hat sie im Alter von fünfundsechzig Jahren mit einigen Aborigines Straußenvögel gezüchtet und vermarktet die bemalten Eier!

Außerdem stiehlt sie sich noch die Zeit, sich um ihren eigenen Grund und Boden zu kümmern. Auf dieses Fleckchen Erde voller Schönheit und Wildheit, wie es so typisch ist für den Südwesten Australiens, flieht sie am Wochenende, um sich zu erholen. Das heißt bei ihr: Pflanzen zurückschneiden und veredeln, Zäune reparieren, Pläne zeichnen für Bungalows, die Camper und Surfer beherbergen sollen, sich informieren über die Lebensfähigkeit einer Rebsorte oder die Möglichkeiten der Lamazucht.

Sie setzt sich zu mir auf die Hollywoodschaukel aus Bambus. Die Luft wird erträglich, eine leichte Brise weht vom Swan River herüber. Der Geruch von brackigem Wasser vermischt sich mit dem Duft der Plumeria. Mir schwindelt von dem süß-salzigen Geruch, der hierher gehört, zu ihr. Es fällt kein Wort über Craig. Unsere Trennung vor zehn Jahren und meine Rückkehr nach Frankreich hatten etwas in ihr zerstört. Sie weiß, dass ich nicht seinetwegen zurückkomme, sondern wegen des Landes ... Wie heute sehe ich uns vor mir in ihrem Geländewagen auf dem Weg zu ihrem Besitz in Jurien Bay: viele Hektar Buschland, dazu ein Fluss und zehn Kilometer private Küste, das alles in einer Entfernung von weniger als drei Stunden von Perth. 1960 hatte sie das Land für einen Spottpreis erstanden. Mit ihr entdeckte ich die grenzenlose, leere Weite von Western Australia, das Buschland, das sofort hinter den Stadttoren beginnt, und dann gleich die Wüste, die schnurgerade Straße entlang der Küste des Indischen Ozeans. Und auf dem ganzen Weg niemand, kein Strand, kein Dorf, keine Spur menschlichen Lebens über Dutzende und Dutzende von Kilometern, mit erstickender Eintönigkeit.

Ich erinnere mich an Megs lebhafte Stimme, die mich mit

einem Mal aus meiner Schläfrigkeit riss: »Siehst du diesen *blackboy** dort drüben? Letztes Jahr war er ganz kümmerlich, er hat die Trockenheit gut überstanden. Und dieser *banksia** mit den orangefarbenen Kegeln, der blüht dieses Jahr das erste Mal. Und dort die ährenförmigen Gräser, die sind neu hier, ich hätte nicht gedacht, dass die bei uns wachsen …« Voller Verblüffung entdeckte ich, dass diese düstere und eintönige Straße für Meg sehr lebendig und abwechslungsreich war, dass sie ihr genauso vertraut war wie ihr Garten und sie sie auch ebenso liebte. An diesem Tag lernte ich von ihr, den Reichtum der Landschaft und ihre winzigen Veränderungen zu schätzen, und entdeckte nun die kleinsten Bewegungen im Buschland, ebenso wie ich später von Craig lernte, aus dem feinsten Kräuseln des Ozeans zu lesen, ob es ein Unwetter oder aber einen fabelhaften Fischfang ankündigte.

Ein Moment der Gnade und der Stille. Die Bewegung der Schaukel wiegt unsere vereinten Herzen, alle Sorgen vermischen sich, die Leiden von Frauen, die niemals ausgesprochen, aber geteilt wurden. Wir haben so wenig miteinander gesprochen … Diese Kultur ist arm, was den Ausdruck von Gefühlen angeht – »Du bist ein gefühlsmäßiger Analphabet!«, schrie ich Craig in meiner Wut an –, aber in ihrem Handeln sind die Menschen sehr realitätsbezogen und charakterfest, sie zeigen in ihrer Unkompliziertheit und Schlagfertigkeit, dass durchaus alles wahrgenommen und verstanden wurde und dass ganz selbstverständlich geteilt wird, ohne irgendwelche Worte.

Meg stellt zwei Truthahnsandwiches auf den Tisch, ein Glas *pickles** und eine Flasche Mineralwasser. Innerhalb von fünf Minuten wird sie alles verschlungen haben, wie immer, und dann wird sie sich beeilen, wieder an den Schreibtisch zu kommen, um die Buchhaltung in Ordnung zu bringen. Der Zauber des Augenblicks ist gebrochen. Eine Stunde hat sie sich gegönnt, abgezweigt von ihrer Arbeit, den Geschäften, den Anwälten und Bankiers, von den Angestellten des Geschäfts, von den Tischlern ihrer Ländereien, von ihren Verpflichtungen und Verantwortungen. Mit ihrer zitternden Hand rechnet sie die Zahlen zusammen, das Geräusch der Tastatur übertönt das Zirpen der Heuschrecken. Hier IST man, was man tut, und man ist WERT, was man verdient. Selbst eine Künstlerin und Pionierin lässt sich schließlich davon mitreißen …

Magda, die Nachbarin, durchquert den Garten mit einem Teller in der Hand. Seit zwanzig Jahren bringt sie Meg jeden Sonntagabend ein Dutzend polnische Kekse, die sie selbst gebacken hat. Sie stößt einen kleinen Schrei aus, als sie mich erkennt. Noch immer hat sie den gleichen milchig weißen Teint und trägt diese geblümten Blusen von drüben … Und auf einmal fällt mir alles wieder ein: Ihr Vater starb bei den Massakern von Katyn, ihre Mutter floh mit den beiden Töchtern an der Hand vor dem Kommunismus, zunächst in Flüchtlingslager in Kenia und Uganda. Dann zogen sie nach Australien, nicht nach Kanada, wegen der schlechten Lunge der Mutter, in Perth lebten sie in Zinkhütten für Flüchtlinge, spürten die Erleichterung, endlich angekommen zu sein, trotz der erstickenden Hitze. Die beiden Mädchen wurden von Nonnen aufgenommen, die ihnen Englisch und Nähen beibrachten.

Ein weiteres Mal wird ihr Leben umgekrempelt. Mit sechzehn Jahren wird Magda von ihrem Stiefvater weggeschickt, um zu arbeiten; sie zeichnet Schnittmuster für Textilwaren. Doch der Chef wird zudringlich und sie flieht, landet als Bedienung im Nedlands Park Hotel, einem feinen Lokal direkt neben Megs Haus. Ihre weiße Haut und die blonden Zöpfe erregen Aufmerksamkeit, man dreht sich nach ihr um. Der Cousin des Besitzers macht ihr erst den Hof und dann sehr schnell zwei Töchter, die er anerkennt, ohne jedoch ihre Mutter zu heiraten. Dreißig Jahre später ist ihr nicht viel mehr geblieben als ihr schönes Haus dem Hotel gegenüber. Die beiden Mädchen sind auf und davon, bevorzugen den Vater und sein Geld. Doch inzwischen sind Karaoke-Abende sehr in Mode und ihr Haus ist in Gefahr, abgerissen zu werden, weil der Pub vergrößert werden soll.

»Und was machen die Freunde, Magda?«

Mit Ausnahme von Meg hat sie alle in den polnischen und

ukrainischen Einwandererclubs kennen gelernt. Dort treffen sie sich zweimal die Woche zum Tanzen und Singen, sie sprechen dort ihre Muttersprache und teilen sich Watruschka, mit Quark gefüllte Hefeteigklößchen, die sie mit Wodka begießen. Ich schaue sie an. Sie ist noch voller Energie. Wo sind heute ihre Wurzeln? Was hält sie hier? »Australien ist wirklich okay«, sagt sie mit Nachdruck und schaut mir gerade in die Augen, »ALLES ist besser als der Kommunismus. Wir werden niemals nach Hause zurückkehren, weil es nicht mehr unser Zuhause ist… Und Australien hat uns aufgenommen.« Immer noch mit ihrem Teller in der Hand wendet sie sich zum Haus, doch dann besinnt sie sich noch einmal anders: »Was allerdings die Männer angeht, also da muss man sagen NIET, und zwar ein für alle Mal! Die hier taugen nichts! Übrigens, es ist wohl besser, ich warne dich. Dein Ex-Mann kann jeden Tag hier auftauchen. Seine sechs Wochen auf See gehen dem Ende zu und er macht sich Sorgen um seine Mutter…« Sie ist auf und davon, nicht ohne mir noch einen bedeutungsschweren Blick zugeworfen zu haben. Ich muss schmunzeln, das Leben ist weitergegangen, die Wunde hat sich geschlossen. Zwei kleine Kinder füllen Craigs Leben aus, auch wenn er von ihrer Mutter getrennt lebt, und mich hat die Liebesbeziehung mit einem Amerikaner heiterer und gelassener gemacht. Warum sollen wir uns nicht als Freunde wiedersehen?

Hinter den Markisen kann ich das Flüstern der beiden Frauen hören, deren Lebenswege so unterschiedlich verliefen und die sich in ihrer Einsamkeit doch so nah sind. An der Schwelle zu Alter und Krankheit knüpfen sie wieder engere Bande und sie sind bei den einfachsten Handlungen des Alltags auf der Hut. Durch die völlige Abwesenheit von Männern haben sie es gelernt, sich selbst zu beschützen, und über den Weggang oder die Flucht ihrer Kinder wollen sie sich weder beklagen noch deren Präsenz einfordern… Ist es bei uns wirklich so anders oder ist es hier einfach nur auffälliger, weil das Licht so klar ist, die Natur so nah, die Gerüche des Swan River so sinnlich, dass die Einsamkeit quälender wird?

Schnell ist die Nacht hereingebrochen, wir sind in der Nähe der Tropen. Man kann die Sterne fast mit den Fingern greifen, sie funkeln mit ihren fünf Zweigen wie auf einer Kinderzeichnung: Als ich sie das erste Mal erblickte, habe ich geweint, heute beruhigen sie mich. Ein Windhauch bringt die Blätter des alten Akazienbaumes zum Singen, sein scharfer Geruch sticht mir in die Nase: Dort, in seinem Schatten, habe ich begonnen, mein australisches Abenteuer aufzuschreiben … Ich musste schreiben, schon damals vor zwölf Jahren, um zu verstehen, was hier mit mir passierte. Daraus ist ein Roman geworden, den ich in Paris beendet habe; dann fünf Dokumentarfilme, deren Bilder mich die gleichen Wege geführt haben. Diese erneute Wiederkehr, diesen persönlichen Reiseführer, umgibt ein Geheimnis, dessen Faden der Ariadne ich noch suche.

Wie ein Bilderrätsel ohne Auflösung ruft mich Australien, damit ich lerne und begreife.

Astrid erwartet mich vor der Tür ihres *unit*, einem im Erdgeschoss gelegenen kleinen Apartment in einem dieser Vororte mit vielen Geschäften, die Perth umgeben. Sie strahlt mich an, ihr Blick ist offen und sie fragt ganz einfach und direkt: »Na, bist du glücklich, hier zu sein?« Ja, ich bin glücklich, hier bei ihr zu sein, in diesem schlichten Raum, der zu ihr passt – Korbmöbel und Grünpflanzen – und dessen Wände bedeckt sind mit ihren liebsten Aborigine-Kunstwerken. Bewegt erkenne ich das Bild, das sie einmal einer Pariser Ausstellung als Leihgabe zur Verfügung gestellt hatte und vor dem wir uns kennen gelernt haben. Damals erklärte sie mir, dass ihre Arbeit darin bestünde, sechs Monate im Jahr durch die Aborigine-Reservate zu fahren und Malereien auszuwählen, nach denen sowohl in Frankreich wie auch sonst überall auf der Welt eine immer größere Nachfrage herrsche, ob sie nun auf Holz, Rinde oder mit Acrylfarben gemalt seien.

Ich beobachte sie in ihrer vertrauten Welt, sie strahlt eine natürliche Vornehmheit aus. Als Tochter eines Diplomaten und

Aristokraten durchquert sie ganz selbstverständlich die sozialen Schichten, so wie sie die ganze Welt durchquert hat im Laufe der Versetzungen ihres Vaters.

»Hast du dich eigentlich jemals irgendwo richtig einem Land zugehörig gefühlt?«

»Ja, doch, vor Australien war ich in Afrika sehr glücklich. Ich erinnere mich noch an den Geruch meiner schwarzen Kinderfrau, die ich heiß und innig liebte. Zweifellos ist das der Grund, warum meine ersten Kontakte mit den Aborigines so einfach waren, sogar ihr Geruch war mir vertraut... Aber ich wollte dir das neueste Bild zeigen, das mir die Leute aus Balgo* zu meinem Geburtstag geschenkt haben.«

Astrid enthüllt ein Bild, das auf einer Staffelei thront. Es ist mit Acrylfarben gemalt. Punkte in allen Größen, braun, weiß und schwarz, formen Linien und Kreise, finden sich zu schwimmenden Formen zusammen, laufen in Wellenlinien über das Bild. Es sieht fast aus wie eine Landschaft, die man aus dem Flugzeug betrachtet und die in der Hitze flimmert. Mich ergreift das gleiche Gefühl wie damals in der Pariser Galerie. Auch dieses Bild ist LEBENDIG. Man hat den Eindruck, es atmet. Jeder kleine Punkt scheint wie ein Herz zu schlagen und alle zusammen schwingen im gleichen Takt. Sie widersetzen sich dem Blick, der eine feste Form sucht, und hindern den Geist daran, etwas in Worte zu fassen. Sind sie Materie, Wasser oder Licht? Ist es ein Weg, der sich im Busch verliert, oder ein Fluss nach dem Hochwasser oder Spuren von Sternschnuppen? Was für eine Energie lebt in dem Maler? Woher nimmt er sie, dass er ein paar kleinen künstlichen Punkten solches Leben einhauchen kann?

»Weißt du, die Aborigines stellen sich ihr Land nicht wie eine geografische Karte vor, sondern wie Linien voll geistiger Energie, die sich kreuzen und verbinden, genau wie die Neuronen im Gehirn: Was sie auf ihren Bildern darstellen, sind genau diese energetischen Karten, die gleichzeitig spirituelle Wege und Informationsleitungen sind.«

Ich muss lächeln, so modern ausgedrückt hat mir die Wege der Dreamtime* – der Traumzeit der Aborigines – noch niemand erklärt!

»Weißt du, wenn ein Aborigine malt, singt oder tanzt, verbindet er sich wieder mit der Schöpfungsenergie der Großen Vorväter, die alles auf dieser Erde geformt haben. Es ist, als ob er die Welt wieder in Bewegung bringen, ihr bei jedem Mal neues Leben spenden und sich dabei im Gleichklang mit ihr befinden würde. Jeder Aborigine-Stamm ist auf diese Weise verantwortlich für einen Weg – der nur ein kleiner Teil einer der zighundert unsichtbaren Traumpfade ist, die sich durch Australien ziehen –, genauso wie für ein Territorium und eine Geschichte, die er ohne Unterlass durch Rituale und Zeremonien erneuern muss.

Genau das ist die Funktion ihrer Malerei: Sie soll wieder neues Leben bringen und nicht Kunstwerke schaffen. Bevor sich die westliche Welt dafür interessierte, malten die Aborigines übrigens auf Sand. Wenn das Ritual zu Ende war, verwischten sie es wieder, so wie die Tibeter es mit ihren Mandalas tun. Heute hat sich die Nachfrage auf dem Kunstmarkt dermaßen entwickelt, dass einzelne Stämme nur noch damit beschäftigt sind, ihre Geschichte zu malen, auf Objekte aus Holz und aus Ton, auf Leinwand oder auf Baumrinde. Das Komischste daran ist, dass sie dabei auf dem Boden sitzen, im Staub, genauso wie vor vierzigtausend Jahren: Die Hunde laufen darüber, die Kinder schmieren ihre Finger daran ab – oder ihren Po…, Insekten hinterlassen die Spuren ihrer Füße, das wird alles in die ursprüngliche Zeichnung mit einbezogen, wie das Leben selbst, und manchmal landet es zu unerschwinglichen Preisen in Galerien!«

Astrid zeigt mir noch andere Bilder. Einige haben eine sehr klare Symbolik. Sie beschreiben mit Punkten, Linien und Kreisbögen Orte und Szenen des täglichen Lebens: Kieselsteinbrüche, wo die Männer ihre Lanzen herstellen, Ameisenhaufen, nach denen die Frauen graben, um schmackhafte Honigameisen zu sammeln, ihre Versammlungsorte, die man an den Körben und den Grabstöcken für das Kleinwild erkennt. Einige der auf Baumrinde gemalten Bilder sind noch eindeutiger: Die Regenbogenschlange ist zu sehen, das Symbol der Lebensenergie und der unterirdischen Kräfte, man erkennt Brolgas, die an einem Wasserloch ihren Durst stillen (das sind mächtige Reiher, die eine mythische Bedeutung für die Aborigines haben), auch Kängurus, Emus (eine Straußenart) und Jamswurzeln, eine bevorzugte Nahrungsquelle im Busch, finden sich in den Darstellungen.

Doch die letzte Rindenmalerei zieht am meisten die Blicke auf sich: Vertikale Schlangenlinien sind in Reihen so fein und eng gemalt, dass sie nicht zu greifen sind; sie gleiten ohne Unterbrechung die eine über die andere wie Eisenbahnschienen, die in großer Geschwindigkeit vorbeiziehen, oder fliegen wie ein Windstoß, der sich im ganzen Zimmer auszubreiten scheint, über das Bild hinaus … »Dieses hier ist von einem der Alten eines Stammes aus dem Arnhem Land* vor vierzig Jahren gemalt worden, kurz bevor er seinen ersten Weißen getroffen hat. Er hat mir die Bedeutung nicht erklären können, da sie nur den eingeweihten Männern seines Stammes enthüllt werden darf. Doch selbst ohne Erklärung kann man die zu Grunde liegende Kraft spüren … Eine Kraft, die er aus seinen Traditionen geschöpft hat, die ohne Unterbrechung seit mehr als vierzigtausend Jahren weitergetragen werden. Sie sind also noch sehr lebendig!« Diese letzten Worte äußert Astrid voller Leidenschaft.

Mir fällt die erste Zeremonie ein, die ich im Busch miterlebt habe. Das war in Yuendumu, einem Aborigine-Reservat etwa zweihundert Kilometer von Alice Springs entfernt, der Stadt im Herzen des Red Heart, der roten Wüste. Ich hatte dort gerade Françoise wiedergetroffen, eine Freundin, die Anthropologin ist. Warlpiri*-Männer tanzten den Känguru-Traum*. Mit hämmernden Sprüngen und Schlägen ins Kreuz begleitet von heiseren Schreien hatten sie die Erde zum Zittern gebracht. Dieser Tanz war so kraftvoll, dass er in unseren Eingeweiden widerhallte, bis wir wahrhaftig zitterten: Sie imitierten das Känguru nicht, sie verkörperten es perfekt mit all seiner Energie, gaben der ganzen Spezies wieder neues Leben …

»Als ob sie in die Erde genetisch wieder neuen Samen aussäen«, erläutert Astrid mit einem Augenzwinkern.

Ich muss schmunzeln. Ihre moderne Sicht auf die Welt der Aborigines gefällt mir. Sie zeigt mögliche Brücken zur Welt der Weißen auf und macht die Aktualität einer Kultur deutlich, die die unsere befruchten kann, indem sie uns daran erinnert, woher wir kommen.

Eine junge Frau biegt in die Allee ein, sie trägt ein Bild unter dem Arm: »Störe ich auch nicht, kann ich reinkommen?« Astrid freut sich: »Nein, du kommst gerade richtig. Sandra, das ist Michèle, du wirst ihr viel zu erzählen haben … Und wir können gemeinsam dein neuestes Werk entdecken.« Sandra schaut mich abschätzend an, dann fällt das Misstrauen von ihr ab. Sie ist ein Aborigine-Mischling von etwa vierzig Jahren, mit hellen Augen, die vor Energie zu brodeln scheinen. Sie stellt ihr Bild auf die Staffelei: »Es ist sehr schnell herausgekommen, die Kunst ist eine gute Therapie, hinterher habe ich mich sehr viel besser gefühlt. Ich habe noch keinen Titel gefunden, vielleicht heißt es: ›Gibt es Gerechtigkeit?‹«

Ich trete näher an diese Collage aus ausgeschnittenen Zeitungsartikeln heran. »Zu viele Aborigines sterben in den Gefängnissen. Gefangen zwischen zwei Welten. Ablehnung, Aberkennung der bürgerlichen Rechte, Enteignung, Armut, Verwirrung, Unwissenheit, all das hat eure Gesellschaft mit uns gemacht. Hunderttausend Aborigines müssen wohl zur geraubten Generation gezählt werden.«

»Geraubte Generation?«

Astrid antwortet mir:

»Vor sieben Jahren hat die Regierung unter dem Labour-Premierminister Keating auf Druck der Opfer eine große Untersuchung in Auftrag gegeben, um die Familien der Aborigine-Mischlinge wiederzufinden, die ihren Eltern seit 1905 geraubt wurden. Damals wurde die Politik der Assimilation ins Leben gerufen. Ziel war es, die Kinder, die auch nur einen Tropfen weißes Blut in sich hatten – in der Regel von ihrem Vater –, in die angelsächsische Gesellschaft zu integrieren. Alle anderen sollten in Missionen oder Reservaten verkommen, bis die *full-blood*-Aborigines – die reinblütigen – mitsamt ihrer Kultur ausgelöscht wären. Auf diese Weise wäre das Problem gelöst!

Man hat herausgefunden, dass es noch bis in die Sechzigerjahre Entführungen gegeben hat. Der Bericht ist gerade veröffentlicht worden und auf ABC, dem öffentlichen Fernsehsender, ist ein Film mit Zeugenaussagen ausgestrahlt worden, der zeigt, dass es sich um einen richtigen Völkermord gehandelt hat. Das hat in den Medien großes Aufsehen erregt und die Menschen in ihrer vermeintlich heilen Welt aufgerüttelt. Aber wenn du Sandras Geschichte gehört hast, wirst du es besser verstehen ... das heißt, wenn sie möchte?«

Das ist ein heikles Thema und Sandras offene Gesichtszüge haben sich verhärtet, aber sie signalisiert: »Ist schon okay.«

»Du musst zunächst wissen, dass das Assimilations-Gesetz von 1905 der Polizei alle Rechte einräumte, da wir keinen offiziellen Status hatten. Australische Staatsbürger sind wir erst seit 1967! Das bedeutet, dass wir für alles die Genehmigung der Polizei benötigten, ob wir nun heiraten, arbeiten, unseren Aufenthaltsort ändern oder irgendetwas besitzen wollten. In einigen Bundesstaaten, wie zum Beispiel in Queensland oder hier im Süden Südwestaustraliens, waren sie noch strikter, da die Weißen ganz begierig nach unserem Land waren, das sehr fruchtbar ist.

Ich sage das alles, damit du begreifst, dass die Polizei mich meiner Mutter ohne offizielle Anweisung wegnehmen konnte, als ich zwei Jahre alt war. Meine Mutter war selbst im Alter von fünf Jahren beim Eieraufsammeln entführt worden und meine Großmutter sogar direkt aus der Wiege: das macht drei Generationen geraubter Kinder ... Meiner Mutter haben sie noch fünf andere

Kinder weggenommen und da wir irisches, chinesisches und englisches Blut haben, wählten sie die Kinder mit der hellsten Haut. Sie haben uns alle in verschiedene Waisenhäuser gesteckt und uns erzählt, wir wären verlassen worden: Sie haben mir beigebracht, meine Mutter zu hassen und zwölf Stunden am Tag das Waisenhaus zu schrubben, bis ich acht Jahre alt war … Nicht ein einziges Mal hat mich jemand in die Arme genommen oder mir Zärtlichkeit entgegengebracht. Wir waren weniger wert als Hunde.

Dann wurde ich von einer weißen Gemüsegärtnerfamilie adoptiert, aber es hat nicht richtig geklappt, ich war zu anders. Mit zwanzig habe ich einen Engländer geheiratet, drei Kinder bekommen und versucht, alles zu vergessen. Als mein ältester Sohn einundzwanzig wurde, fing man an, über diese Untersuchung der Regierung zu sprechen, über die geraubte Generation. Da hat es bei mir ›Klick‹ gemacht und ich war bereit, die Wahrheit zu erfahren. Ich habe meine Akte eingesehen, auch die meiner Mutter und meiner Großmutter …

Und in diesem Moment, im Alter von vierzig Jahren, ist meine ganze Welt zusammengebrochen: Mein Leben war auf einer Lüge aufgebaut gewesen, auf einer falschen Identität. Ich musste meine Mutter wieder finden, meine Aborigine-Kultur, meine Wurzeln und das Gefühl von Verlassenheit und Verrat überwinden. Und dann war es wichtig, den Respekt vor mir selbst wiederzufinden, zu verstehen, wo mein Platz ist und zu welcher Welt ich gehöre.

Ich habe meine Mutter sehr schnell gefunden. Sie ist eine Nyungar*, die nach wie vor die Kultur der Aborigines lebt und ihren Werten verbunden ist. Sie hat mir sogar erzählt, dass sie in den Dünen Eidechsen und Schildkröten gefangen hat, um uns zu ernähren, und dass ich die gerne mochte! Wir haben sehr viel geweint. Ich habe meine Brüder und Schwestern versammelt und eines schönen Tages haben wir uns alle bei ihr getroffen. Ich habe ihr zugehört und verstanden, wie sehr sie gelitten hat und wie sehr wir ihr gefehlt haben. Es heißt, zur Zeit unserer Entführung hätten die Aborigine-Mütter die Gesichter ihrer Kinder mit Kohle eingeschmiert oder sie ganze Tage in den Busch geschickt, bis die Polizei wieder weg war … Sie lebten Tag und Nacht mit der Angst im Bauch.

Ich habe auch entdeckt, dass ich, obwohl ich nicht in der Tradition aufgewachsen war, meinen eigenen Kindern trotzdem viele Werte der Aborigines vermittelt hatte: Sie sind selbstständig, vertrauensvoll und teilen mit anderen, was sie haben. Einer spielt Schlagzeug und Didjeridoo*, der andere ist Grafiker, die Jüngste ist Psychologin für Aborigines. Sie kennen jetzt meine ganze Familie und können aus ihren Wurzeln Kraft schöpfen.

Aber was mich am meisten erstaunt hat, ist, dass ich genau das gleiche Verhältnis zu Land und Landschaft habe wie die Aborigines und dass ich genauso auf meine Träume und Vorahnungen vertraue wie sie. Es ist, als ob die zwei Jahre mit ihnen in meiner Kindheit mein ganzes Leben erfüllt und beeinflusst haben, ohne dass ich mir dessen bewusst war. In meinen ersten Bildern zum Beispiel tauchten immer Pelikane und Geckos* auf … Viel später habe ich erfahren, dass dies die Tiere meines Stammes sind und dass der Gecko mein Totem ist. Etwas später erschien mir im Traum ein Känguru, das mitten auf einem Feld saß und zu mir sagte: ›Du wirst alle Stationen der Initiation, die das Gesetz verlangt, durchleben und mittels deiner Kunst verbreiten. Du wirst bei dieser Aufgabe geführt werden.‹

Und schließlich, vor nicht allzu langer Zeit, bin ich mit John, einem Freund, im Grasland spazieren gegangen. Wir hatten Vollmond und die Nacht war sehr neblig. Auf einmal hatte ich den Eindruck, mich zu verdoppeln: Aus dem Nebel löste sich ein Nyungar mit einer Lanze in der Hand und ich sah mich auf die Knie fallen und in seiner Sprache mit ihm sprechen, die ich ganz selbstverständlich verstand! Er half mir auf und ließ einen runden, schwarzen Stein in meine Hand gleiten, dann verschwand er. Als ich wieder zu mir kam, sagte John: ›Du hast in der Sprache der Aborigines gesprochen, aber du hast sie doch nie gelernt!‹ Das stimmte. Diese Geschichte erzähle ich auch in einem meiner Bilder.

Heute mache ich Ausstellungen und gebe Aborigine-Frauen Malunterricht. Das ist für mich ein Mittel, unsere wirkliche Geschichte zu erzählen, die des Völkermords. Das ist unsere einzige Möglichkeit, uns wieder zu erschaffen … Und ich will, dass die Weißen verstehen, dass all das nicht vor zweihundert Jahren geschehen ist, sondern hier, vor ihren Augen, vor nicht einmal dreißig Jahren!«

Sandra verabschiedet sich von Astrid und bietet an, mich am Bahnhof von Perth abzusetzen. Im Auto reden wir nicht mehr. Ich habe den Eindruck, einen sehr weiten Weg zurückgelegt zu haben. Ich entdecke nach und nach ein anderes Australien, von dem ich durch meine Freundin, die Anthropologin Françoise, eine vage Ahnung bekommen habe, das mir aber bei aller Faszination immer auch Angst gemacht hat: Ich wusste, dass es mich eines schönen Tages einholen würde, wie der Geist der roten Erde. »Schau, dieser runde Stein hier auf dem Armaturenbrett ist der schwarze Stein, von dem ich erzählt habe. Ich trenne mich nie von ihm.« Sie legt ihn mir in die Hand, ich drücke ihn ganz fest. Vielleicht hat er die Macht, die Ungläubigen zu schützen, vorausgesetzt, ihre Suche ist ernsthaft?

»Viel Glück!« Sandra saust weiter zu ihrer Frauenvereinigung. Der Zug bringt mich nach Fremantle. Ich möchte meine alten Fischerfreunde wiedersehen, den Hafen, in dem mein Leben durcheinander gewirbelt wurde. Wir folgen der Küste, die von Norfolk-Pinien gesäumt ist. Ihr langsames Wiegen ist mir gleich wieder vertraut. Auf der anderen Seite ahne ich die Wellen von Scarborough Beach, die mit ungeheurer Kraft direkt aus Afrika herangerollt kommen. Nur noch eine Station, der Geruch nach Jod lässt mich schon schwindeln. Eine Gruppe junger Aborigines kommt herein, sie drängen sich ganz abseits im hinteren Teil des Waggons zusammen …

Werden sich diese beiden Welten niemals begegnen?

Fremantle. Der America's Cup ist verschwunden

»MARCO'S SLIPWAYS. Boote aus Holz.« Es ist noch das gleiche Schild wie vor vierzehn Jahren, er hat sich nicht einmal die Mühe gemacht, es zu streichen. Marko ist völlig egal, was für ein Bild er nach außen abgibt. Ich gehe durch die Hintertür, die direkt zu seinem Büro führt. Er dreht mir den Rücken zu, seine massigen Schultern sind leicht gebeugt, er muss eingeschlafen sein: Das ist nicht ungewöhnlich, wenn meine Rechnung richtig ist, hat er Ostern seinen fünfundsiebzigsten Geburtstag gefeiert.

»Rate, wer da ist, Marko!« Ich lege ihm die Hände auf die Augen, das ist unser Spiel. Letztes Mal kam ich zwischen zwei Dreharbeiten, ich hatte mir zwei Stunden freigemacht, um ihn zu sehen... Er springt auf: »Micheeeelllle«! Er packt mich mit seinen riesigen Pranken, knallt mich gegen seinen Solarplexus und quetscht mich wie immer. Eine Ewigkeit später stellt er mich vor sich hin, klopft mich ab, vergewissert sich, dass alles in gutem Zustand ist, und stellt mir die unvermeidliche Frage: »Hast du Craig gesehen?« Man muss dazu wissen, dass Marko unsere Trennung niemals akzeptiert hat und dass er auch zehn Jahre später die Hoffnung noch nicht aufgegeben hat... »Gut, er wird bald zurück sein. Ich werde ihm eine Nachricht hinterlassen.«

Marko quält sich hinter dem Schreibtisch hervor und ich sehe plötzlich, dass er sich mit einem motorisierten Rollstuhl fortbewegt: »Mach dir nichts draus, Kleine, mein Bein ist im Eimer, aber mit dem Motor und dem Schaltknüppel bewege ich mich wie der Wind. Komm mit, ich zeige dir meine Werft.«

Nur ein paar Schritte von den berühmten Ankerplätzen des

America's Cup entfernt, hat Marko sein Königreich für die verschiedensten Sehnsüchte bewahren können. Man muss dazu sagen, dass er in ganz Western Australia der einzige Bootsbauer ist, der mit Holz arbeitet. Bei ihm haben wir die *Invincible* auf Vordermann gebracht, ein altes Perlenboot, das Craig zum Fischerboot umgerüstet hatte. Bei jedem Schaden am Rumpf nahm Marko das nächste Flugzeug und erledigte für uns im Eilverfahren die Reparaturen. Bis zu dem Tag, als wir in Carnarvon* auf einen Kai aufliefen. Das Heck war abgerissen und Marko musste zehn Tage lang mit uns den beengten Raum auf dem Boot teilen … aber auch die kleinen französischen Mahlzeiten, was mit Sicherheit unsere Freundschaft besiegelt hat. »Das waren richtige Ferien«, hat er einfach gesagt. Er hatte fünfzehn Stunden am Tag in der sengenden Sonne gearbeitet, aber es war das erste Mal seit vierzig Jahren, dass er seine Werft länger als zwei Tage verlassen hatte, so gesehen …

Wir durchqueren die Werkstatt, wo die Schiffsrümpfe gebaut werden. Ich erkenne den Geruch des Jarrah-Holzes wieder, das Holz der *Invincible*, und seine Maserungen, die sich wellen wie Wasser und die ich fasziniert betrachtete, wenn ich die Brücke schrubbte. Marko ist schon auf und davon, Ehrenwort, irgendjemand hat ihm einen Außenbordmotor unter den Hintern geschnallt! Ich finde ihn unter einem ausgehöhlten Schiffsrumpf. Er untersucht mit der Hand die ausgefranste Wunde aus Plastikfäden: »Siehst du, Kleine, ich repariere jetzt Glasfaser und Aluminium. Mit Holz ist es nichts mehr bei den Fischerbooten, aber für die Touristenschiffe im Norden läuft's noch: Ich habe gerade einen Zweimaster wieder in Schuss gebracht, der Luxuskreuzfahrten auf den Kimberley-Flüssen machen wird, stell dir das mal vor!«

Ich muss schmunzeln. Vor zwölf Jahren waren wir die Einzigen, die in den wilden Flüssen des Nordens auf Barramundi*-Fang gingen: Es gab keine Karten, die Gezeitenunterschiede lagen bei zehn Metern und alles war mit Krokodilen verseucht … Das Ergebnis war, dass uns jeden Tag ein Flugzeug der Küstenwache überflog, die sich einerseits Sorgen um unser Überleben machte, andererseits aber auch kontrollieren wollte, ob wir keinen Schmuggel betrieben, mit Krokodilhäuten oder Drogen über indonesische oder thailändische Boote, oder mit seltenen Vögeln über kleine Flugzeuge, die nach Einbruch der Dunkelheit auf geheimen Pisten zu den asiatischen Märkten aufbrachen. Kein Zweifel, das wilde Australien begann sich zu zivilisieren!

Marko ist schon wieder verschwunden, ich laufe hinter ihm her und finde ihn am Fuß eines Segelbootes aus Holz, dessen Vorderteil völlig eingedrückt ist: »Rogger!« Es ist ein alter Freund von Craig, der sein Leben damit verbracht hat, zwischen Perth und Darwin hin- und herzunavigieren. Er hat sich nicht verändert, mit Ausnahme seines Salz- und Pfeffer-Barts und der etwas tiefer eingegrabenen Gesichtszüge.

»Und deine Frau?«

»Sie ist nach Frankreich zurückgekehrt, sie hat es nicht mehr ausgehalten. Sie sagte, ich würde mich nicht um sie kümmern und ich würde nur das Meer lieben. Wir hätten keine Intimsphäre. Sicher wäre es kulturell bedingt und gar nicht wirklich mein Fehler. Ich hab überhaupt nichts verstanden! Sie hat mir den Kleinen hier gelassen und jetzt bin ich mit ihm und meinem Vater auf dem Meer unterwegs …«

Es ist das alte Lied der Seeleute, die alte Leier der gemischten Paare. Die Einsamkeit der Frauen ist hier nicht ungewöhnlich, für eine Europäerin ist sie schwieriger zu ertragen. Die Verschlossenheit der Männer bricht nur auf, wenn sie völlig betrunken sind oder am Rande des Abgrunds stehen oder zu spät: Ich habe nach einiger Zeit erfahren, dass Craig drei Tage nach meiner Abreise einen Autounfall hatte … Soll ich DARAUS schließen, dass er mich liebte?

Ich höre die Klingel des *Tucker Shops*, eine Kantine auf Rädern, die *fish and chips* und Pizza an die Hafenarbeiter verkauft. Ich wundere mich, dass sie jetzt auch Souvlaki, Thai-Curry, Schischkebab und sogar Sushi anbieten … Die große weite Welt hat in Fremantle Einzug gehalten. Ungerührt holt Marko seinen Essnapf hervor, den ihm seine Frau um genau zwölf Uhr bringt. Es ist seit vierzig Jahren der gleiche und das Essen ist noch ganz heiß: Auberginenpaste und marinierte Sardinen, das gleiche Essen, das er auch schon damals auf seiner Insel in Jugoslawien aß, auf einer umgedrehten halben Tonne sitzend, während er die alten Holzkähne der Sardinenfischer reparierte. Marko scheint meine Gedanken zu erraten:

»Weißt du schon, dass sie sich hier ins Sardinengeschäft gestürzt haben? Früher waren sie gerade mal als Köder gut genug! Jetzt ist es ganz groß in Mode: Sie haben eine ganze Flotte mit Schleppnetzen ausgerüstet, sie überschwemmen damit den Markt und feiern sogar ein Sardinen-Fest! Stell dir das mal vor!«

Marko zuckt mit den Schultern. »Sie« sind die Australier oder zumindest alle, die nicht aus Europa kommen, wobei Griechen und Italiener nicht unbedingt mit eingeschlossen sind... Was bleibt, sind vielleicht einige Franzosen – Marko hat die *French Kiss* repariert und er hat gute Erinnerungen an die Besatzung – und natürlich die Jugoslawen, wobei... »Die Serben hab ich alle rausgeschmissen, die haben keinen Finger krumm gemacht und sowieso immer die Kroaten ausgenutzt und dann mit dem Krieg war es nicht mehr auszuhalten. Sie haben sich nur noch geprügelt...«

Eine Hand voll Arbeiter hat sich um den Kantinenwagen versammelt. Ich kenne niemanden mehr. Wo mag Linda sein, die spritzige Italienerin, und Procut und Blacky, der Hund, der wie ein Verrückter durch das Hafenwasser tobte und jeden Tag mit der Schnauze voller Fische zurückkam, so viele, dass man davon eine Bouillabaisse für alle Bewohner von Markos Slipways hätte kochen können.

»Alle tot«, sagt Marko lakonisch, »Linda hatte Krebs, Blacky ist durch einen Stromschlag getötet worden und Procut, dieser Dummkopf, ist beim Tauchen erstickt: Er hat einen Rumpf repariert und die Sauerstoffflasche mit der Stickstoffflasche verwechselt.«

Mehr wird er dazu nicht sagen. Der Tod, ebenso wie die Liebe, bedarf hier keiner weiteren Kommentare.

Ein Nachzügler kommt heran, der langsam mit dem Kopf wackelt. Das kann nur Graham sein, ein Australier, der durch »Agent Orange« geschädigt wurde. Dieses Entlaubungsmittel wurde in Vietnam eingesetzt, um den Dschungel zu säubern und den Vietcong aufzustöbern. Seitdem bezieht er eine Entschädigungsrente und hält die Hafenbüros sauber. Außerdem bereitet er seine große Fahrt vor, in einer Nussschale von Boot, an dem er seit zehn Jahren herumbastelt...

»Hallo, Graham, bist du immer noch da?«

»Ah, hey Frenchie, nein, du weißt doch, in letzter Minute gibt es immer noch was zu flicken und dann fegen um diese Jahreszeit noch die Zyklone um Broome.«

Kein Mensch, außer ihm selbst, glaubt daran, aber sein Traum hält ihn aufrecht und Marko hat sich damit abgefunden, einen Untermieter auf Lebenszeit zu haben.

Ein Schlepper biegt in die Fahrrinne ein, Marko weist mit dem Finger in seine Richtung: »Siehst du, von denen lebe ich, von den Japanern und reichen Chinesen aus Hongkong, die sich auf den Krabbenfang gestürzt haben. Aber mit der Inflation und dem Zusammenbrechen der Aktienmärkte in Asien sehe ich nicht, wie das weitergeht... Ich weiß, dass man mich von hier weghaben will, um ein schönes Hotel zu bauen. Sie bieten mir unglaubliche Summen an, aber solange ich lebe, wird diese Werft sich hier nicht wegbewegen.«

Er hat nicht mal die Stimme erhoben, es ist eine Tatsache.

Wir kehren ins Büro zurück, vor dem gerade ein metallic-blauer BMW hält:

»Du wirst meinen Sohn nicht wieder erkennen. Er ist jetzt ein richtiger Mann, er hilft mir bei der Buchführung und will das Geschäft übernehmen... Na, wir werden sehen, denn seine Mutter hat aus ihm einen *pur Aussie** gemacht, sechs Stunden Arbeit pro Tag sind schon zu viel! Und dann ist der Strand nur fünfhundert Meter weiter, Surfen in Scarborough, Fußball, die Pubs und Techno-Diskos direkt gegenüber… Und die Frauen, Froggie, oje, die Frauen, die sind schlimmer als alles andere zusammen!«

Wieder quetscht er mich in seinen Armen. Sein Sohn kommt herein mit strahlendem Lächeln, ausgebleichten blonden Haaren und halb offenem Hemd, aus dessen Ausschnitt ein goldenes Medaillon mit dem Foto von Prince lugt. Ich werde mich aus dem Staub machen, um diese Zeit hält Marko sein Mittagsschläfchen.

Er klopft mir ein letztes Mal auf den Rücken, dass es mir fast den Kiefer aushakt. »Du kommst aber noch einmal her, bevor du fährst, dann gehen wir mit Craig ein Bier trinken, am Ende der Mole…« Ja, wie früher, Marko, nicht wahr, als wir uns mit den Haaren voller Holzsplitter und den Fingern voller Farbe alle drei zusammengesetzt haben und die Beine haben baumeln lassen. Wir schauten auf den Sonnenuntergang über dem Meer und das kühle goldene Nass lief köstlich unsere Kehlen hinunter. Damals war Australien noch mein gelobtes Land…

Marko ist schon ein Teufelskerl! Nach wie vor foltert er die englische Sprache und spricht von diesem Land, als wäre es ihm fremd. Was hat er hier gesucht, abgesehen davon, dass er Elend und Krieg entfliehen wollte und ein Vermögen verdient, das er nicht ausgibt, dass er arbeitet wie ein Stier auf einem Hektar voller Staub und Lärm, den er niemals verlassen hat, nicht mal, um auch nur ein einziges Mal nach Hause zurückzukehren, auf seine Insel in Jugoslawien? Oder konnte er nur hier, in diesem Land, das ihn ohne zu fragen aufnahm und einfach seine jungfräuliche Weite und Jugend vor ihm ausbreitete, an eine neue Zukunft denken und seinem Schicksal bis zum Ende folgen: der König der Holzboote zu sein, so wie es sein Traum war, damals auf seiner Insel, als er auf seiner verrosteten halben Tonne saß und sein Blick auf die Neue Welt gerichtet war, auf die andere Seite des Meeres.

Ich beschloss, ein wenig durch Fremantle zu schlendern und auf alten Wegen zu wandeln. Aber seit dem Boom durch den America's Cup hat sich der kleine Provinzhafen verändert: An Stelle von Docks und Werften, wo ich mit Blacky spielte, stehen jetzt Hotels und kleine Yachthäfen. Das Esplanade ist jetzt ein Vier-Sterne-Hotel und strahlt in seinem neuen Anstrich ganz in Pastelltönen. Klaviertöne und eine Melodie von Sinatra dringen auf die Straße. Ich stoße die Schwingtür auf. Unter einer riesigen Glaskuppel, die von einem Kristalllüster erleuchtet wird, speist man an etwa 50 Tischen, die Männer im marineblauen Blazer mit Goldknöpfen, die Frauen in langen, wie Seide fallenden Kleidern. Im Eingangsbereich werden in luxuriösen Vitrinen zu unerschwinglichen Preisen Broschen und Kolliers angeboten, deren riesige Perlen wohl aus der Zucht in Broome stammen.

Ich gehe wieder hinaus, mir ist nach Lachen zumute: Das Esplanade war der Lieblingspub der Seeleute, der Fischer und der Abenteurer. Ich habe hier erlebt, wie griechische Schiffsbesatzungen eine ganze Nacht lang Sirtaki getanzt haben, wie Garnelenfischer einen außergewöhnlich guten Fang in einer riesigen Runde von fünfhundert Personen gefeiert haben, wie Krabbenfischer von der Rottnest-Insel hier direkt vor der Tür auf der Wiese des Hotels riesige Grillpartys mit Meeresfrüchten veranstaltet haben, zu denen der halbe Hafen eingeladen war … Und jeder trug sein Scherflein dazu bei, die Portugiesen brachten grünen Wein, die Italiener Lambrusco oder Chianti, die Griechen steuerten Ouzo bei, und die Nacht endete immer damit, dass alle im Chor die australische Hymne *Waltzing Matilda* anstimmten, die ja schließlich ein Trinklied ist. Das traf sich gut, denn alle waren schon ziemlich angeheitert!

Mein Blick fällt auf die indirekt beleuchteten viktorianischen Verzierungen des Esplanade, hier ist nach Aussage der Prospekte »der Treffpunkt der Segelyachtbesitzer«. Man braucht nur das Vokabular etwas zu verschieben und schon ist alles gesagt, raus mit den Perlentauchern und Netzfischern, raus mit dem Gestank, dem Risiko, dem Schweiß und den Tränen, raus mit der Freude über eine glückliche Heimkehr und mit den Festgelagen.

Ich folge dem Geruch von *fish and chips*, der aus dem Fisherman Harbour kommt, einer Ansammlung neonbeleuchteter Bootsschuppen, wo Kailis, der griechische Fischfang-Milliardär, seinen Überschuss an Fischen unter die Leute bringt. Die Stimmung ist ruhig und friedlich. Familien sitzen auf dem Rasen zusammen und essen mit den Fingern gebackenen Fisch und Fritten, die sie aus dem braunen, fettigen Papier wickeln. Chromblitzende Sportwagen halten vor dem *Take-away*. Junge Japaner mit pomadeglänzenden Haaren springen heraus. Sie haben das Handy noch am Ohr und greifen sich im Vorbeigehen Tintenfischsalat, Sushi und Pommes, rasen dann gleich weiter zu den Surfstränden im Norden, wo sie ihr Festmahl mit teuren Weinen begießen.

Etwas weiter kehrt wieder Ruhe in einem kleinen Yachthafen ein, Segelschiffe schaukeln vor modernen Apartmenthäusern, Luxusanlegeplätze für müde Seefahrerhäupter. Auf der Brücke eines Zweimasters stehen zwei Australier, deren Bäuche nicht unwesentlich nach vorne ragen, in eine scheinbar endlose Diskussion verwickelt:

»*Mate**, ich hab's schon mal gesagt, ich breche nicht nach Indonesien auf, bis ich eine Frau gefunden habe, die mir das Schiff sauber macht und was kocht.«

»Ja, aber seit drei Jahren klebst du nun am Kai und deine *sheela** hast du immer noch nicht gefunden. Du wirst noch völlig einrosten, und mit dir auch dein Segelschiff!«

Sie schütten sich das nächste Bier rein. Auf der Brücke liegen überall *stubbies**, ihr Gespräch gehört zu jenen immer wiederkehrenden Fantastereien all derer, die den Hafen nie verlassen werden, die ihre Träume den Ohrfeigen der großen weiten Welt vorziehen.

Ich gehe wieder zurück Richtung Stadtzentrum. Die Nacht ist hereingebrochen. Der Wind trägt in Wellen die typischen Geräusche eines Samstagabends herüber. Ich laufe zur Hauptstraße hoch, vor dem Fiorelli hat sich eine Menschenmenge versammelt, keiner geht mehr weiter, was ist da los? … Auf zwei Stühlen mitten im Restaurant sitzt ein Paar, beide bleich und mager und ganz in Schwarz gekleidet. Er singt ein Lied im Stil des Belcanto, das er mit pathetischer Stimme und Gesten unterstreicht. Sie begleitet ihn auf der Violine, ihr blutroter Mund ist gefesselt von seinem glühenden Blick und sie unterstreicht die Abschnitte des Dramas mit ungestümen Bogenstrichen, mit einem gefährlichen Zurückwerfen ihres Kopfes … um sich schließlich zum Finale mit ihm zu vereinen, in einem Duo, das sie Auge in Auge singen und das in einem gewaltigen Schrei endet.

Das Publikum ist wie hypnotisiert von diesem Ausbruch wilder Leidenschaft, die es wie ein Lavastrom erfasst hat: wie der Ausbruch des Vesuv …, der in Groß die Fensterscheibe des Restaurants schmückt. Sprachlose Stille herrscht, zwei oder drei fangen schüchtern an zu klatschen und dann auf einmal donnert der Applaus von allen Seiten, sie erhalten stehende Ovationen. »Zugabe! Zugabe!«, Australien wacht auf, sprengt seine puritanischen Fesseln, mehr, mehr, noch mehr heiße Emotionen, Liebe, die sich zeigt und einen zum Weinen bringt, Lieder, die einem die Eingeweide zerreißen …

Ich verschwinde. Die Straße ist schwarz vor lauter Menschen, neuer Stau vor dem Istanbul. Zwischen Meze-Tellern und Honigkuchen wiegt sich eine Bauchtänzerin mit dem Körper einer Liane. Ihr Kopf ist zurückgeworfen, die zahlreichen Armreife klirren, so stellt sie sich vor jeden Gast, bis er dem Zittern ihres glatten Bauches erliegt, der Rundung ihrer Hüften, dem Fall ihrer Lenden, ihrem unzweideutigen Blick, dem es endgültig gelingt, die Glut zu entfachen. Im Halbdunkel genießt die Menge das Schauspiel, ohne selbst aus dem Schatten zu treten, und atmet mit Wonne diesen verbotenen Wind ein, der aus dem Mittelmeer herübergeweht ist und seit kurzem durch den Hafen fegt.

Schließlich erreiche ich die Hauptstraße. Lärm und Lachen dringen aus dem Sails and Anchors, einem alten viktorianischen Pub mit Veranda, karmesinrotem Teppich und kupferfarbener Theke, an der das Bier noch vom Fass ausgeschenkt wird. Hier befand sich das Hauptquartier von Alan Bond und den flammenden Milliardären der Achtzigerjahre. Was ist heute noch geblieben von jenen Hochstaplern der Minen, in denen Eisen, Nickel, Bauxit, Zink, Gold und Diamanten abgebaut wurden, die wie verrückt an der Börse spekulierten? Connell beging Selbstmord, Holmes A'Court hatte einen Herzinfarkt, und »Bondy«, wie man ihn hier zärtlich nennt – er errang den America's Cup für Australien –, sitzt seit fünf Jahren im Gefängnis … wo er seine Berufung zum Maler entdeckt hat. Western Australia ist moralischer geworden, Rezession verpflichtet, dennoch bewahrt es seine Nostalgie für die wilden Jahre und die Extravaganzen seiner *golden boys*, die sein Goldenes Zeitalter geprägt haben.

Gleichzeitig öffnet es sich der Welt. In Fremantle spricht man alle Sprachen, hier vermischen sich die Rassen. Im Neonlicht gehen Hand in Hand gemischte Paare spazieren, braun gebrannte Blondschöpfe und Italienerinnen mit breiten Hüften, Chinesen, Vietnamesen oder Indonesier und Bohnenstangen mit goldblonden Haaren oder verführerische Frauen mit kohlschwarzen Augen, die aus dem Mittleren Osten stammen und ihre üppigen Reize zur Schau stellen. Einzig die Japaner scheinen unter sich zu bleiben. Sie sind zuletzt hier angekommen, sie kaufen das Perlengeschäft auf, erwerben Minen und Land, auf dem sie ihre Luxushotels und Golfplätze errichten, wo ihre überarbeiteten Manager Blitzurlaube buchen können. Eine generalstabsmäßig organisierte Immigration von Reichen, die gerade erst richtig beginnt, schon eingeholt von reichen Chinesen aus Hongkong, die sich der kommunistischen Gleichschaltung nicht unterwerfen wollen, oder auch von indonesischen Geschäftsleuten, die dem Zusammenbrechen ihres Regimes entfliehen. Sie alle werden hier mit offenen Armen empfangen – wenn sie mindestens siebenhunderttausend Dollar auf dem Konto haben: Geld stinkt nicht, nicht mal, wenn es nach Korruption im Staat riecht.

Ich komme zum Interzone. Dieser Schuppen ist der letzte

Schrei und vor der Tür warten ganz artig die Jugendlichen. Sie sind tätowiert, haben Ringe in Nase und Lippen, die Mädchen zeigen schwarze Spitzen und bleich geschminkte Maskengesichter, die Jungs tragen dicke Soldatenstiefel und Punkschnitt. Sie folgen immer mit Verspätung dem alten England, minus Revolte und Provokation, so weit entzieht sich diese Ecke Australiens immerhin noch dem zwanghaften Wettbewerb, dem Stress, den Betonburgen unter bleischwerem Himmel. So weit kann man hier noch atmen …

Ich gehe an der Videospielhalle Interplay vorbei und erreiche Interfoods, den babylonisch anmutenden Lebensmittelladen meiner alten Freundin Giovanna. Alles fängt hier mit »Inter« an, ein Wort, das Völker und Kulturen verbindet, wie international oder Internet … Aber es drückt auch den Abstand aus, den Drahtseilakt eines Kontinents, der sich zwischen Europa und Asien selbst finden muss, hin- und hergerissen zwischen englischer Kultur und multi-ethnischem Anspruch, zwischen gelobtem Land der weißen und Traumzeit der schwarzen Australier. »Inter«, ist es dieser Abstand, der notwendig ist, um gleichzeitig miteinander leben und Neues erfinden zu können?

Italienische Terrassen-Cafés sind überall aus dem Boden geschossen. Inmitten einer bunten Menge, die die Straße überschwemmt, schlängele ich mich zwischen Tischen und Stühlen hindurch. Mercedes- und Coupéfahrer hupen, veranstalten einen Höllenlärm, die braun gebrannten Neureichen, die der Touristen-Boom mit sich gebracht hat, stellen sich neuerdings in lärmenden Scharen zur Schau. Zusammenstoß vor dem Interfoods, zwei Italiener gehen sich lautstark an die Kehle, andere kommen zu Hilfe, man könnte ebenso gut in einer Straße in Palermo stehen. Ein Kleiderschrank in rosafarbenem Seidenhemd beruhigt das Schauspiel, ein paar letzte Drohungen und obszöne Gesten werden ausgetauscht, die Vorstellung ist beendet, die Australier zerstreuen sich wieder mit spöttischer Miene.

»Giovanna!« Gerade verschwindet sie mit einem Tablett in der

Hand im Laden. Ich finde sie ganz hinten wieder, hinter ihrer Theke, die voll ist mit marinierten Salaten, Käse und Wurstwaren »vom Kontinent« – das heißt aus Europa –, wo sie getrocknete Tomaten in Gläser füllt: »Giovanna, machst du immer noch alles selbst?« Sie dreht sich um, sie muss gut und gern siebzig Jahre alt sein, aber ihr schwarzer und durchdringender Vogelblick funkelt wie bei einem jungen Mädchen:

»Ja, gibt's denn so was, das ist doch Michèle, die Frenchie, was hast du denn hier zu suchen, das ist ja eine Ewigkeit her!«

»Und du, was ist denn das für eine Geschichte hier, mit dem Restaurant?«

»Oh, das war nicht ich! Eines Tages war ich mit Sunti in Lourdes – du erinnerst dich doch an meine mongoloide Tochter? – und da hatte ich meinen Sohn am Telefon. Er hat mich im Geschäft vertreten und er sagte: ›Du wirst sehen, bei deiner Rückkehr wirst du eine Überraschung erleben!‹ Ich hörte Lärm im Laden, das war ungewöhnlich, und er sagte, es wäre gerade ein Fest in Fremantle. Zwei Monate später, bei meiner Rückkehr, habe ich den Lebensmittelhandel ganz hinten gefunden und im vorderen Teil hatten meine beiden Söhne ein Restaurant eingerichtet, mit Tischen draußen auf dem Bürgersteig. ›Du wirst sehen, Mama, es wird laufen wie geschmiert.‹ Und das stimmt, aber ich arbeite jetzt sechzehn Stunden am Tag!… Naja, gib mir noch eine knappe Stunde Zeit, ich mache noch einmal *fish and chips* und eine Parmiggiana. Dann komm ich zu dir ins Capri, dort haben wir mehr Ruhe.«

Im Capri wird Giovanna wie eine Königin hofiert. Hier hat sie vor vierzig Jahren als Kellnerin angefangen, als sie in Australien ankam. Sie hat ihre fahlrote Lederhose angezogen und zu meinen Ehren das *French-Kiss*-T-Shirt darüber gezogen, ich kann nicht anders, ich muss einfach lachen. Als ich sie kennen gelernt habe, war sie ganz in Schwarz gekleidet, so wie die Witwen in Lucca, ihrer toskanischen Heimatstadt. Sie nimmt meine Hand: »Hier habe ich ganz schön Aufsehen erregt – ich kam gerade direkt aus Italien –, als ich beim Servieren jedem Gast sagte: ›Gott segne Sie!‹«

Im Capri hat Giovanna mir auch ihre ganze Lebensgeschichte erzählt. Das Lebensmittelgeschäft in Lucca, wo sie mit sechs Jahren schon das Wechselgeld herausgab. Der leicht ergraute Adlige, der von ihrer Schönheit begeistert war und dem sie einen Korb gibt, weil er sie einsperren will, sie aber von der Freiheit träumt. Der Freund ihres Bruders, der nach Australien ausgewandert ist und eines Tages für einen Sommer zu Besuch kommt und sie heiraten will… Im nächsten Sommer folgt sie ihm, trifft ihn nach einer einundzwanzig Stunden dauernden Überfahrt in Fremantle wieder und heiratet acht Tage später.

Gianni arbeitet im Langustenfang und während er ihr hintereinander vier Kinder macht, findet sie die Zeit, ein Lebensmittelgeschäft zu eröffnen, das den armen Einwanderern aus Apulien, Kalabrien und Sizilien frische Nudeln und hausgemachte Saucen anbietet. Die Arbeiter auf den Werften und in den Konservenfabriken, die Goldbrassen- und Krabbenfischer, alle treffen sich im Capri oder im Interfoods, um Neuigkeiten aus der Heimat auszutauschen. Giovannas erster Eindruck von Australien ist klar: »Ich sah diese immense Weite, diese Entfernungen und ich verstand die Ewigkeit, wenn ich diesen unendlichen Himmel betrachtete… Das hat mir die Fassung geraubt, denn ich war katholisch. Und dann, vor allen Dingen, habe ich mich frei gefühlt: Wenn ich als kleines Mädchen die Nase voll hatte von zu Hause, schrie ich: ›Mama, ich gehe!‹ Aber kaum war ich zum Gartentor raus, fingen mich die Nachbarn schon wieder ein. Hier kann man gehen und völlig verschwinden, niemand wird dich jemals einfangen! Genau das tun die Aborigines, wenn sie zu einem *walkabout** aufbrechen. Man weiß nie, wo sie hingehen noch wann sie zurückkehren, es kann drei Tage dauern oder sechs Monate… Die Weißen mussten das von ihnen lernen.«

Letztlich hat Giovanna wie die Segler, die niemals aufbrechen, von ihrer Freiheit keinen Gebrauch machen müssen ... ganz einfach, weil sie mit ihrer Ehe, ihrer Familie und ihrem Laden glücklich war. Oder keine einzige Minute mehr für sich hatte. Bis zu Giannis plötzlichem Tod durch einen Herzinfarkt. »Am Morgen nach der Beerdigung habe ich das Geschäft um sieben Uhr geöffnet, wie immer.« Innerhalb von zehn Jahren entpuppt sie sich als fantastische Geschäftsfrau und investiert Giannis Ersparnisse in das Lebensmittelgeschäft, dessen Größe sich verdreifacht und sich im Rhythmus der Ankunft neuer Einwanderer auch im Angebot erweitert: Taboulé, Curry und roher Fisch für die Japaner.

»Machst du denn auch mal eine Pause, Giovanna?«

»Aber klar, ich gehe früh schlafen, niemals nach neun Uhr abends. Um Mitternacht stehe ich auf und bete bis drei Uhr früh für alle, die ich kenne, und auch für die armen Aborigine-Kids, die auf dem Platz Drogen nehmen. Dann bereite ich die Speisen vor, gieße die Blumen im Garten, bringe Sunti zum Bus, sause zur Öffnung des Geschäfts und bleibe dort bis fünf Uhr. Dann hole ich Sunti ab, mache ihr was zu essen, setze sie vor den Fernseher und laufe schnell zurück, damit ich im Restaurant bedienen kann ...«

Mir ist schwindlig, sie sieht mich mit schelmischer Miene an:

»Das bin nicht ich, Frenchie, es ist Gott, der mir diese Energie gibt, er hat mir immer geholfen ... Und ich kann jetzt jedes Jahr mit Sunti in Urlaub fahren. Ich habe immer davon geträumt, durch die ganze Welt zu reisen, nun gut, lieber spät als nie, ich habe mit achtundsechzig Jahren angefangen! Und dann will ich auch noch öfter nach Hause fahren, nach Lucca ... Meine Kinder machen sich über mich lustig, sie sagen, mich hätte das Reisefieber gepackt und dass es im Alter von dreiundsiebzig Jahren für mich eher Zeit wäre, Australien richtig kennen zu lernen. Aber sie sind die Australier, auch wenn sie Italienerinnen geheiratet haben, und nicht ich.

Dieses Land ist nicht meines, hier habe ich Bekannte, aber keine Freunde. Meine Freunde sind Rocco, Luigi und Maria, die mir alle meine Kleider genäht hat. Sie sind alle drei in Lucca geblieben. Jedes Mal, wenn ich nach Hause komme, machen sie ein Riesenfest für mich und es gibt Schinken und Schweinefüße mit Linsen, so wie an Weihnachten. Dorthin will ich zum Sterben zurückkehren, ich möchte im Dorf begraben werden, bei meinen Lieben … Los, komm, ich bring dich zurück, ich möchte Sunti nicht zu lange allein lassen.«

Ich laufe hinter der Gestalt auf Latschen her, die ohne zu gucken über die Straße rennt und in einen dunkelblauen Alfa Romeo springt:

»Weißt du, Geld ist mir völlig egal, das ist für meine Kinder und Enkelkinder, aber Geschwindigkeit … das ist immer mein Luxus gewesen! Früher war es besser, da gab es keine Geschwindigkeitskontrollen auf den Straßen. Um sechs Uhr morgens habe ich die Panettone in einer Bäckerei in Perth abgeholt und bin dann mit 180 nach Fremantle zurückgesaust, niemand hat was gesehen. Heutzutage sind überall Polizisten, die halten dich an, sobald du 120 überschreitest. Letzten Monat habe ich wieder sechs Punkte verloren, 120 ist doch wirklich was für Schnecken, vor allem in einem Land, wo die ganze Weite vor dir liegt, wo du wirklich frei sein solltest, schnell zu fahren!«

Sie hat mich in Nedlands abgesetzt, vor Megs Haustür. Ich habe noch gesehen, wie sie ein Schwindel erregendes Wendemanöver hingelegt hat, strengstens verboten, dann hat sie mir noch einmal zugewinkt und ist verschwunden. Was für eine Freiheit hat sie hier gelebt, in dieser australischen Weite, die sie zunächst verführt hat und die sie dann in vierzig Jahren niemals Zeit oder Lust gehabt hat zu erforschen? Hat es ihr gereicht zu wissen, dass sie da war, direkt vor ihrer Tür, und dass sie eines Tages sagen könnte: »Ich gehe!« … und zu verschwinden? Oder möchte sie sie ganz einfach nur durchqueren, mit rasender Geschwindigkeit, so wie sie ihr Leben gelebt hat, ohne jemals anhalten zu wollen. Geheimnisvolle Schicksale. Ich muss wieder an Marko denken. Nachdem sie das andere Ende der Welt ausgewählt haben und den großen

Schritt über den Teich gemacht haben, vergrößert der eine seine Werft, die andere ihr Lebensmittelgeschäft, sie verdienen ein Vermögen für ihre Kinder. Aber am Ende wohnen sie nirgends, ihre Arbeit ist ihre einzige Heimat… die sie niemals verlassen, ebenso wenig wie ihre Insel oder Lucca, als sie klein waren.

Aber sind sie je weggegangen? An ihrem Lebensabend richten sich ihre Blicke wieder auf die andere Seite des Ozeans, sie gehen den Weg wieder zurück, den ihrer Kindheit und des Herzens. In Gedanken kehren sie zu den Ihren zurück, die sie niemals wirklich verlassen haben.

Es ist mein letzter Abend in Fremantle. Die Jam Tarts, die »Marmeladentörtchen«, feiern Geburtstag. Diese Gruppe von vier temperamentvollen jungen Mädchen verzauberte die Abende im Seaview, einem Künstlerpub im Hafen, mit ihrem Repertoire der Sixties, inklusive The Platters und Paul Anka. Ein Produzent aus Sydney wurde auf sie aufmerksam und lud sie für sechs Monate ein, dort durch die Clubs zu tingeln. Bald schon sorgten ihre klaren Stimmen, ihr spontanes Auftreten und ihre Lebensfreude dafür, dass sie auf den Titelseiten der Zeitungen landeten. Kurz darauf vervielfältigten sich Clips und Fernsehshows, es regnete Vertragsangebote, man bot ihnen ein wunderschönes viktorianisches Haus mit Swimmingpool und Garten in Paddington an, dem zentralen Viertel der Reichen… Ohne auch nur einen Augenblick zu zögern, haben alle vier nein gesagt. Es kam nicht in Frage, Fremantle aufzugeben, die Familie, die warmherzige Gesellschaft der Freunde, die das Seaview seit so vielen Jahren füllten und ihre Fortschritte aufmerksam verfolgten. Fünftausend Kilometer Entfernung und zwei Wüsten hätten bereits ausgereicht, um es als Exil zu empfinden.

Also sind sie wieder nach Hause zurückgekehrt, als wenn nichts gewesen wäre, haben am darauf folgenden Samstag ihre Jam Session abgehalten und niemand konnte etwas dagegen sagen, denn sie waren ihrem Herzen gefolgt – und ihrem Leben. Eine echt australische Geschichte, wenn es das gibt; auf jeden Fall undenkbar in Amerika, wo Wettbewerb und sozialer Aufstieg Identität ersetzen. Eine ganz ähnliche Geschichte ist die der fünf Jungs aus Perth, die in die Fußstapfen der Bee Gees traten und bereits erste internationale Tourneen hinter sich hatten. Auf der Höhe ihres Ruhms warfen sie alles hin, weil sie keine Zeit mehr hatten zu leben, zu lieben, ihre Kinder aufwachsen zu sehen, bei Sonnenuntergang auf den langen Surferwellen zu gleiten. Beim Selbstmord von Michael Hutchence, dem Leadsänger von INXS, war ganz Australien in Aufruhr, einige bekannte Volkszeitungen titelten: »Zermalmt von den unerbittlichen amerikanischen Regeln des Showgeschäfts«.

Ich bleibe vor einer alten, steinernen Kirche stehen, die zum Familiensitz umfunktioniert wurde, hier befindet sich die Wiege der Jam Tarts. Ich stolpere über Magen, die seit ewigen Zeiten ihre Nachbarin-Patentante-Trainerin ist. Für mich war sie an einsamen Abenden eine gute Freundin, wenn Craig und seine *mates* durch die Pubs zogen oder wenn ich dem Lärm und den rauen Sitten auf der Werft entfliehen wollte und die Sanftheit einer verwandten Seele suchte. »Mimi, du bist es! Komm mit in die Küche, du kannst mir helfen, das Curry zuzubereiten.« Seit sieben Jahren haben wir uns nicht gesehen und es kommt mir vor, als wäre ich nur mal gerade über die Straße gegangen! Zehn Meter weiter sind wir bei ihr im alten Pfarrhaus. Das Wiedersehen ist so einfach, die Zeit zählt nicht: Ich gehe den steilen Weg zur Kirche hinauf und rieche das Jod des Ozeans, der gegen die Dünen schlägt, ich fühle mich wieder zu Hause …

… So viele Abende haben wir gesungen, gelacht, gekocht und geredet, vor allem über die australischen Männer, über ihren emotionalen Code, der aus fast nicht wahrnehmbaren Zeichen zusammengesetzt ist und für eine Europäerin so schwierig zu entziffern ist, über ihre zur Schau getragene Männlichkeit und Schroffheit, die doch nur eine zerbrechliche Maske für ihre Angst vor Frauen ist. Magen konnte oft Licht in die verschlungenen Herzenswege bringen, aber ihre Ratschläge waren auch immer von einem Schulterzucken begleitet: »Weißt du, die einzigen Männer, denen man sich hier wirklich anvertrauen kann, sind die Künstler und die Homosexuellen. Sie sind die Einzigen, die es wagen, über ihre Gefühle zu sprechen.«

Das Curry ist fertig. Sie zeigt mir ihre neuen aus Indonesien importierten Stoffe, die sie noch weiter bemalt und dann zu Textilskulpturen in Form von Meeresblumen formt: »Ich würde gern einmal mit den Aborigines zusammenarbeiten. Mit ihnen muss man nicht den Umweg über Wachs und Batik gehen, sie malen gleich direkt auf den Stoff, sogar auf Seide, und schon der erste Strich ist immer richtig.« Ich schaue mir die gepolsterten Hocker mit den vielfarbigen Tentakeln an, die Schemel, von denen bewegliche Armfransen hängen, die an Meeresanemonen erinnern, die hängenden Übertöpfe, aus denen sich lange Stofflianen ranken, die beim leisesten Windhauch zu schwingen beginnen. Mit Magen verwandelt sich ein Salon in einen Unterwasserdschungel; ein Haus wächst und verändert sich immer weiter, ebenso wie die nahe gelegene Natur:

»Wenn ich hier jemandem erzähle, ich mache organische Skulpturen, versteht das kein Mensch. Es ist in so einem dünn besiedelten Land sehr schwierig, mit seiner Kunst bekannt zu werden und davon zu leben, vor allen Dingen, wenn man Tausende von Kilometern von Melbourne und Sydney entfernt wohnt. Den australischen Künstlern fehlt es an Orientierungspunkten, an Anerkennung und vor allem an fruchtbarem Wettbewerb… Wir sind gezwungen, ihn woanders zu suchen, auf Reisen oder in der Emigration.«

»Und die Jam Tarts?«

»Eine macht Karriere in London, sie ist Cellistin, zwei andere sind Krankenschwestern, und Anna, die Leadsängerin, ist Mutter und Köchin in einem vegetarischen Restaurant in Fremantle. Ihren Geburtstag feiern wir heute.«

Langsam kommen die ersten Gäste, in der einen Hand tragen

sie selbst zubereitete Speisen, in der anderen den Babykorb. Ich erkenne viele Gesichter der Künstlergemeinschaft am Hafen, die sich um eine Unmenge von Kindern erweitert hat. Ich spüre wieder die fröhliche Warmherzigkeit dieser Truppe von Freunden, die seit zwanzig Jahren durch Musik und Malerei, Surfen, Kurztrips nach Bali und riesige Grillfeste am Strand zusammengeschweißt wird, und vor allem spüre ich diesen dörflichen Sinn dafür, alles miteinander zu teilen, der bei uns so schnell verschwindet. Ich entdecke auch neue Gesichter: Olivia, meine Tischnachbarin, hat bis vor kurzem fünf Jahre lang in einer Aborigine-Gemeinde im Arnhem Land gelebt, in Maningrida, wo sie gemeinsam mit ihrem Mann unterrichtete: »Eigentlich war ich gleichzeitig Lehrerin, Köchin, Krankenschwester, Bankerin und Volksschriftstellerin!« Auf ihren Knien hüpft ein kleines blondes Mädchen herum: »Jenny ist dort geboren, sie wurde wie die Mädchen der Gemeinschaft erzogen. Sie kann fischen und weiß, wie man Eidechsen fängt, sie erkennt die Fährten der Tiere und spricht ihre Sprache … Schon im Alter von fünf Jahren konnte ihre kleine Aborigine-Freundin ihr das alles beibringen. Sie nahm sie mit auf einen Hügel, zeigte ihr das Buschland auf der anderen Seite des Flusses und sagte mit stolzer Stimme: ›Siehst du, Jenny, ab dem Wasser gehört alles zu meinem Land und es geht bis zum Meer‹ … Wenn du so etwas erlebst, musst du dich wirklich anstrengen, damit die Schule Spaß macht, denn zwei Schritte weiter könnten sie einfach loslaufen und Austern sammeln!«

Sie lacht und ihr Blick schweift in die Ferne, fliegt dorthin. Sie erzählt mir von den Lebensmitteln, die mit dem Boot ankommen, wenn die Straßen überflutet sind, von den Frauen, die mit den Tantiemen der Mine ein Flugzeug mieten und zum Shopping nach Darwin fliegen … sich nach ihrer Rückkehr in den Staub setzen und ihre Träume malen. Sie berichtet von nagelneuen Toyotas, die von der Regierung bezahlt werden und nach sechs Monaten nur noch Wracks sind. Geld wird verschwendet, da es keinen Wert besitzt, aber die Erde und die Familie werden mit heiligem Respekt behandelt. Der Rat der Alten überwacht die Programme der Weißen, aber es ist schwierig, zwei so verschiedene Welten zusammenzubringen … »Man müsste es schaffen, genügend Aborigines auszubilden, dass sie ihre Gemeinschaften selbst verwalten könnten und von der Welt der Weißen das bewahren, was ihnen gefällt.« In ihrer Stimme liegt keine Spur von Fanatismus, diese kleine Frau von dreißig Jahren kehrt voller Weisheit aus dem Busch zurück. Ich schreibe den Namen Maningrida in mein Gedächtnis, Arnhem Land liegt auf meinem Weg … Und schon seit einigen Nächten weckt mich der Ruf der großen Weite.

Auch Astrid ist gekommen, sie ist eine regelmäßige Besucherin bei den Jam Tarts. Ich stelle ihr Magen vor, die mit ihr über ihr Aborigine-Projekt sprechen will. Etwas abseits auf dem Rasen liegend entdecke ich eine lange Gestalt … »Jane!« Sie hat den Kopf gehoben: »Froggie! Was treibst du denn hier in Australien?« Froggie war mein Spitzname bei den Fischern, ich bin gerührt, dass sie sich daran erinnert und dass ich sie hier treffe. »Du erwischst mich wirklich auf der Durchreise, ich komme gerade aus Bali und fahre jetzt wieder sechs Monate auf die Inseln, die Langustensaison hat begonnen … Wenn du mitkommen willst, es gibt noch einen Platz für dich!« Ich antworte ihr, dass es unmöglich ist, dass ich bald nach Alice fliege. »Und ich dachte, Froggie, das wäre deine kleine Ecke des Paradieses, dass du dich dorthin zum Schreiben zurückziehen wolltest!«

Ich schaue in ihr zerfurchtes Gesicht einer alten Seebärin, sehe ihre knotigen Hände, die es von Kindheit an gewohnt sind, die Körbe heraufzuziehen, und auf einmal steht alles wieder so lebendig vor mir wie vor zehn Jahren. Vor der Küste von Geraldton, einem Fischerhafen vierhundert Kilometer nördlich von Perth, haben wir diese Kapitänin eines Langustenbootes getroffen, das durch eine Havarie bewegungsunfähig war. Mit der *Invincible* haben wir sie bis zu ihrer Insel geschleppt, einem handtuchschmalen Korallenriff, das von einer Zinkhütte gekrönt wurde, mitten im Herzen des Abrolhos-Archipels: Hier lebte Jane sechs Monate im

Jahr, mit einem Schiffsjungen und ihren beiden Söhnen, genug Zeit, um mit dem Langustenfang ein Vermögen zu verdienen … und kehrte dann nach Fremantle in ihr Atelier zurück, um die Wunder, die sie vom Schiff aus gesehen hatte, zu malen. Die Malerei war ihre zweite Leidenschaft, sie begann sogar, ihre Bilder auszustellen.

Um sich für unsere Hilfe zu bedanken, nahm sie Craig und mich auf eine dreitägige Tour rund um den Archipel mit. Vier Bootsstunden von Geraldton entfernt, entdeckte ich ein kleines Paradies, das gleichzeitig von den Gesetzen des Fischfangs und der Ökologie geschützt wurde. Nur zwanzig Langustenfänger hatten die Erlaubnis, ihre Körbe auf den Abrolhos auszusetzen. Nur die Fischer mit ihren Familien durften hier leben, also ungefähr zweihundert Einwohner … für mehr als hundert kleine Inseln! Außerdem fungierten die Inseln als Zwischenstation für Zugvögel und als Reservat seltener Arten, deshalb waren sie fast alle für den Tourismus verboten: Ausflugsboote durften nicht länger als vierundzwanzig Stunden anlegen. Schließlich wurde der Archipel per Schiff oder Helikopter mit Nahrungsmitteln versorgt, es gab keinen Laden, kein einziges Restaurant, nicht mal einen Pub.

Sechs Monate lang lebte Jane also völlig außerhalb der Zeit. Aufstehen um fünf Uhr, Fischen bis um vierzehn Uhr, dann bereitete sie die Körbe für den nächsten Tag vor, schrubbte das Boot, sprang in ihr kleines Beiboot, um auf ein Bier beim Einsiedler der Nachbarinsel vorbeizuschauen, und ging gleich nach ihrer Rückkehr mit der Sonne schlafen.

In diesem Schutzgebiet entfaltete sich die Natur in ihrer ganzen Schönheit. Wir mischten uns unter Delfinfamilien, ließen uns durch Pollenteppiche treiben, die das türkis schimmernde Wasser mit rosafarbenen Sprenkeln versahen und von der Fortpflanzung der Korallen zeugten. Bei einer kleinen Insel weckte das Geräusch des Motors eine ganze Familie von Seelöwen, die wir etwas später wieder trafen, als sie mit kleinen Rochen spielten, die sie sich mit der Schnauze zuwarfen … wie einen Volleyball! Über eine Stunde wurden wir von zwei jungen Walen begleitet, die mit ihren Schwänzen gegen den Vordersteven schlugen, von fliegenden Fischen mit goldbraunen Flügeln, von gigantischen Makrelenschwärmen, die ihren ganzen Körper aus dem Wasser streckten und einen Vorhang aus silbrig glänzenden Klingen bildeten … Dieses herrliche Wasserschauspiel wurde am Himmel vom Ballett junger Adler, von Störchen, Pelikanen und Kormoranen begleitet. Wir genossen den Zauber des Abendlichts, wenn wir bei Sonnenuntergang still zurückkehrten, wir liebten die friedlichen Abende, die wir in der Zinkhütte verbrachten, und entdeckten, dass Jane zwischen ihrer behelfsmäßigen Küche, dem Salon mit den heruntergekommenen Sesseln und ihrem weißen Korallenatoll das Leben einer Königin führte: »Ich verdiene manchmal fünftausend australische Dollar an einem einzigen Fangtag … Aber hier gebe ich nichts aus, ich brauche nichts, alle meine Wünsche sind erfüllt.«

Ich erinnere mich an ihre funkelnden Augen und ihre warme Stimme; sie meinte ehrlich, was sie sagte. Und so aufrichtig wie damals erlebe ich sie auch jetzt, ein paar neu eingegrabene Falten im Gesicht haben ihrem Blick nichts anhaben können: »Na, Froggie, meine Insel bringt dich immer noch zum Träumen, nicht wahr? Vielleicht ein anderes Mal?« Sie umarmt mich kurz, ein Raubein mit sanftem Herzen, und verschwindet in der Nacht.

Im Pfarrhaus treffe ich wieder auf Magen und Astrid. Sie sind in eine spätabendliche Diskussion vertieft, die mir auf Anhieb vertraut ist. Astrid sagt mit Nachdruck:

»In Australien verweist die Natur den Menschen wieder an seinen rechten Platz, weil er sie niemals kontrollieren kann. Deshalb lebe ich so gerne hier.«

»Ja, aber es ist eine Natur ohne Abstufungen, ohne Zwischenzeiten. An dieser Küste hier gibt es einen Wind, der ›Fremantle Doctor‹ genannt wird und der wochenlang ohne Flaute blasen kann, dass man verrückt werden könnte! Unsere Natur ist nicht vorhersehbar, unbarmherzig. Ein Buschfeuer hat innerhalb von einer Sekunde das Haus meiner Kindheit in Manjimup* zerstört, und mein Bruder wurde vor Carnarvon von einer Flutwelle erfasst, obwohl er ein erfahrener Fischer war.

Mein Land ist leer, es ist rau, ohne kulturelle Orientierungspunkte, noch nicht mal familiäre: In Perth kennen zwei Drittel der Australier ihre Großeltern nicht, sie haben sie nicht einmal besucht, wenn sie in Europa herumgereist sind! Man kann hier nur überleben, wenn man auf Reisen geht. Ich selbst lade mich in Indien oder Bali wieder auf, Asien ist so nah, dort finde ich meine Inspiration …«

Astrid überlegt einen Augenblick, dann findet sie den Faden wieder:

»Wenn man aus der Alten Welt kommt, bedeutet dieser totale Mangel an Orientierung eine Erleichterung von der Vergangenheit, er erlaubt uns, Neues zu erfinden, genau der zu sein, der man sein möchte, in der Gegenwart zu leben: Das ist eine große Freiheit, die in Europa unmöglich ist.«

Ich muss lachen, die Geschichte wiederholt sich: die Kulturen reiben sich aneinander, man vergleicht die Lebenswege und beneidet sich gegenseitig, woanders ist das Gras immer grüner! Sie tauschen Adressen aus, Astrid will Magen einige Aborigine-Maler aus Balgo vorstellen, sie sprechen von einer gemeinsamen Reise in die Kimberleys …

Es ist drei Uhr morgens. Magen geht mit uns zu Fuß zum Bahnhof. Wir stehen alle drei auf dem Bahnsteig und warten im Schein einer Laterne auf den Zug nach Perth. Ein leiser Windhauch bringt den Geruch nach Algen und spielt mit unseren Haaren, der Mond am Himmel ist rund und perfekt, unsere Gesichter schauen friedlich in die Nacht. Ich denke an uns drei, an das Band, das uns verbindet, an diese kleine Nomadenmelodie, die uns vereint, an die Zickzackwege in unserem Leben, immer hin- und hergerissen zwischen zwei Ängsten: der Angst, sich niederzulassen und Stillstand zu erleben, und der Angst, wegzugehen und sich zu verlieren.

Diese ewigen Irrwanderungen der Seele! Ich hoffe, eines Tages von den Aborigines zu lernen, wie man auf Reisen geht, ohne den Körper zu bewegen.

Mein letzter Abend in Western Australia ist gekommen. Morgen fliege ich nach Alice Springs. Ich habe den Bus in Richtung City genommen, ins geschäftige Zentrum von Perth, wo ich noch ein letztes Mal etwas Zivilisation tanken will, bevor es in den Busch geht. Die gerade Linie der Wolkenkratzer entlang des Swan River hat sich nicht verändert, es sind Klötze ohne Anmut aus Beton, Aluminium und Rauchglas. Schwungvoll begonnen und niemals vollendet, erhebt sich der Alan-Bond-Turm, dessen Gipfel von einem Gerüst verhüllt ist, das seit fünf Jahren vor sich hin rostet... Ein Schandmal, ein weithin sichtbares Zeichen unter freiem Himmel, das – als abschreckendes Beispiel? – auf den Säbelstreich der Justiz verweist, an genau der Stelle, wo Bondy Tag und Nacht seinen Namenszug in Leuchtschrift erstrahlen lassen wollte.

Saint George Terrace, Barrack Street, Hay Street. Monoton reihen sich Hochhäuser und Boutiquen in kleinen neu gestrichenen Ziegelhäusern aneinander, die Mall* ist schwarz vor Menschen. Im März ist der Sommer vorbei und selbst wenn die Temperaturen noch bei vierzig Grad liegen (man spricht hier von den störenden Auswirkungen des Windes El Niño), kaufen die Frauen bereits ihre ersten langärmeligen Pullover und geschlossenen Schuhe »für den Herbst«, eine Jahreszeit, die es nicht gibt und aus der alten Heimat übernommen wurde... Oder ist es ganz einfach nur ein Mittel, um das Geschäft anzukurbeln?

Es ist Mittagszeit und die Büros von Banken und Verwaltungsbehörden spucken in Trauben die Sekretärinnen aus, gekleidet im marineblauen oder strengen grauen Kostüm, das aber auch figurbetont und sehr, sehr kurz ist. Das puritanische Perth zeigt sich in seiner Scheinheiligkeit ganz britisch und trägt ohne ein Wort seine Großzügigkeit zur Schau, offeriert unter Flanell und Beton die feuchte Hitze seiner Nächte. Hinter den Angestellten, die auf hohen Absätzen angetrippelt kommen, folgen ihre Chefs, die so tief in Gedanken versunken sind, dass sie kaum das Kinn über ihren Kragen heben. Sie gehen an ihnen vorbei, werfen einen kurzen Blick zur Seite. Haben sie gesehen, dass die Damen ihre Jacken weit geöffnet haben – sie haben schließlich Mittagspause und es ist heiß –, um den Blick auf ein völlig transparentes schwarzes Spitzen-T-Shirt freizugeben, das nur unzureichend zwei nackte Brüste verhüllt? Sie sind vorbei, ein Ruck geht durch den Körper und der Nacken befreit sich vom gestärkten Kragen, Krawatten werden gelockert und man entledigt sich der Jacken … Haben sie im Vorbeifliegen, obwohl ihr Körper sich wehrte, dieses Parfum von Verlockung und Verbot tief eingeatmet? Ich überquere den ganz im Neo-Tudorstil gehaltenen London Court mit seinen überladenen Holzverzierungen und erreiche die Marmor-Esplanade der Hay Street.

»Meine Damen und Herren, ich erhalte weder Unterstützung von der Regierung noch vom Sozialamt und auch von keiner anderen kriminellen Vereinigung.« Lachen und Applaus. »Daher werde ich Sie am Ende meiner Darbietung um eine kleine Münze bitten, Scheine sind nicht verboten, Sie dürfen mir aber auch Ihre Kreditkarte überlassen …« Es kommen immer mehr Menschen und bald umgibt die Menge den rothaarigen Jongleur in einem dichten Kreis. Er springt in der Runde herum wie ein Kobold und schaut jeden mit listigem Blick an: »So, jetzt brauche ich einen echten Beamten, einen hundertprozentigen mit zwanzig Jahren Karriere hinter sich … Sie, mein Herr, ja Sie, wie heißen Sie? Bernard, gut Bernard, kommen Sie und legen Sie sich hier hin. Ja, zu meinen Füßen. (Lachen) Nein, nein, lassen Sie die Jacke an und auch die Krawatte natürlich, Ihre Frau soll Sie ja wiedererkennen. (Lachen) Ich werde Ihnen nur diese Brille aus Plexiglas aufsetzen … Und es ist ABSOLUT VERBOTEN, während der gesamten Darbietung die Augen zu schließen.«

Der Kobold verschwindet, trägt in die Mitte des Kreises einen Koffer, aus dem er ein Dutzend lange Messer und drei elektrische

Sägen zieht. Er greift sich die Messer, stellt sich über den hingestreckten Körper und beginnt sehr schnell mit den zwölf Klingen zu jonglieren, direkt über dem Kopf des Mannes… Haarscharf fliegen die Messer am Gesicht vorbei. Es herrscht Totenstille. Er legt die Messer wieder hin, schaltet die drei elektrischen Sägen ein und beginnt das gleiche Spiel von vorn, senkrecht über dem mit Plexiglas verkleideten Blick des Unglücklichen… Die Sägen mit ihrem tödlichen Knattern kreisen ein Dutzend Mal auf Brusthöhe des Jongleurs. Der Körper unter ihm ist so steif, dass man glauben könnte, er wäre reif für den Sarg. Ein Teil des Publikums wendet die Augen ab, die gezähnten Maschinen streifen ein letztes Mal beinahe das Gesicht, es ist vorbei. Der Artist schaltet die Sägen aus, er hatte so viel Stil, es kurz zu machen.

Die Menge hat sich nicht gerührt, sie steht noch unter Schock. Der Kobold reicht dem armen Unglücklichen die Hand, hilft ihm beim Aufstehen und befreit ihn von den Brillengläsern. Bernard sieht aus, als wäre er gerade aufgewacht, als hätte er noch nicht verstanden, was mit ihm passiert ist… Der Jongleur zieht einen Kamm hervor und kämmt ihn, klopft seine Jacke ab, richtet die Krawatte gerade. Er nimmt ihn bei der Schulter und wendet sich mit lauter Stimme an die Menge:

»Also, ich sage Ihnen, schauen Sie sich diesen Mann gut an. Achtzig Prozent der Australier sind Beamte, das bedeutet acht Millionen Faulpelze. Und Bernard ist nun der Einzige von acht Millionen, der sein Glück versucht hat und eine Viertelstunde lang ein Risiko eingegangen ist! Eine Viertelstunde auf ein ganzes Leben gerechnet, das sieht nach nichts aus, aber die ersten Schritte sind die wichtigsten… Ich bitte Sie also, Bernard Mut zu machen! Einen herzlichen Applaus für Bernard, Bravo!«

Die Menge erwacht aus ihrem Koma, fängt an zu klatschen. Bernard macht das Spiel mit, verbeugt sich. Der Applaus prasselt auf ihn nieder. Der Kobold wirbelt mit seinem Hut umher, Geldstücke fallen, zwei oder drei Scheine, schon ist der Koffer gepackt… Er verschwindet, bevor ich mit ihm sprechen kann. »Oh, er ist noch nicht mal von hier«, sagt ein junger Mann aus der Menge, »er lebt im Busch, in der Nähe von Kalgoorlie*…«

Ich gehe zurück über die Esplanade und kreuze auf dem Weg ein Dutzend grün angemalter Wirrköpfe, die sich langsam im Kreis drehen und müde einige Zweige und Blättersträuße schwenken. Auf einem Schild steht: »Forest Party am 14. März und große Kundgebung vor dem Parlament zum Protest gegen die Abholzung der Jarrah-Wälder im Südwesten.« Drei als Schmetterlinge verkleidete Frauen gesellen sich zu dem Ballett, sie flattern ohne Überzeugung um die Bäume, dann halten sie plötzlich ohne Vorwarnung an, um heftig an ihren Zigaretten zu ziehen… Ich flüchte! Direkt nebenan, vor dem Bahnhof, stehen einige Aborigine-Paare barfuß im Brunnen und spritzen sich lachend gegenseitig nass. Sie drehen der Esplanade den Rücken zu, haben nichts gehört oder gesehen. Man sieht sie niemals in den Malls, auch nicht in den großen Geschäften. Dieser Brunnen ist ihr einziges Königreich… so nahe an der Abfahrt der Züge, so nahe am Busch und der roten Erde.

Der Bus folgt den Biegungen des Swan River. Hunderte von kleinen Segelbooten sind unterwegs zu kleinen Buchten, die größten sausen mit Rückenwind Richtung Meer. Es ist Freitagabend, die Büros schließen früh und das Wetter ist einfach herrlich… In den kleinen Buchten, die nur zwei Schritte von der City entfernt liegen, holen die Badenden bereits das erste kalte Bier aus der Kühlbox. Einige sind nicht mal nach Hause gefahren, ihre grauen Baumwollanzüge liegen zusammengerollt auf der Wiese, die Krawatten hängen von den Aktenkoffern. Für zwei Tage ist Perth in Partystimmung, so lange wie das sakrosankte Wochenende dauert.

An der Haltestelle Nedlands Park steige ich aus. Ich möchte mich von Meg verabschieden, meiner Schwiegermutter, und meine Koffer packen. Ich gehe durch das Tor und laufe über die Wiese… Ich weiß bereits, dass er da ist, ich fühle seine Anwesenheit wie eine

Katze, sie ist im Baum und auf der Schaukel zu spüren... Craig erscheint unter der Veranda. »Mimi, was machst du denn hier... Meg hat mir gar nichts gesagt!« Es hat ihm die Sprache verschlagen, das sieht ihm gar nicht ähnlich.

Ohne nachzudenken, als hätten wir uns niemals getrennt, nehme ich ihn mit in den hinteren Teil des Gartens. »Komm, du kannst mir helfen, meine Sachen zusammenzupacken, ich fliege morgen ganz früh nach Alice Springs.« Ohne den Blick von mir abzuwenden, holt er alle Kleidungsstücke von der Leine, selbst die noch nassen. Sein Hemd ist durchweicht, ich fange an zu lachen. »Mimi, du hast dich eigentlich nicht verändert.« Er sagt es sehr langsam, als würde er gerade aus einem langen Winterschlaf erwachen. Er sich auch nicht, er hat etwas zugenommen, das ist alles, aber seine blaugrauen Augen haben noch immer diese Verschwommenheit, die mich schwindeln ließ, und seine Stimme, die tief aus dem Bauch heraus kommt und ein wenig rau ist, baut so schnell wieder die alte Vertrautheit auf... Wir setzen uns unter den Baum, auf die wackeligen Bambushocker, wie früher.

Ohne uns aus den Augen zu lassen, als wollten wir unsere Erinnerung auffrischen, stellen wir uns die gleichen dummen Fragen wie alle Menschen. Ich erzähle ihm von meinen Büchern und Filmen, meinem amerikanischen Freund. Er redet über seine gescheiterte Beziehung, seine Kinder, die mit Rena, ihrer Mutter, in Darwin geblieben sind – fünftausend Kilometer zu weit entfernt –, er berichtet von seiner Idee, sich auf einer Farm im Süden niederzulassen und dort Wein anzubauen... Er besucht bereits Kurse in Önologie. Ich muss lachen, Craig ist wie seine Mutter, ein echter Australier, er wechselt die Berufe mit verblüffender Leichtigkeit, aber immer mit der gleichen Inbrunst, so lange er nur weiterhin in der freien Natur leben kann: Als ich ihn kennen lernte, war er Kunsttischler, dann Fischer, dann Kapitän eines Perlenfischerbootes in Broome. Anschließend arbeitete er als er Baggerführer in Wyndham – in der Trichtermündung der Minen von

Kununarra sammelte er den Diamantstaub ein – und jetzt ist er Tankerkapitän im Chinesischen Meer... »Aber das ist viel zu anstrengend, Mimi, und ich sehe die Kinder nicht oft genug, ich muss wieder an Land zurückkommen.«

Ich schaue ihn an, meinen furchtlosen Fischer, meinen Draufgänger, der dem Tod schon mehrmals von der Schippe gesprungen ist. Drei Mal haben Zyklone ihn versenkt, drei Mal ist er wieder hochgekommen. »Zu viel Dusel«, meinten neidische Zungen. Eine Phase geht zu Ende, das Enfant terrible kehrt an Land zurück, will endlich ein guter Vater sein, verspürt das Bedürfnis, sich niederzulassen, zum ersten Mal. Mir fällt eine lange Narbe an der Schläfe auf. »Oh, das, da bin ich nochmal mit einem blauem Auge davongekommen. Das war ein bösartiges Melanom, ich hatte noch andere an den Beinen und unter den Armen. Sie haben mich in aller Eile aufgeschnitten, mein ganzer Körper ist mit Narben bedeckt, du würdest ihn gar nicht mehr wiedererkennen!« Er lacht, er hat sich nie beklagt, auf See ist ein Menschenleben nicht viel wert... Sein lautes Kinderlachen hat sich nicht verändert, ich zucke zusammen, wie beim ersten Mal.

»Und du, Mimi, hast du keine Lust, dich niederzulassen?« Seine Stimme zögert ein wenig, er läuft auf Eiern, vielleicht ist er zu direkt, nach all dieser Zeit. Ich sehe ihn an, er nimmt meine Hand, ich weiß nicht mehr, was ich sagen soll... »Vielleicht bin ich in Australien, um auf deine Frage zu antworten, aber zunächst muss ich bis ans Ende dieser Reise gehen.«

Ein ungeduldiges Hupen tönt aus einem weißen Holden, der vor dem Tor abbremst: »Mimi, ich muss gehen, ich lasse sie schon die ganze Zeit immer warten. Und dann würde es ihr komisch vorkommen, uns zusammen zu sehen. Das ist Gail, weißt du, meine neue Freundin...« Er nimmt mich ganz fest in den Arm, bedeckt mein ganzes Gesicht mit Küssen... »Mimi, ich habe niemals verstanden, was damals mit uns passiert ist... Wir können uns in Darwin wieder treffen, ruf mich an, sag mir, wann du dort bist, damit wir uns ein bisschen Zeit nehmen können...«

Ich habe nicht mehr die Zeit, seinen Blick aufzufangen, er ist schon auf und davon. Ich höre nur noch den Holden, der auf dem Kies knirscht, wendet und durchstartet.

Morgen fliege ich nach Alice.

Magie des Red Heart

Keine Wolke am Himmel. Wir sind eine Ewigkeit über die beigefarbene und rissige Erde der Gibsonwüste geflogen, dann über die nicht enden wollenden Wellenkämme der Sanddünen. Durch das kleine Flugzeugfenster kann ich die Veränderungen in den Farben der Landschaft erspähen: zunächst ein blasses Rosa und ein zartes Grün entlang des Wasserlaufs, dann helle Rottöne und die ersten Spuren von Menschenhand; wie Kratzer von Fingernägeln ziehen sich die Pisten in gerader Linie durchs Land, der Daumen markiert die Tümpel, Kreidespitzen für das Dach der Häuser, nur ein paar Kratzer…

Ich entdecke das unberührte Antlitz des Red Heart wieder, des roten Herzens Australiens, das nur wenig gezeichnet ist von den seltenen Spuren, die auf seiner Haut hinterlassen wurden: sanfte oder abrupte Wellen der Ranges, matt glänzende Ränder von Salzseen, sternförmige Risse der ausgetrockneten Flussbetten. Dieses Land scheint intakt und weit weg von den Menschen alt geworden zu sein, ganz einfach mit dem Regen, dem Wind, mit der Zeit, im Rhythmus der Jahrtausende… Unermessliche leere Weiten Australiens, so wenig erforscht, niemals erobert, von denen die Australier nur wissen, wie sie sie durchqueren können, gut geschützt in ihren Geländewagen und klimatisierten Bussen.

Die Farbe der Erde geht jetzt in Blutrot über, das Flugzeug wird langsamer. »Sie können zu ihrer Rechten Ayers Rock und die Olgas sehen, dann werden wir zur Landung auf Alice ansetzen. Die Temperatur am Boden beträgt zweiundvierzig Grad.« Von den größten heiligen Stätten Australiens erkennen wir nur ein paar

Steinwülste, deren Konturen in der Mittagshitze verschwommen wirken. Aber jetzt erscheint am Horizont die purpurne Felsenlinie der Mac Donnell Ranges, ich erkenne sie an ihrem stolzen Rückgrat, das zu beiden Seiten von Alice in die Ferne läuft, als wollten sie es beschützen. Wir überfliegen den tiefen Einschnitt von Simpsons Gap, in der Tiefe erkenne ich den Tümpel, dessen Ränder mit Palmen und weißem Sand gesäumt sind, die Felsen, in denen wir inmitten von Wallabies* herumkletterten. Die Gefühle überwältigen mich, hier im Red Heart hat der Busch mich damals verzaubert, hier habe ich mich vor vierzehn Jahren, ich kam direkt aus Paris, in Australien verliebt.

Das Flugzeug fliegt eine Schleife und auf der anderen Seite der Ranges erscheint die Stadt. Ich kann nicht anders, ich muss lachen, so wie das erste Mal, als ich die kleinen Pavillons entdeckte, die ordentlich an zwanzig rechtwinklig angelegten Straßen aufgereiht standen, wie in irgendeinem anderen Nest von fünfundzwanzigtausend Einwohnern in den Außenbezirken von Perth oder Sydney. Nur dass hier alle Straßen in den roten Staub des Outback* münden … und die Stadt auf jeder Seite von zweitausend Kilometern Wüste umgeben ist!

Erwin, der Freund, der mich in die Geheimnisse des Buschlands einweihte, erwartet mich. Er lehnt am Geländer und mit leicht spöttischem Gesichtsausdruck unter seinem Cowboyhut fragt er mich: »Na, Froggie, was führt dich diesmal zu uns? Ein Mann, ein Roman, ein Film, ein Reiseführer, die Sehnsucht nach der großen Weite oder der Überdruss von all den grauen Gesichtern in deiner Heimat?« Ich breche in Lachen aus, Erwin weiß genau, wovon er redet: Er hat sein Geburtsland Österreich vor einem Vierteljahrhundert für die Liebe verlassen, die ihn wie ein Blitzschlag traf. Er verließ gerade die Redaktion, in der er als Journalist arbeitete, als er eine Frau erblickte, die mit großen Schritten die Straße überquerte, die Augen zum Himmel gerichtet und der Wind spielte in ihren Haaren. Ihre Freiheit blendete ihn, »sie bewegte sich wie ein wildes Stutenfüllen«, und er folgte ihr … bis nach Australien, in die hinterste Ecke des Buschs. Nach zwei Kindern und der Scheidung ein paar Jahre später entschied er sich, im Red Heart zu bleiben, seiner Wahlheimat. Dorthin hatte er auch seine zweite Frau kommen lassen. Kieran war Journalistin in Sydney und hatte ihm zwei weitere Kinder geschenkt.

Wir durchqueren die Stadt. Es ist Mittag; um das Postamt bewegt sich ein Schwarm von Angestellten in Shorts und tadellosen Hemden mit knallroten Gesichtern: Ihre englische Haut hat sich nie an die Sonne auf dieser Seite der Erdkugel gewöhnen können. Aus dem Bowling-Center tanzt eine Gruppe schnatternder alter Damen mit Touristenhüten und weißen Faltenröcken. Vor Coles, dem hiesigen Supermarkt, leeren Frauen in dicken Stiefeln und karierten Hemden ihre Einkäufe in staubige Holdens und brausen wieder in Richtung ihrer Ranch davon. Wir fahren an den fünf Pubs vorbei, der Heilsarmee, dem Reitclub und dem Kasino, auf den ersten Blick hat sich Alice nicht viel verändert. Wir kürzen den Weg ab und fahren durchs Stadtzentrum. Die Mall ist schicker geworden, beherbergt jetzt Galerien mit Aborigine-Kunstwerken, Cafés mit Terrassen und schattige Fußgängerzonen. Das älteste Hotel der Stadt, das Tedford Alice, heißt mit neuem Innenhof und in Pastellfarben gestrichener Fassade jetzt Diplomat.

»Sie haben sich von der Idee verführen lassen, eine internationale Klientel hierher zu locken, aber immer mehr Touristen fahren direkt nach Ayers Rock, ohne den Umweg über Alice zu machen.« Erwin steuert aus der Stadt hinaus, er wollte niemals woanders leben als im Buschland, wo er sich selbst ein Haus und die Koppeln für seine Pferde gebaut hat. Wir folgen dem ausgetrockneten Flusslauf des Todd River, der Alice durchquert. Es gibt keine einzige Spur von Aborigine-Ansiedlungen mehr hier: »Sie haben sie in Baracken außerhalb der Stadt umgesiedelt. Das löst das Problem in keiner Weise, unsere Gesellschaft ist mehr denn je gespalten, die Weißen auf der einen Seite, die Schwarzen auf der anderen.«

Erwin braust Richtung Süden, er legt *Melody* von Barbra Streisand in den Kassettenrekorder ein, unser gemeinsames Lieblingslied, aber meine Gedanken kreisen noch weiter um die Uferböschung des Todd River. Hier in Alice habe ich »meine« ersten Aborigines gesehen und diese Szenen stehen noch so lebendig vor mir, als wäre es gestern gewesen: Vor dem *bottle shop** der Todd Tavern hatte sich ein wildes Durcheinander von Menschen versammelt, ich war gerade erst angekommen und wusste noch nicht, dass dies ihr üblicher Treffpunkt war. Eine Frau löste sich aus der Gruppe, ging an mir vorbei, ihr Gesicht sah ganz anders aus als alles, was ich bislang gesehen hatte. Ich sah zuerst das dichte Gestrüpp ihrer gelben Haare, die tief liegenden großen Augen, die ebenfalls gelb waren, die sehr große Nase, der Abgrund der Nasenlöcher und dann der vorstehende Mund mit den riesigen Lippen. Alles schien mir in einem Missverhältnis zu stehen, wie zufällig zusammengefügt, und trotzdem war dieses Gesicht schön, wie eine kraftvolle aus Lehm modellierte Form. Im Supermarkt sah ich sie in Begleitung zweier anderer Frauen wieder. Sie füllte ihren Einkaufswagen mit vorgegartem Hühnchen, mit Konservendosen und einer Unmenge an Chipstüten, die sie wahllos übereinander stapelte, mit derselben Gleichgültigkeit, mit der sie der Kassiererin die Scheine zuwarf und dann vergaß, das Wechselgeld in Empfang zu nehmen.

Von den Aborigines habe ich an diesem Abend nur die schwankenden Umrisse gesehen, die sich vom Alkohol verzehrt um ein Feuer rauften, das sie im Bett des Todd River entzündet hatten. Am nächsten Morgen sah ich sie vor dem Krankenhaus von Alice hocken. Sie waren mit Mullbinden und Verbänden bedeckt. Wahrscheinlich waren sie bewusstlos ins Feuer gerollt. Bei ihnen habe ich das erste Mal diesen Blick gesehen, der dir scheu ausweicht oder dich so schnell durchdringt, dass er bereits woanders ist, oder einfach durch dich hindurchgeht, ohne zu sehen, bereits erloschen.

Mir fiel auch ihr gleichmäßiger Gang auf, der aus dem Nichts kommt und nirgendwohin geht, wie in Zeitlupe. Auch diese Familie fällt mir wieder ein, die um fünf Uhr nachmittags durch die Stadt ging auf dem Weg zu ihrem Lager aus Wellblech und trockenen Zweigen: Der Mann ging voraus, ohne sich umzudrehen, die Frau folgte, ohne sich umzudrehen, die Kinder zogen im Gänsemarsch hinterher. Sie schwammen in ihren viel zu großen T-Shirts, gingen aber sehr aufrecht, gleichgültig gegenüber dem Tohuwabohu der Weißen, die sich vor Geschäftsschluss abhetzten. Inmitten dieser aggressiven Aufregung marschierten sie mit federnden, langsamen Schritten weiter voran. Wie eine Barke das Wasser teilt, teilten sie die Stadt. Sie waren weder hochmütig noch neugierig, ihre Blicke ohne Begehren störten das Ritual des Geschäftemachens. Ihre Füße zerschnitten die Stadt in zwei Teile.

Erwin biegt auf einen kleinen Sandweg ab, roter Staub wirbelt um uns herum, bedeckt die Akazien- und Eukalyptusbäume. Ich fülle meine Lungen mit dem Geruch des Buschlands. Noch eine letzte Biegung und ich erkenne das alte handgemalte Schild wieder: »Broken Elbow«, wir sind da. Eine schlanke junge Frau mit warmem Lächeln kommt mir entgegen: »Ich bin Kieran, Erwins Frau, kommen Sie doch rein, um sich frisch zu machen … Normalerweise halten wir uns im April immer im Hof auf, aber hier, wie überall, ist das Wetter völlig verrückt geworden, es ist viel zu heiß für die Jahreszeit.« Ich schaue diese zierliche und entschlossene Frau mit dem offenen Blick an, die vor zehn Jahren ihre Karriere und Sydney um der Liebe zu einem Mann und zum Outback willen verlassen hat. Meine australischen Freundinnen waren immer vom gleichen Schlag, unerschrocken und zäh, ich fühle, dass wir uns gut verstehen werden.

Das einfache Haus in V-Form ist etwas heruntergekommen, das Schwimmbecken ist von Unkraut überwuchert, die Terrasse ist mit Laub übersät, der Busch scheint seine Rechte zu fordern. »Entschuldige bitte den Zustand hier, aber wir haben vor vier Jahren mit Erwin eine neue Zeitung, die *Alice Springs News*, gegründet, die unsere ganze Zeit frisst … und unseren gesamten

Platz! Gedruckt wird in Adelaide, aber abgesehen davon basteln wir alles komplett hier zusammen.« Erwin zeigt mir stolz das Büro mit den fünf Macintoshs, die alles können, sogar die ausgeklügeltsten Seiten setzen. Er präsentiert mir die Internet-Seite*, auf der jede Woche ihre Zeitung erscheint und die sie mit der ganzen Welt verbindet: »Jedes Mal erhalten wir über hundert Reaktionen. Sie schreiben alle, dass es fantastisch ist, auf der anderen Seite der Erde darüber informiert zu sein, was sich im hintersten Winkel des australischen Buschlands abspielt. Das ist für eine so entlegene Ecke eine einzigartige Erfahrung!... zumal wir Einzelkämpfer bleiben: Wir finanzieren uns über Werbeeinnahmen, das ermöglicht uns, unabhängig zu bleiben und dieser Stadt gründlich die Meinung zu sagen!«

Erwin frohlockt, er hat sich nicht verändert, er ist der gleiche, sehr aktive und konkrete Träumer geblieben, den ich kennen gelernt hatte, als er noch der einzige Journalist und Kameramann war, der die Ereignisse des Red Heart für die australischen Fernsehstationen aufnahm. Seine Berichte reichten von der Chamberlain-Affäre – das Baby, das zu Füßen des Ayers Rock von einem Dingo gefressen wurde –, die international für Aufsehen sorgte, bis zu den lokalen Kamelrennen oder zu den Konflikten zwischen Weißen und Aborigines um einen Staudamm, der eine heilige Stätte zu verschlingen drohte.

In diesen Inszenierungen besetzte Erwin alle wichtigen Rollen selbst: Er agierte mit seiner Mikrofon-Kamera als Kameramann und Moderator, schnitt das Material am Schneidepult, das er auf dem Küchentisch installiert hatte, nahm die eigenen Kommentare auf und schickte die Kassette mit dem nächsten Flugzeug ab. Auf diese Weise brachte er seine beiden Leidenschaften unter einen Hut: die für den Busch und die für die Kommunikation. Und er konnte gleichzeitig in Abgeschiedenheit leben, weit weg von Asphalt und Lärm... und mit der ganzen Welt verbunden sein. »Siehst du, Froggie«, sagte er voller Begeisterung, »das globale Dorf von McLuhan, ›*Denke global, handele lokal!*‹, das passiert hier bereits, in der hintersten Ecke von Australien. Und das ist noch nicht alles, mit dem Internet und dem Satelliten Aussat 1988 wird unser in der Wüste verlorenes Nest mit dem gesamten Planeten verbunden sein!«

Erwin hatte sich nicht geirrt und der Erfolg mit den *Alice Springs News* bestärkte ihn:

»Was wir versuchen mit unserer Zeitung zu erreichen, ist, lebendige Informationen darüber zu vermitteln, was in unserer Gemeinde passiert. Das Spektrum reicht dabei von neuen Yoga-Kursen für schwangere Frauen bis zur Hasenplage auf den Ranches der Umgebung oder wie man sich dem Alkoholismus stellt. Aber wir versuchen auch, diese Ereignisse mit denen des Northern Territory, ganz Australiens oder, wenn möglich, des ganzen Planeten zu verbinden. Wir machen zum Beispiel eine Serie von Reportagen über Dürre, Bodenerosion und die Verwüstung der *cattle stations* des Zentrums. Dabei vermitteln wir parallel Informationen über El Niño, den Treibhauseffekt und die ökologischen Hilfsprogramme, die in den Kimberleys eingesetzt werden, aber auch in Israel und Argentinien.

Doch es ist gar nicht so einfach, die Leute dafür zu öffnen. Die Rancher sind oft konservativ und rassistisch. Und was die Beamten angeht, vor denen es hier wimmelt, bleiben sie entweder nur zwei Jahre in Alice oder sie denken nur an ihre Karriere.«

Ich muss lachen, ich erinnere mich an Erwins fest verwurzelten Hass auf alle Angestellten der öffentlichen Verwaltung. Nicht selten wird dieser Hass von den Bewohnern des Buschlands geteilt, die ziemlich stolz darauf sind, dass drei Millionen *bushmen* – das heißt ein Sechstel der Bevölkerung des Landes – alleine achtzig Prozent der exportierten Reichtümer Australiens produzieren, die Zahlen sprechen für sich. Bei einem sterbenslangweiligen Abendessen der Verwaltung hatten wir uns dann auch kennen gelernt … mitten im Busch!

Kieran kommt mit kühlem Bier und Sandwiches mit Pute und Gurken. Sie legt ihre Hand auf Erwins Mund:

»Hör auf, sie ist kaum aus dem Flugzeug gestiegen und du schüttest sie schon mit deiner Arbeit zu! Michèle, ich weiß nicht, ob er schon zu deiner Zeit infiziert war, aber mein Mann hat sich zu einem *real Aussie* entwickelt, völlig der Droge Arbeit ergeben!«

Sie lacht und küsst ihn. »Sprechen wir doch über sehr viel verlockendere Themen. Ich würde zum Beispiel gerne wissen, wie ihr euch kennen gelernt habt, was an diesem merkwürdigen Kauz deine Aufmerksamkeit erregt hat. Ich liebe alte Geschichten und my darling Erwin ist ein armseliger Erzähler.«

Ich schaue sie prüfend an, ihre Augen sind ehrlich und amüsiert, nicht ein Schatten von Engstirnigkeit liegt in ihrem Blick. Sie weiß, dass sie geliebt wird, und sie scheint mich zu schätzen. Sie ist einfach nur neugierig auf mich und das Leben, was für eine Freude!

Ich schaue Erwin an, er hat stark zugelegt, aber hinter Streitlust und Siegeswillen drücken seine blauen Augen noch diese ernste und träumerische Aufmerksamkeit aus, die mich zunächst verführt hatte… Wir befanden uns am Fuße des Ayers Rock*, in einem dieser alten Pub-Motels, die die Touristen beherbergten, bevor die neue Stadt Yulara* in zehn Kilometer Entfernung zum Felsen gebaut wurde. Ich war von den Angestellten des Fremdenverkehrsamtes von Alice zum Abendessen eingeladen worden und da ich gerade an meinem ersten Reiseführer über Australien schrieb, wollten sie mir am nächsten Morgen ihre Juwelen zeigen: Ayers Rock, die Olgas und den Kings Canyon. Ich saß einem Mann gegenüber, den ich bereits auf einem Autodach gesehen hatte. Es war in langsamer Fahrt um den Felsen herum gefahren und hatte ihn im Licht der untergehenden Sonne gefilmt.

»Er ist nachts noch viel schöner, vor allem bei Mondschein, und gerade heute Abend…« Er sprach damit alle Leute am Tisch an, aber hinter ihren Zigarren hatten die Beamten nur protestiert, dass es zu gefährlich wäre. Ich war die Einzige, die das Abenteuer wagen wollte. Er hatte mich neugierig angeschaut. Ich zeigte ihm einen meiner Reiseführer, er antwortete, dass er ihn nicht lesen könne, da er kein Wort Französisch spreche, außer »Mademoiselle, voulez-vous sortir avec moi ce soir«. Ich sagte, dass das für diese Gelegenheit vollkommen ausreichend wäre. Er lachte und überflog die Fotos im Buch. Beim Blättern sah er mich an, seine blauen Augen bekamen einen träumerischen Ausdruck, seine Hände streichelten unbewusst jede Seite, als wollten sie etwas in sich aufsaugen. Ich ahnte den sanften Kern unter der rauen Schale …

»Meine Herren, es wird nicht nötig sein, ihre Ranger hinter uns her zu schicken. Ich werde mit der französischen Journalistin den Ayers Rock erklimmen, ich habe das bereits mehrmals nachts getan und es besteht überhaupt keine Gefahr.« Seine Stimme enthielt keine Aufforderung und niemand reagierte. Ich zog meine Wanderschuhe an und zwanzig Minuten später standen wir auf dem Gipfel des Felsens, in dreihundert Meter Höhe. Im milchigen Schein des Vollmonds entdeckte ich die Grenzenlosigkeit des Buschlands um uns herum, das sich bis zum Horizont erstreckte und von den Schatten der Nacht einfach verschluckt wurde. Nur in einigen Kilometern Entfernung blinkten die ersten Lichter von Yulara und hier und dort die Schweinwerfer der Straßenarbeiter, die die Pisten teerten. Dies waren die einzigen Anzeichen für die zerbrechliche Präsenz von Menschen. Ich fühlte mich auf einmal so klein und unbedeutend, ertrunken in der Unendlichkeit des Himmels, der Wüste und der Nacht. Ich saß hoch oben auf dem Dach der Welt und war nur ein Floh, der sich an einen Kieselstein klammerte, und die Leere war überall … Ich verlor zum ersten Mal meine Orientierung.

»Und, Mademoiselle aus Paris, das ist so schön, da verschlägt's einem den Atem, nicht wahr?« Seine Augen funkelten, er hatte sich taktvoll etwas entfernt, um mich mit meiner Entdeckung allein zu lassen. »Kommen Sie und tragen Sie sich ins Goldene Buch ein, man sieht wie am helllichten Tag.« Er nahm meine Hand und führte mich zu der Steinsäule, von der sich das offene Buch wie ein helles Quadrat im milchig weißen Mondlicht abhob. Er hielt weiter meine Hand, während ich meinen Namen schrieb… und wollte sie nicht mehr loslassen. Ein zarter Kuss besiegelte unsere Begegnung, genau dort, direkt unter dem Mond, auf dreihundert Metern Höhe… Tausend Meilen von allen bewohnten Gegenden entfernt, wie es beim Kleinen Prinzen heißt.

Mit Erwin fuhr ich dann in die Olgas und verbrachte meine erste Nacht im Busch. Wir fuhren sehr früh am Morgen los, obwohl Kata Tjuta oder »viele Köpfe«, wie er von den Aborigines genannt wurde, nur dreißig Kilometer von Ayers Rock, Uluru, entfernt war. Aber wir wollten das Farbschauspiel bei Sonnenaufgang genießen und die drückende Hitze vermeiden. Von weitem erschienen mir die sanften Hügel der Olgas vertrauter als der Ayers Rock, das Morgenlicht tauchte sie bereits in zartes Rosa, die ersten Sonnenstrahlen krochen zum Gipfel der Kuppeln hinauf, ließen sie nach und nach mehr leuchten und vertrieben die morgendlichen Nebelschwaden. So tauchten nacheinander in stolzer Pracht die vielen nach hinten gebeugten Köpfe auf, wie Sphinxen, die den Himmel zu befragen schienen.

Wir drangen in das Tal der Winde ein, ich streichelte die rauen Steine, als wären es alte Elefanten, die runden Kiesel waren bis zum Grund ihrer Seele abgeschliffen in sechs Millionen Jahren harter Arbeit. Erwin erzählte mir, dass in diesem Tal die Schlange Wanambi lebte, dass ihre verschiedenen Lagerplätze in den Grotten zu finden wären und dass die schwarzen Linien auf den Felsen ihre Barthaare wären. Wenn der Wind mächtig zwischen den Bergen umherbrauste, war es die Schlange, die pfiff. Die Ältesten wussten dann, dass Wanambi erzürnt war und ein Mitglied des Stammes gegen das Gesetz verstoßen hatte.

Auf der rechten Seite zeigte Erwin mir eine Form im Profil, die sich auf einen hohlen Felsen stützte. Das war Malu, der Känguru-Mann, der an den Verletzungen starb, die ihm der Teufelsdingo zugefügt hatte – ein äußerst blutrünstiger Wildhund –, und der von seiner Schwester Mulumura, einer Eidechsenfrau, aufgefunden wurde, die ihren Bruder in die Arme schloss. Die sich überschneidenden höchsten Gipfel, die ganz in der Ferne lagen, repräsentierten die versteinerten Körper von Riesenkannibalen, den Pungalunga. Nach einer blutigen Schlacht wurde ihr letzter Vertreter von zwei Känguru-Männern getötet, die ihm einen Spieß in den Rücken stießen.

Ich liebte die Geschichten der Traumzeit, ich brauchte die Helden in den Felsen gar nicht wiederzuerkennen, mir reichte es, sie erzählt zu bekommen, diese Musik wiegte mich und verzauberte das Outback. Erwin zog mich wieder weiter Richtung Gipfel, sein Gesicht strahlte, seine weit geöffneten Augen saugten die Weite in sich auf, er frohlockte im Stillen. Von der Höhe der Olgas betrachtete ich Ayers Rock. Von weitem wirkte er noch merkwürdiger. War er der abgenutzte und polierte Gipfel eines verschlungenen Berges; ein Luftschiff, das vom Himmel gefallen war, jederzeit bereit, wieder zu starten; ein Saatkorn, das niemals gekeimt hatte und sein Geheimnis wahren würde?

Der Rock blieb weiterhin undurchdringlich. Für die Aborigines war er eine Heilige Stätte, er beschützte ihren Traum und blieb unzugänglich für die Weißen, die seinen Gipfel mit Füßen traten, seine Höhlen erforschten, sich in die Felsspalten hinunterließen, in ihrer Sensationsgier immer auf der Suche nach einem Zeichen, nach der Befriedigung ihrer Neugier, nach einem Taschenspielertrick. Ich fühlte mich fremd und fehl am Platz. Alle meine Reisen, meine Erfahrung aus fernen Welten, erschienen lächerlich im Angesicht dieses Monolithen, der der Zeit trotzte und die Weite, den Himmel und die Wüste herauszufordern schien … und an dem »unsere« Gedanken ohnmächtig abglitten.

Ich wusste damals, wenn ich von dieser Reise zurückkäme, wäre ich zum ersten Mal nicht mehr dieselbe. Ich fühlte, dass andere Reisen folgen würden, und ich war mir sicher, eines Tages der Erinnerung des anderen Australien zu begegnen, diesem so kraftvollen und beunruhigenden Vermächtnis der schwarzen Ureinwohner. Und vielleicht würde ich auch mir selbst begegnen, den innersten und vor mir selbst versteckt liegenden Bereichen meiner Seele.

Wir fuhren weiter in Richtung Kings Canyon, der auf dem Rückweg lag. Erwin sprach wenig und ich vertraute ihm meine innersten Gedanken noch nicht an, vor allem nicht, was die Aborigines betraf, ein heikles Thema in Alice. »Lass uns in Yulara vorbeifahren. Seit drei Jahren filme ich die Bauarbeiten, die jetzt zu Ende gehen. Du kannst dort zwei oder drei interessante Geschichten für deinen Führer aufschnappen.« Er warf mir einen komplizenhaften Blick zu. Etwas außerhalb der Stadt durchquerten wir zu Fuß ein Dorf mit etwa zwanzig niedrigen Häusern, die wie zufällig angeordnet schienen: »Die Aborigines aus dieser Gegend haben selbst ihr eigenes Dorf entworfen. Das Resultat ist manchmal ganz witzig, komm mal gucken!« Wir betraten ein Haus, das beinahe fertig gestellt war … Und dann brach ich in Lachen aus! Jedes Zimmer, inklusive Küche und Toilette, besaß mindestens zwei Türen: eine Eingangstür, die vom Hauptwohnraum abging, und eine Ausgangstür, die direkt in den Busch führte … mit dem Ergebnis, dass die vier Außenwände nur noch aus aneinander gereihten Türen bestanden, die sich in die große Weite öffneten. »Vierzigtausend Jahre lang haben die Aborigines unter freiem Himmel geschlafen. Sie wissen mit unseren Häusern noch nichts anzufangen, außer sie mit Löchern zu versehen wie einen Schweizer Käse, damit sie durch diese Notausgänge jederzeit schnellstens in den Busch fliehen können …! Komm, jetzt zeige ich dir die andere Seite der Medaille.«

Entlang einer mit Steinplatten gepflasterten Allee, die von Aluminiumsegeln überdacht war – bei den Architekten der Wüste ganz in Mode –, erhoben sich die vier großen Hotels von Yulara. Ein von Plumeria, Bougainvillea und *desert peas** gesäumter Weg führte zum Four Seasons, das erste Hotel, das seit Weihnachten geöffnet war. Es unterschied sich in nichts von allen anderen internationalen Vier-Sterne-Hotels, vor dem Eingang zur Bar hing sogar das übliche Schild mit der Aufschrift: »Hose, Hemd und Krawatte obligatorisch«. Während wir unseren Durst mit einem kühlen Bier löschten, erzählte mir Erwin, dass kurz nach der Einweihung einige Aborigines vom benachbarten Stamm der Anangu, die Hüter des Uluru, ins Four Seasons gekommen waren, um sich zu erfrischen: Sie sind zurückgewiesen worden, weil sie nicht die passende Kleidung tragen würden. Etwas später erschienen sie wieder in Anzug und Krawatte und wurden erneut zurückgewiesen, die Bar sei nur für Gäste des Hotels zugänglich. Da mieteten sie drei Zimmer und dem Hotel blieb nichts anderes übrig, als sie zu akzeptieren.

»An diesem Abend hatte ich in Yulara gefilmt und war zur gleichen Zeit in der Bar wie sie. Sie saßen sehr würdevoll in den weichen Sesseln und hielten ein Glas Orangensaft in der Hand. Sie schauten mit neugieriger Miene auf etwa zwanzig Deutsche, die völlig betrunken an der Bar hingen: Einige hatten ihre Hosen heruntergelassen und rieben ihr Hinterteil an dem der Servierinnen, die im Laufschritt in die Küche flüchteten ... Das ist noch nicht alles. Zwei Tage später verhaftete die Polizei in der gleichen Bar einen Iren von der Baustelle, der mit seinem Lastwagen mit voller Fahrt in den Pub des Inland Motels gefahren und dabei fünf Personen getötet hatte ... weil man ihm ein letztes Bier verweigert hatte. Du wirst bald merken, dass sich die Dinge im Busch schnell entwickeln. Und ihre Moral ist ziemlich durchsichtig.«

Wir brachen wieder auf und folgten dem langen staubigen roten Band, das zum Kings Canyon führte. Die Straße war gerade geglättet worden, einzelne Abschnitte waren sogar schon geteert: »Das ist das Ende des sanften Tourismus. Bald werden Hunderte von japanischen Reisebussen hier vorbeifahren ... bis zur Errichtung einer eigenen Landebahn und eines internationalen Flughafens!« Erwin zuckte mit den Schultern, es erschien ihm unausweichlich, er fürchtete nur, zwanzigtausend Kilometer von Wien, seiner Heimatstadt, und zweitausend von jeder anderen großen

Stadt entfernt, etwas wiederzufinden, vor dem er immer geflohen war. Plötzlich verengte sich die Straße, zweigte nach rechts ab und wir standen vor dem Eingang des Kings Canyon. Ich zog meine Wanderschuhe an und setzte einen Hut auf, Erwin füllte die Wasserflaschen und wir drangen in die Schlucht vor.

Mir blieb fast die Luft weg: So weit das Auge reichte, zogen sich zwei hohe Felsmauern, goldbraun und blutrot leuchtend, in die Ferne, zwischen denen das Flussbett nur als eine Ansammlung von riesigen, völlig durcheinander gewirbelten Granitblöcken zu erkennen war, wie nach einem Erdbeben. Erwin kletterte wie eine Bergziege vor mir her, er kannte den Weg und glitt wendig zwischen den Felsen umher. Aus der Nähe betrachtet erinnerten sie mit ihrer quadratischen Form und den scharfen Kanten an riesige Zähne … die ein Dinosaurier bei einem gewaltigen Niesen einfach ausgespuckt hatte!

Nachdem wir die ersten rutschigen Geröllstellen überquert hatten, bog Erwin auf einen schmalen Weg ab, der sich zwischen Eukalyptusbäumen hindurchschlängelte. Einige von ihnen wuchsen mitten im Flussbett, ihre knorrigen Wurzeln hatten sich durch den Stein gearbeitet und, koste es was es wolle, Wasser und Erde gefunden. Etwas weiter, in einer Felsspalte, wuchs ein Riesenfarn dem Himmel entgegen, streckte seine langen Finger nach oben, entrollte seine Glieder mit einer eigensinnigen Kraft, die fast körperlich spürbar war. In einer winzigen Wasserpfütze balgten sich Hunderte von Kaulquappen um ein paar grüne Linsen. Überall kämpfte das Leben, um zu keimen und zu bleiben, überall war es unaufschiebbar und bedroht, hartnäckig und fragil … Kostbar.

Ich kletterte weiter, die Schlucht öffnete sich, der Himmel fiel herein, in einem strahlenden Blau. Ich spürte keine Müdigkeit mehr, das Klettern machte mich leichter. Ich schlüpfte erneut zwischen eine Gruppe von Steinen, erklomm den letzten, einen dicken Backenzahn. Erwin erwartete mich oben. Still betrachteten wir das felsige Plateau, das im Licht der untergehenden Sonne in Flammen stand, und dann seinen purpurnen Einschnitt, zweihundert Meter tief, der direkt zu unseren Füßen in die Tiefe stürzte.

Ich war noch wie betäubt, ich fühlte mich wie nach einer Reise durch die Zeit. Standen wir am Beginn der Welt, mitten im Chaos vor der Schöpfung, als die Erde sich aus dem Kosmos herauslöste und alles noch geschaffen werden musste? Oder befanden wir uns in der Zeit nach dem letzten Chaos, in der Stille, die auf eine große Katastrophe folgt, wenn die Erde schläft und sich erneuert, die ersten Flechten wieder auf den Felsen wachsen und das Farnkraut seine Arme bittend zum Himmel streckt?

Ich ahnte, dass Australien, diese älteste Kultur, der älteste Kontinent, aber auch das jüngste Land der Erde, mich ohne Übergang zwischen den Extremen hin und her reißen würde. Ich wusste, dass auf seinem uralten Pergament alles gesagt und vollendet worden war, aber auch, dass in dieses weit offene Buch, leer wie seine Wüsten, noch nichts geschrieben worden war. Eine andere Geschichte konnte beginnen … wie meine eigene.

Sie musste nur noch erdacht werden.

Für unsere erste Nacht unter freiem Himmel hatte Erwin ein ausgetrocknetes Flussbett mit weichem Sand ausgewählt. Er holte aus dem Jeep einen großen *swag**, eine gusseiserne Kochplatte und einen *billy**. Ich folgte ihm entlang des *creek**, wo wir tote Zweige sammelten, die von den Fluten mitgerissen worden waren. Er entfachte sehr schnell ein großes Feuer, das die Eukalyptusbäume plötzlich von unten beleuchtete und eine Schneide in den Nachthimmel in Richtung Kreuz des Südens schnitt. Aus der Kühltasche zauberte er zwei blutige Steaks, die er auf die glühende Platte warf, neben den Schinken, der schon anfing zu brutzeln, und die Brotscheiben, die er zum Toasten aufgelegt hatte. Mitten im Busch war Erwin genauso zu Hause wie in seinem Heim, er nahm den Raum mit der gleichen Selbstverständlichkeit ein wie die zwanzig Quadratmeter seiner Küche in Broken Elbow.

Plötzlich ergriff Erwin meinen Arm und zeigte auf eine beigefarbene Gestalt, die sich uns im Zickzack näherte, ähnlich wie ein Fuchs: »Das ist ein Dingo. Der Geruch des Fleisches wird ihn angelockt haben.« Er kam näher, trat aus dem Schatten, ich sah zwei gelbe Augen aus schrägen Schlitzen aufglühen, erkannte die schmalen und beweglichen Ohren, das wolfsähnliche Gebiss. Das Tier fixierte uns eine ganze Weile, ich betrachtete aufmerksam seinen schlanken Körper im Profil, ich spürte die raue und ungezähmte Energie, die von der Nase bis zur Schwanzspitze in ihm vibrierte und seine Pupillen in einem merkwürdigen Schimmer glänzen ließ. Der ganze Körper befand sich in Alarmbereitschaft. Ich fing an zu zittern. »Hab keine Angst, er will nur ein bisschen unsere Steaks schnuppern.«

Ich hatte keine Angst, ich war nur gerade zum ersten Mal einem wilden Tier begegnet, hatte seinen Blick gekreuzt, und fühlte mich ins Herz getroffen von seiner vollkommenen Freiheit. Mit einem Sprung war das Raubtier wieder im Schatten verschwunden, wie der Blitz, es hatte kaum den Sand aufgewühlt. Ich blieb bewegungslos sitzen, alle meine Sinne waren hellwach, noch eine ganze Weile war ich auf der Hut, als hätte der Dingo mir vor dem Verschwinden seinen Energiefunken übertragen.

Erwin schob die Glut zusammen und entfernte in großem Umkreis alles aus der Nähe des Feuers. Unseren *swag* entrollte er nicht zu weit entfernt, denn im Juni waren die Nächte sehr kalt, es würde sicher Frost geben. Das Feuer brannte herunter, das Holz knisterte nicht mehr, die Stille war vollkommen: Hier hörte ich sie wie einen seltenen Ton. Sie war intakt, beschützte die Erde, wiegte sie sanft in den Schlaf. Ich verfolgte das Schaukeln der Blätter, das Atmen der Glut, zärtlich folgte mein Blick der glitzernden Schleppe der Milchstraße. Erwin hielt mich fest in seinen Armen, meine Augen schlossen sich langsam, ich fühlte mich wohl.

In meiner ersten Nacht hatte der Busch mir einen königlichen Empfang bereitet.

Es begann mit einem dumpfen und weit entfernten Ton, ein Brummen, das der Wind herantrug. Dann begann der Boden zu vibrieren, unmerklich. Das Geräusch wurde lauter, verwandelte sich in einen Trommelwirbel, die Vibration verstärkte sich, steigerte sich zu einem Hämmern. Unter dem *swag* fing die Erde an zu beben. Ein Windhauch war zu spüren, eine Welle, die ihren Weg durch die Blätter fand, es war nicht der Wind. Der Lärm wurde ohrenbetäubend, wie tausend Zusammenstöße, die in den Eingeweiden und im Trommelfell explodierten… Und auf einmal, von irgendwoher, waren sie da, mindestens hundert Pferde, ein einziges Schnauben, Mähne und Schweif hoch erhoben wie eine Flamme, ein Pfeil, der den *creek* in einer Wolke von Sand und Staub durchfliegt… Und dann, zu schnell, entfernen sich die donnernden Pferdehufe wieder, eine letzte Salve, als ein kleineres versucht, die anderen einzuholen, ein erstickter Laut wie von einem Wasserfall oder rieselndem Geröll und dann nichts mehr. Nur noch der Busch, der gibt und wieder nimmt. Und die Weite, die alles verschluckt.

Erwin steckte seinen Kopf aus dem *swag*, er hatte sich nicht bewegt: »Also, Froggie, erst ein Dingo, dann Wildpferde – ich finde, für deine Buschtaufe wirst du ganz schön verwöhnt, und das war noch nicht alles…« Er nahm meinen Kopf in beide Hände und drehte ihn zum Gipfel eines toten Baumes. Rosafarbene und weiße Papageien saßen dort in Reihen und bildeten dicke Trauben auf den einzelnen Zweigen. Am Himmel erschienen weitere Tänzer, die sich mit aufgeregtem Geflatter ihren Weg suchten, bis sie ein Plätzchen gefunden hatten. Bald war der Baum nur noch eine raschelnde und plappernde Kugel aus Schnäbeln und Federbüscheln. Und dann plötzlich verstummten sie, absolute Stille… Die ersten Sonnenstrahlen erreichten die höchsten Zweige, streiften die Vogelgirlanden im Wipfel, Traube für Traube: Sobald die Sonne sie erreichte, wie in einem perfekt einstudierten Theaterstück, breiteten die Papageien ihre Flügel aus. Innerhalb eines Augenblicks war der riesige Vogelbauer mit Tausenden weit geöffneter Bücher bedeckt, deren Blätter zitterten und sich dem goldenen Licht zuwandten, das den Morgentau trank und sie trocknete und wärmte. Die Zeit schien stehen geblieben zu sein, für den Moment einer Ewigkeit, die Erde hielt den Atem an, zeigte sich in ihrer ganzen Perfektion.

Und ich schickte ein stilles Gebet zum Himmel und dankte dem Schöpfer, dass er in einer Ecke der Erde noch solche Augenblicke von Anmut und Harmonie bewahrt hatte.

»Alle Achtung, Froggie, da war Erwin aber großzügig, er hat die große Tour mit dir gemacht, den königlichen Rundgang!«

Kieran hat kein einziges Wort meiner Erzählung versäumt, sie scheint sich gut amüsiert zu haben:

»Du musst wissen, dass ich mit ihm ungefähr die gleiche Tour absolviert habe. Und mit fünfunddreißig Jahren entdeckte ich endlich den Busch! Als gute Australierin hatte ich diese Reise immer wieder verschoben, ich zog es vor, die ganze Welt zu erforschen statt eines Stücks Wüste, von dessen Wundern ich nichts ahnte… Sei ohne Sorge, sie sind unverändert und der Busch ist noch immer voller Zauber. Das Einzige, was sich verändert hat, ist der Tourismus – Yulara beherbergt dreihunderttausend Besucher pro Jahr – und die Mitbestimmung der Aborigines: Sie sind die Besitzer von Ayers Rock und der Felsengruppe der Olgas – Uluru und Kata Tjuta –, sie vermieten sie an die Regierung, die sie wiederum den Hotelbesitzern und Privatunternehmern untervermieten.

Aber seit kurzem beginnen sie auch, eigene Rundtouren zu organisieren, um ihre Kultur besser vermitteln zu können. Sie wollen sich auch ein Stück vom Kuchen abschneiden und nicht mehr nur von den Zuwendungen der Regierung abhängig sein. Am Uluru zum Beispiel erzählen Aborigine-Führer vom Stamm der Anangu, dass die Narben auf dem Felsen die Spuren eines Kampfes mit den Schlangen-Menschen sind, die von der anderen Seite der Dünen gekommen wären und die Hüter des Ortes angegriffen hätten. Sie zeigen einem auch die heilenden Pflanzen des

Buschlands, erklären, wie man aus *spinifex** Kleber herstellt und wie man aus Gräsern Mehl mahlen kann. Sie werfen den Bumerang und die Lanze und lassen dich in ein Didjeridoo blasen... Wenn du Zeit hast, kannst du Paul Ah Chee in Alice besuchen, er wird dich sicher auf eine seiner Wüstentouren mitnehmen... Aber warte, bis es nicht mehr so heiß ist!

Und dann schau auf einen Sprung bei CAAMA (Central Australian Aboriginal Media Association) vorbei, das ist das erste von Aborigines verwaltete Multimedia-Zentrum. Seit der Installation von Aussat haben sie zusätzlich zu ihrer Radiostation mehrere Fernsehstudios eingerichtet, die ein Magazin auf Englisch produzieren, und lokale Informationsprogramme in fünf Aborigine-Sprachen, die auf ihrem Sender Imparja TV ausgestrahlt werden. Sie erreichen bereits achthunderttausend Menschen zwischen Darwin und Adelaide!

Ebenso wie der Tourismus ist die Information hier ein wichtiges Mittel, um die Kultur der Aborigines zu bewahren. Aber sie ist auch ein Weg, die moderne Welt unter einem anderen Blickpunkt zu betrachten und mit anderen Werten als denen der Weißen... Du kannst Peter Flanahan anrufen, er ist einer der Manager von CAAMA, er wird dir die Situation genauer erläutern.«

Zwei kleine Gestalten mit Kappe und in Reitstiefeln stürmen in den Hof:

»Michèle, darf ich dir meine kleinen Monster vorstellen, Paul und Molly... Ich werde auf der Stelle ihre Hausaufgaben überwachen. Abgesehen von Pferden, Schwimmen und im Busch Campen interessieren sie sich für nichts, sie machen, was sie wollen!«

Ich betrachte die beiden rotbackigen Gesichter mit den funkelnden blauen Augen, sie verströmen Lebensfreude und Gesundheit. Welche Strategien muss man sich einfallen lassen, um diese würdigen Nachkommen der Sonne, der Erde und des Windes auf die Schulbank zu drücken?!

Ich rufe Peter an, wir verabreden uns für morgen früh acht Uhr im CAAMA.

Ich warte auf den Sonnenuntergang, ich sehe mich satt an dem flammenden Rot, das Feuer auf den Lorbeer im Innenhof und die Fenster des Büros zaubert. Ich höre das Klappern der Tastatur, sie müssen heute Nacht ihre Zeitung fertig stellen. In Adelaide wird morgen gedruckt, sie erscheint übermorgen in Alice. Noch ein tiefer Atemzug, ich trage den Geruch von Staub und Eukalyptus mit mir, für die Nacht.

Alice Springs.
Damebrett in Schwarzweiß

Peter erwartet mich mit seiner Frau Tamara in der Eingangshalle des CAAMA. Er ist rothaarig und trägt einen Schnurrbart, ist ungestüm und direkt und hat sicher eine große Klappe, also ein richtiger Ire. Gleich zu Anfang hat er mich wissen lassen, dass er heute Abend den Saint-Patricks-Day feiern würde und dass morgen früh nicht mit ihm zu rechnen sei. Unser Gespräch könnten wir ja im Auto führen: Er hat in der Mission Hermannsburg eine Verabredung mit einem der Ältesten. Einige Kunsthandwerkerinnen der Arrernte* sind nach Indonesien gereist, wo sie sich über das lokale Töpferhandwerk informiert haben. Das Video über die Reise muss von dem Ältesten freigegeben werden. Ich habe Glück, er konnte auf dem Passierschein meinen Namen neben den seiner Frau setzen, man braucht tatsächlich eine Erlaubnis, um auf dem Territorium der Aborigines herumzufahren.

Die ehemalige Mission liegt hundertfünfzig Kilometer von Alice entfernt, ein Katzensprung für die Bewohner des Outback, die es gewohnt sind, für ein gemeinsames Essen unter Freunden an einem Abend fünfhundert Kilometer zurückzulegen. Wir fahren am Fuße der Mac Donnell Ranges entlang, die in rosafarbenen und zartgrünen kleinen Wellen den *Highway* begleiten. »Die Aborigines nennen sie die Raupe ohne Anfang und Ende«, präzisiert Peter. Sie sind die Wirbelsäule des Red Heart, eine Hügelkette, die von Schluchten, Wasserfällen und Tümpeln unterbrochen ist und den Einwohnern von Alice alles für ihre kleinen Ausflüge bietet… die ihnen erlaubt, ihre Klaustrophobie zu bannen. Es berührt mich, die ruhigen Wellenlinien wiederzusehen, ihre Sanftheit mildert die Strenge des Buschs, beruhigt am Abend die Augen, die vom grellen Sonnenlicht verbrannt sind.

Wir durchqueren das ausgetrocknete Flussbett des Finke River, »des ältesten Flusses der Welt«, hatte der Fahrer des Greyhound-Busses ins Mikro gebrüllt, als ich das erste Mal von Sydney nach Alice fuhr. Plötzlich hatte ich damals nicht mehr anders gekonnt und bat den Busfahrer anzuhalten: Ich setzte mich in die Mitte des *creek* und ließ den Sand zwischen meinen Fingern hindurchrieseln … und ich fühlte, dass es meine Geschichte war, die begann, mit den Körnern davonzurieseln, wie das schnell fließende Wasser einer Flutwelle.

Auf dem Dach liegende Autowracks und Bierdosen tauchen am Straßenrand auf, wir nähern uns dem Dorf. Die Zeichen haben sich nicht verändert, es sind die gleichen wie in Yuendumu, das ebenso wie Hermannsburg ein *dry settlement** ist, in dem Alkohol verboten ist. Die Aborigines kaufen Rum oder Bier in Alice, lassen sich unterwegs voll laufen und entledigen sich der Kadaver ihres Trinkgelages auf den letzten Kilometern vor der Ankunft im Ort.

Wir passieren das Schild, das ankündigt, dass wir uns auf dem Gebiet der Aborigines befinden. Ein Band aus beigefarbener Erde zweigt nach rechts ab, wir folgen ihm bis ins Dorf. Das Haus von Gus Williams, einem der Ältesten der Arrernte, befindet sich am anderen Ende. Wir schlängeln uns zwischen den Hütten hindurch, die alle gleich aussehen – die Armenversion der Vorstadtgebäude von Alice – und im beigefarbenen Staub verstreut liegen. Kein Baum, kein einziges Rasenbüschel oder eine Mimosenhecke, um sich vor der Sonne, dem Wind oder dem Staub zu schützen. Kein einziges Zeichen eines Lagers mehr, einer improvisierten Heimstatt.

»Gus? Er ist weggegangen, um ein *business** zu erledigen, kommen Sie nach dem Essen noch einmal wieder.« Die Nachbarin zeigt mit einer vagen Handbewegung auf ein paar im Quadrat angeordnete Lehmhäuser, die letzten Reste der ehemaligen Mission und das einzig schattige Plätzchen im Dorf. Neben dem Museum, das Albert Namatjira gewidmet ist – dem ersten Aborigine-Maler, der von den Weißen der Mission in gegenständlicher Kunst ausgebildet wurde –, hat ein Pub-Restaurant eröffnet, das den besten »Apfelstrudel mit Sahne« im ganzen Busch anbietet, sicherlich, um die germanischen Wurzeln der missionarischen Gründerväter zu ehren. An den Wänden erzählen zahlreiche Schwarzweißfotos von der Errichtung und dem Leben in Hermannsburg seit einem halben Jahrhundert … sowie von der Einfältigkeit und den Verirrungen der australischen Assimilationspolitik.

Es gibt Fotos von jungen Aborigine-Mädchen in dunkler Uniform, mit braver Internatsschülerinnenmiene in Reihen vor der lutherischen Kirche aufgestellt oder mit gekreuzten Armen hinter der Schulbank oder bei einer Hochzeit von Weißen, als Brautjungfern verkleidet. Fotos von Männern mit ernstem, schüchternem oder traurigem Blick, sie heben Gräben aus, beschlagen Pferde, gerben Häute, zerteilen Fleisch, schneiden Pfähle zu, behauen Steine, sägen Holz. Fotos von Frauen aller Altersgruppen mit großer Schürze, mit müdem Lächeln, sie backen Brot, waschen Geschirr ab, ziehen Wasser aus dem Brunnen herauf, waschen Wäsche, melken Ziegen, graben Erde um. Schließlich die großen Familienfotos, die Weißen im Zentrum auf Korbstühlen, die Aborigines etwas zurückgesetzt dahinter oder zu ihren Füßen sitzend, folgsame Arbeitskräfte, umsonst und zum Frondienst verpflichtet für ein wenig Mehl, Zucker, Tee … bis in die Sechzigerjahre unseres Jahrhunderts!

Peter gesellt sich zu mir:

»Bis zur Anerkennung ihrer Staatsbürgerschaft 1967 führten die Aborigines keine legale Existenz in Australien, was einige als Freibrief nahmen, sie wie Sklaven zu behandeln … Der Einzige in der Mission, der gewisse Privilegien besaß, war Albert Namatjira, denn er hatte sich als äußerst talentierter Maler erwiesen. Aber weil er »sehen« konnte, hatte er auch die Aufmerksamkeit auf sich gezogen: Er malte seine Träume auf einen Bumerang und einige Zeit später wurden sie Realität. Er hatte zum Beispiel den Bau der Pipeline und die Ankunft des Wassers in der Mission einige Zeit vor dem tatsächlichen Ereignis gemalt… und er hatte in seinem ganzen Leben noch keine Pipeline gesehen! Aber die Tatsache, dass er in Australien als großer Maler anerkannt wurde, hat ihn nicht glücklich gemacht, zum Schluss fühlte er sich verloren zwischen den zwei Welten, er gehörte keiner der beiden mehr wirklich an… Wir haben mehrere Filme zu diesem Thema produziert, der Verlust von Orientierungspunkten, die Wiedereroberung einer Identität. Davon erzählen die Aborigines dieser Region sehr gut in ›Benny und die Träumer‹. Wenn du willst, kannst du ihn dir im CAAMA ansehen.«

Es ist Zeit, Gus aufzusuchen. Ich bin froh, hier rauszukommen, aus diesen Lehmmauern sickern Elend, Schweiß und Tränen, sie erzählen eine unerträgliche Geschichte, die noch gar nicht lange her ist… und einen verstört zurücklässt.

Gus Williams empfängt uns in seinem Wohnzimmer-Esszimmer-Küche-Sofa-Bett, kurzum seinem einzigen Raum, der mit pastellfarbenen Landschaftsbildern seines Freundes Albert Namatjira und mit Sonnenuntergängen geschmückt ist, deren Farben an Rauschzustände erinnern. In der Mitte thronen ein riesiger Fernseher und ein Videorekorder, um den herum ein Haufen Videobänder liegen. In einer staubigen Ecke türmt sich ein Stapel von Kassettenrekorder, CD-Player und Lautsprechern mit mehreren Sony-Aufnahmegeräten. Zwei elektrische Gitarren liegen auf dem ins Zimmer ragenden Küchentresen, an dem mit Reißzwecken ein kleines Plakat festgemacht ist: *Wenn man uns eines unserer Grundrechte nehmen würde, wäre uns unser Atem genommen, unsere Erde wäre uns entrissen.*

Gus trägt eine Hose und ein gut geschnittenes Jeanshemd, er ist um die sechzig, besitzt ein charmantes Lächeln und einen scharfen und sehr lebendigen Blick. Peter legt die Videokassette in den Rekorder ein. Wir verfolgen die Reise der drei Arrernte-Töpferinnen zur Insel Lombok in Indonesien, erleben ihre Furcht im Angesicht des Meeres, das sie zum ersten Mal sehen, ihr Erstaunen als Frauen der Wüste bei der Begegnung mit dem Inselvolk, dessen Lebensweise sich so von ihrer eigenen unterscheidet. Wir sehen, wie sie sich wundern über das satte Grün der Landschaft und der Reisfelder, und wie sie sich die Ohren zuhalten, weil so viel Lärm herrscht. Wie schockiert sie sind über die Misshandlung der Büffel und wie sie flüchten, als ihnen die Menschenmenge zu dicht wird und Angst macht… Aber in den Töpferwerkstätten, dem Ziel ihrer Reise, verschlägt es ihnen vollends die Sprache. Sie entdecken Techniken, die sich von den ihren stark unterscheiden: Die Herstellung der Töpferwaren geschieht in Lombok »ohne die Weißen«, wohingegen ein Teil der Rohware, die in der Mission bemalt wird, aus Alice stammt; die indonesischen Motive wiederholen sich und werden mehr oder weniger am Fließband gemalt: »Es bleibt ihnen nichts anderes übrig, sie müssen davon leben«, bemerkt Donna, die älteste der drei alten Frauen. In Hermannsburg wird diese Tätigkeit vom Staat unterstützt.

Aber die größte Überraschung bereiten ihnen die Malereien selbst: »Bei ihnen erfinden sie die Zeichnungen, sie haben sie nicht im Traum gesehen. Bei uns kommen sie aus der Traumzeit, von den Geistern der Großen Vorväter, die unser Land geschaffen und bewohnt haben: Sie erzählen von unseren Totem-Tieren, unseren Tänzen, von der Jagd und vom Fischen, von dem Teil der Wüste und dem Segment des Traumes, dessen Hüterinnen wir sind.« Sie zeigen eine runde Vase, auf der sie zu mehreren den Traum der Zwei Zwillinge gemalt haben, wobei sie gemeinsam über die Position jeder einzelnen Person diskutiert haben sowie über die der Sträucher, der Papageien und der Wasserlöcher.

Nach ihrer Rückkehr nach Australien berichten sie von ihrem Heimweh, wie sehr ihnen die Wüste gefehlt hat, dass sie weitab von ihrem Land »den Geist der Erde verlieren«, und das Video endet mit ihren Schritten, die roten Staub aufwirbeln.

Gus hat sich nicht bewegt, es dauert eine Weile, bis er etwas sagt. Und dann wendet er sich mit ruhiger, aber fester Stimme an Peter: »Der Film ist im Großen und Ganzen okay, die Bilder sind schön und die Reise ist gut erzählt. Aber ich habe einige Vorbehalte, was die Äußerungen der drei Frauen betrifft. Man sollte nicht alle ihre kritischen Bemerkungen über Lombok stehen lassen, das ist schockierend für die Indonesier: Es ist unwürdig, so über ein Volk zu sprechen, dessen Gast wir sind. Außerdem ist eine der Frauen, die über den Traum der Zwei Zwillinge spricht, dazu nicht autorisiert, ihre Familie ist keine Hüterin dieses Segments, denn sie wurde in Palm Valley geboren. Die andere Frau ist dazu ebenfalls nicht autorisiert, da sie nicht dazu auserwählt wurde, diese Geschichte zu erzählen … Und sie sagt mehrmals ›vielleicht‹: ›Vielleicht‹ gibt es aber für uns nicht, denn unsere mündliche Überlieferung ist sehr präzise, sie IST die Wahrheit, also ist kein Zweifel möglich. Die drei Frauen diskutieren außerdem über einen Ort, den sie nicht erwähnen durften, denn er ist Gegenstand von Verhandlungen mit den Weißen über die Rückgabe unserer Gebiete … Ansonsten ist es okay, sag mir Bescheid, wenn du fertig bist mit Schneiden, ich komme dann und schau's mir in Alice an.«

Er schüttelt uns herzlich die Hand, er hat mit großem Nachdruck gesprochen. Draußen erklärt Peter mir, dass die Aborigines sich mehr über ihre Gefühle als über den Intellekt ausdrücken würden. Aber auch, dass »es ist okay« noch nicht bedeutet, »es ist akzeptiert«, denn Gus sagt niemals nein, ebenso wenig wie die Seinen Entschuldigung oder Danke sagen … denn nichts gehört irgendjemandem!

Ich frage Peter nach der Rückgabe der Gebiete, der Anerkennung der Native Titles, die seit vier Jahren ganz Australien zu beschäftigen scheint und auch zurzeit wieder im Mittelpunkt des Interesses der Medien steht:

»Die Rückgabe der Gebiete betrifft vor allem die Aborigines, die im Busch wohnen, aber zwei Drittel ihres Volkes – das heißt zweihunderttausend von ihnen – sind in die Städte oder Vororte abgewandert. Es ist ein akutes Problem im Zentrum und nördlich des Wendekreises des Steinbocks, im gesamten Nordteil des Landes, wo die Stämme, die während der Assimilation in Reservate oder Missionen umgesiedelt wurden, in ihre Gebiete zurückkehren und ihre heiligen Stätten wiederfinden möchten. Nun läuft das aber manchmal den Interessen des Staates, der Schafzüchter oder der Bergbaugesellschaften zuwider, denen diese Gebiete überlassen wurden … als wenn sie vorher nicht besetzt gewesen wären!

Und in der Tat, so erstaunlich das klingen mag, vertrat Australien bis 1992 die offizielle Doktrin der Terra Nullius, Niemandsland also. Mit anderen Worten, da die Aborigines nicht als menschliche Wesen anerkannt wurden, waren es die Weißen, die als Erste ihren Fuß auf den »jungfräulichen« Kontinent gesetzt hatten. Als logische Folgerung konnten sie sich alle Gebiete aneignen und mussten auch keinen Vertrag mit den Ureinwohnern aushandeln – was ein Jahrhundert zuvor die Amerikaner mit den Indianern noch getan hatten. Im Übrigen haben sie die Ureinwohner nach ihrer Ankunft möglichst schnell wie die Hasen abgeschossen!«

Peter regte sich immer mehr auf, in Australien erhitzten sich momentan die Gemüter in weiten Kreisen der Öffentlichkeit. Tatsächlich war das »Aborigine-Problem« in den Neunzigerjahren zu einem Hauptstreitpunkt geworden. Es war mitverantwortlich für den Sturz der letzten Labour-Regierung, die zum ersten Mal auf dem politischen Schachbrett von einer nationalistischen, rassistischen und fremdenfeindlichen Partei abgelöst wurde.

Doch waren diese Auseinandersetzungen nicht neu. Sie beschäftigten das politische Leben schon, als ich das erste Mal in Australien war: 1972 war vor dem Bundesparlament in Canberra ein Zelt mit der Aufschrift »Botschaft der Aborigines« errichtet worden. An den Zäunen hatte man Spruchbänder befestigt, deren Slogans nur Feststellungen enthielten: »Wenn ich nicht das Recht habe, bei mir zu Hause zu wohnen, warum wird dann Demokratie gepredigt? Weiße Eroberer, ihr lebt auf geraubtem Land.« Kurze Zeit später feierte der neue Labour-Premierminister Gough Whitlam seine Amtseinsetzung mit der symbolischen Rückgabe einer Hand voll Roter Erde an einen der Hauptführer der Aborigines und hielt eine Rede, die in die Geschichte einging: »Wir, das australische Volk, erniedrigen uns, wenn wir den Aborigines nicht den Platz einräumen, der ihnen in diesem Lande zusteht.«

Diese Politik trug erst einige Jahre später Früchte, als der Aboriginal Lands Right Act den Stämmen des Nordens und des Zentrums bestimmte Bodenrechte zurückgab. Dies geschah unter der Aufsicht der Land Councils, regionale Gebietsräte, die ausschließlich mit Aborigines besetzt waren: dank dieser veränderten rechtlichen Situation konnten die Pitjantjara einen Teil ihrer Wüstengebiete im Red Heart wieder zurückgewinnen, ebenso wie ihre große heilige Stätte Ayers Rock, die wieder ihren Namen Uluru erhielt.

Aber erst 1992 fand der Eddie-Mabo-Prozess statt: Ein Inselbewohner aus der Meerenge von Torres forderte die Rückgabe des Territoriums seiner Vorväter. In diesem Prozess wurde zum ersten Mal der Native Title anerkannt, das heißt das Anrecht eines Stammes auf Eigentum: Um es zu erlangen, musste man beweisen, dass die Gebiete, auf die man Anspruch erhob, stets von den Vorfahren bewohnt worden waren. Der Mabo Act wurde durch ein Bundesgesetz bestätigt, der dieses Eigentumsrecht, das den Aborigines vorbehalten war, auf das ganze Land ausdehnte ... Was die gesamte Bergbauindustrie und die Großgrundbesitzer endgültig auf die Barrikaden brachte. Einige »Pressuregroups« gingen sogar so weit, dass sie verkündeten, »die Rückgabe der Gebiete an die Aborigines würde die Wirtschaft des Landes völlig in die Abhängigkeit der Stämme bringen«.

Wie auch immer, der Mabo-Prozess war der Auslöser einer Bewusstseinsbildung in der Bevölkerung und einer Entscheidung, die nicht mehr rückgängig zu machen war und die den Europäern fremd war… oder vielmehr, die sie unfähig waren sich vorzustellen! Wenn man anerkannte, dass die Aborigines ein Recht auf ihre Gebiete hatten, dann musste man auch anerkennen, dass sie existierten und dass sie bereits vor der Ankunft der Weißen in Australien gelebt hatten. Und so verwarf der australische Oberste Gerichtshof mehr als zwei Jahrhunderte nach der Kolonisation die Doktrin der Terra Nullius und endlich wurde ein Vertrag mit den Aborigines unterzeichnet!

Und wieder einmal beschleunigen sich die Ereignisse an dieser Stelle, Zeit und Raum schieben sich ineinander, Australien wird mich wohl immer schwindlig machen. Die schweigsame Tamara beobachtet mich lächelnd: »Lass uns das Atelier für Seidenmalerei anschauen, es existiert erst seit einem Jahr, aber die Schals sind bereits berühmt… Du wirst noch mehr zum Staunen haben.« Mit verschwörerischer Miene strubbelt sie mir durchs Haar, wir gehen auf eine lang gezogene Hütte aus Wellblech zu. Am Eingang hängt ein Schild mit der Aufschrift: »Ntaria Arts Center«. Das Atelier ist ein dunkler Raum, in dem fünf Aborigine-Frauen mit dem Gesicht zur Wand aufgereiht sitzen und direkt auf Seide malen. Mit einem einzigen Pinselstrich und ohne Vorzeichnung malen sie Honigameisen, weiße Würmer, Blätter von Akazien- oder Eukalyptusbäumen, Papageien und Eidechsen. Keine von ihnen hebt den Kopf bei unserer Ankunft, sie werfen nur kurz einen schüchternen Blick auf die Seite, der der Sicherheit und der schier unglaublichen Präzision ihrer Gesten widerspricht.

An den vier Wänden hängen Rechtecke aus Seide in flammenden Orange-, Rot- und Grüntönen, die Früchte darstellen, Beeren und Wüstenblumen, alle von Gold umrahmt. Der zur Schau gestellte Luxus im Innern dieses grauen Blechwürfels wirkt etwas fehl am Platz. Ich sehe die schwarzen Röcke und abgenutzten T-Shirts der Künstlerinnen, den Resopaltisch und die wackligen Stühle, den uralten Ventilator, der sich abmüht, das Zimmer zu kühlen…

Die »Marketing-Chefin« stürmt ins Atelier, ihre geschäftige und wichtige Miene erinnert an die Organisatorin einer Tupperparty. Sie nickt uns kurz zu und stürzt sich dann auf Peter: »Du musst uns unbedingt helfen, wir werden von Bestellungen förmlich überrollt. Ende des Monats liefern wir zweihundert Schals an italienische Boutiquen in Los Angeles und San Francisco, Ostern eröffnen wir einen Stand in der Haupthalle der Sydney Royal Easter Show*. Ganz Australien wird unser Kunsthandwerk kennen lernen können! Aber die Medien spielen noch nicht so mit. Imparja war heute morgen hier, Channel 9 und ABC filmen morgen, aber die Großen fehlen uns noch. Hast du noch deine Kontakte zu den amerikanischen Sendern? Wir bräuchten mindestens BBC oder CNN, um unser Markenimage zu unterstreichen und auf dem New Yorker Markt durchzubrechen.«

Angesichts dieser Sintflut verspricht Peter alles und zieht sich vorsichtig zurück, Tamara legt einen Schal für gut hundert Euro zurück in den Karton. Wir gehen wieder durch den Raum, der gleichzeitig als Eingangshalle und Küche dient. Am Boden sitzen eine zwölfjährige Mutter, die ihr von Fliegen übersätes Baby stillt, und zwei Mädchen, die den Staub gleich mit dem Ketchup auf ihre Weißbrotscheiben schmieren, niemand hebt den Kopf. Draußen werden wir von einem bärtigen Strubbelkopf am Steuer einer uralten Blechkiste in eine dichte Sandwolke gehüllt… Wir springen ins Auto und machen, dass wir wegkommen.

Rückkehr nach Alice zu Kieran und Erwin. Sie drücken mir sofort die neueste Nummer der *Alice Springs News* in die Hand, die gerade mit dem Flugzeug aus Adelaide gekommen ist. Erwin zeigt auf das Foto der Titelseite, seine Augen blitzen: »Na, erkennst du sie?« Vor der Veranda eines *homestead** steht ein weißes Paar mit Cowboyhüten, umgeben werden sie von einem Dutzend Aborigines, Männer und Frauen, die Bilder in den Händen halten. Sie sehen alle sehr stolz aus, Weiße und Ureinwohner scheinen sich einig. Ihr freudiges Lächeln lässt mich mit einem Schlag die gekünstelten und resignierten Mienen auf den Fotos in der Mission vergessen … Mein Blick bleibt an dem ältesten Aborigine hängen, an dieser alten Jacke mit den großen Karos und diesem schiefen Hut, der viel zu klein ist … »Das ist doch Rick, der Älteste der Aranda, der auf Delmore lebt mit … und das sind Donald und Janet!« Erwin fängt an zu lachen: »Das hat aber gedauert, Froggie! Es ist erst ein paar Jahre her, ein paar Falten auf der Stirn und ein paar Kilo mehr, das ist alles. Erinnerst du dich? Du ahntest damals noch nicht einmal, dass Glück so einfach sein kann …«

Es geschah während meiner zweiten Reise. Ich war allein und nur für mich nach Alice gekommen, aus Liebe zum Busch und zum Red Heart. Erwin hatte mir für den Monat der *stockcamps* einen Job als Köchin besorgt, die Zeit, in der auf den Ranches im Zentrum das Vieh zusammengetrieben, ausgewählt und markiert wird, als Vorbereitung auf die großen Viehmärkte in Adelaide. Janet und Donald Holt waren Freunde von ihm, sie besaßen eine Ranch, Delmore Downs, die zweihundert Kilometer von Alice entfernt war, und sagten, sie wären froh, eine Französin als Kantinenchefin zu haben. Unsere Küche ist sogar im Busch wie auf der ganzen Welt das beste Aushängeschild.

Drei Tage nach meiner Ankunft aus Frankreich – ich konnte gerade mal den Zeitunterschied verdauen – holte Donald mich mit dem Flugzeug in Alice ab. Dieses Transportmittel ist für die Leute auf den Ranches ebenso selbstverständlich wie für die Asiaten das Fahrrad und die Frauen benutzen sogar Flugzeuge, um ihre Einkäufe zu machen … Eine halbe Stunde später landete Donald zwei Schritte vom *homestead* entfernt auf einem schmalen Streifen Erde, der von einem Bulldozer planiert war und als Landebahn diente. Seine Frau Janet kam gleich auf mich zu. Sie war so schmal, ernst und zart wie er rundlich, erdverbunden und lustig war: »Siehst du, sie ist eine Künstlerin wie du, hundert Prozent made in Melbourne, der ich in Papunya begegnet bin, wo sie die ersten Leinwandmalereien von Aborigines filmte … Es war bei uns beiden Liebe auf den ersten Blick, sie ist mir nach Delmore gefolgt, wo ich aus ihr die perfekte Frau eines Cowboys gemacht habe, stark und kräftig… hm, wie du unschwer sehen kannst!«

Janet zog ihn lachend am Ohr und nahm mich mit zur Veranda, wo ich zwei Mädchen mit goldblonden Pferdeschwänzen entdeckte, die auf einem alten Klavier die *Berceuse* von Chopin klimperten. Nachdem wir uns gegenseitig vorgestellt hatten, zeigte sie mir ihr *home*. Die etwas wunderliche Atmosphäre gefiel mir gleich: Es war eine Mischung aus Herrenhaus und Zeltlager, in dem man vom Wohnzimmer, das mit Ledersesseln und Velourstapeten ausgestattet war, ins Esszimmer stolperte, wo man auf einen Resopaltisch stieß und auf ein Sofa, das aus zwei LKW-Sitzen zusammengebastelt war und direkt auf dem Estrich stand…

Rund um das Haus verlief eine Veranda mit Geländer, im kühlsten Teil hatte Janet zwei Tische und ein Radio aufgestellt: »Hier verfolgen die Kleinen jeden Morgen die *School of the Air* aus Alice. Sie stellt den Familien, die isoliert im Busch leben, diese Sendeempfänger zur Verfügung, die eine Entfernung von siebenhundert Kilometern überbrücken können. Das ist die einzige Möglichkeit für die Kinder auf den Ranches, eine Grundschulbildung zu erhalten. Anschließend gehen sie nach Adelaide ins Internat. Wenn du aus dem *stockcamp* wiederkommst, kannst du eine Unterrichtsstunde mitmachen. Hast du Lust?«

Hier hatte ich auf alles Lust. Ich erinnere mich an das Abendessen an einem großen Feuer, an Fleisch, das so zart war, dass man es mit der Gabel zerteilen konnte, an die erste Nacht im *homestead*, die erfüllt war mit Rascheln, Flügelschlagen und hin und her sausenden Geckos – kleine transparente Eidechsen, deren Pfoten mit Schwimmhäuten versehen sind –, die auf der Jagd nach den Fliegen über meinem Bett waren.

Am nächsten Morgen führte Donald mich durch sein Reich. Er stammte vom Holt Clan ab, eine der ersten Schafzüchterfamilien, die den Wert der roten Wüste erkannten, damit trug er das Knowhow von hundertfünfzig Jahren in den Genen: Mit acht Jahren konnte er perfekt reiten; mit zwölf Jahren trieb er das Vieh zusammen und beherrschte den Traktor und die beiden Lastwagen; er zerlegte sein erstes Rind im Alter von vierzehn und mit achtzehn war er der Herr über den gesamten Besitz, das heißt zwanzigtausend Stück Vieh auf siebenhundert Quadratkilometer… Und er kaufte sein erstes Flugzeug.

Wenn man ihm zuhörte, verstand man, dass Delmore Downs sein Lebensinhalt war, die Luft hier atmete er seit seiner Geburt und er hatte sich niemals etwas anderes gewünscht. Er kannte jeden Baum, jeden *creek*. Vom Jeep aus zeigte er mir stolz die Stellen, wo er den Besitz erweitert hatte, die Wasserstellen vervielfältigt und die Zäune verstärkt, um Kängurus und Dingos abzuhalten.

Von Zeit zu Zeit hielt er an, um mir die Fußspuren einer *goanna* (einer Waraneidechse), von verschiedenen Schlangen, Füchsen oder Wallabies zu zeigen. Seine Spurenlesekunst verblüffte mich: Ausgehend von Tiefe und Form der Abdrücke erriet er, ob das Tier krank, hungrig, kurz vor der Niederkunft oder auf der Flucht war. Nach einem kurzen Moment der Stille, als würde er zögern, mir davon zu erzählen, sagte er, dass ihn einer der Alten des Aranda-Stammes, der auf Delmore lebte, in diese Kunst eingeweiht hätte. Ich fühlte auf einmal, dass Donald mir eine andere Welt eröffnete.

Zu der Zeit, als die Holts vom Staat das Recht erhielten, Delmore zu bewirtschaften, hatten sie auf ihrem Besitz einen Clan des Stammes der Aranda vorgefunden, die sich um den Fluss und die Wasserstellen herum angesiedelt hatten. Sie waren seit vierzigtausend Jahren die Hüter dieses Territoriums… Da die Aranda keinen Anspruch auf den Besitz des Gebiets von Delmore erhoben, sondern nur das Recht, dort zu leben, und die Achtung ihrer heiligen Stätten einforderten, schlossen sie einen stillschweigenden Vertrag, der es beiden Seiten erlaubte, frei nebeneinander zu leben. Zwei Schritte vom *homestead* entfernt, ging der Stamm weiterhin seinen Gewohnheiten nach: Tänze, Begräbniszeremonien, Initiationsriten oder auch Konfliktbewältigung mit benachbarten Stämmen… Und alle waren damit zufrieden.

Doch die isolierte Lage der Ranch und die räumliche Nähe der beiden Gemeinschaften, die Kinder, die in den *creeks* miteinander spielten – Donalds bester Freund war ein junger Aranda – führten ganz selbstverständlich zu einer Annäherung. Engere Bande wurden geknüpft, zumal die Aranda im Besitz von Jahrtausende altem Wissen waren… das für die Pioniere neueren Datums äußerst nützlich war! Dank ihrer fast telepathisch zu nennenden Intuition im Umgang mit Tieren brachten die jüngeren Aranda dem Sohn der Holts bei, wie man Pferde zähmte oder wie man das Vieh auf sanftere Weise zusammentreiben konnte. Die älteren Aranda hatten drei Generationen von Holts die meisten ihrer Wasserstellen »enthüllt«, ebenso wie den Weißen unbekannte Pflanzen, die die Pferde besonders gern fraßen.

Im Gegenzug hatte kein Holt je eine neue Straße gebaut oder einen Brunnen gegraben oder auch nur eine neue Parzelle eingezäunt, ohne Rick, den Ältesten des Stammes, zu befragen: Delmore beherbergte ihre heiligen Stätten, die Strecken des Traumes, dessen Hüter sie waren, verliefen quer durch den gesamten Besitz. Jede Veränderung und alle äußeren Einflüsse mussten deshalb vorher angekündigt werden, damit sie prüfen konnten, ob der dem Ort innewohnende Geist dadurch nicht vertrieben wurde. Kürzlich hatte Donald den Verlauf einer Straße geändert… Aber es kam auch vor, dass Rick entschied, einen heiligen Felsen zu versetzen, um Donalds Arbeit zu erleichtern. Trotz ihrer vierzigtausendjährigen Geschichte gestattete die älteste Zivilisation der Welt sich gütlich zu einigen und legte einen erstaunlichen Pragmatismus an den Tag.

Ich erinnere mich, dass ich Donald bei dieser Gelegenheit von meinem ersten Aufenthalt in Yuendumu erzählte: Ich war dabei, als die Warlpiri ihre Zusammenkunft mit den Verantwortlichen der großen Bergbaugesellschaften vorbereiteten, die Eisen und Uran auf ihrem Land abbauen wollten. Ihre Meinungen – die mir meine Freundin Françoise übersetzte – schwankten, ob sie die heiligen Stätten schützen sollten, die sich genau an den Stellen befanden, wo die begehrten Schätze im Boden versteckt lagen (die heiligen Stätten befanden sich oft an Orten mit starker magnetischer Strahlung, die von wertvollen Bodenschätzen ausgehen), oder eine hohe Entschädigungssumme annehmen. Vor meinen Augen war ein Stamm, der aus der Steinzeit kam und nur knapp dem Völkermord entgangen war, gerade dabei, seine spirituellen und wirtschaftlichen Interessen zu verhandeln, sei es in der Sprache der Vorväter oder der eines arabischen Scheichs!

Donald hatte sehr gelacht und merkte lediglich an, dass ihr Pragmatismus – und ihr Sinn für Humor – die Aborigines in sehr vielen Situationen des täglichen Lebens gerettet habe. Donalds Mutter hatte einige Male vor der Tür ihres *homestead* Männer des Stammes mit gespaltenem Schädel oder aufgeschnittenem Gesicht auftauchen sehen. Sie hatte ihnen die Wunden desinfiziert, ohne Fragen zu stellen, als würde es sich nur um einen Kratzer handeln: Sie wusste, dass die Trockenheit unbarmherzig sein konnte und dass es Streit um die Wasserstellen gab. Und die Aranda hatten schnell begriffen, dass die Antiseptika der Weißen schnell wirkten, besser als Asche oder Schlamm!

Zum Mittagessen waren wir wieder im *homestead.* Donald schnappte sich zwei Thunfisch-Sandwiches und ein paar *meatpies** und schon saßen wir wieder im Flugzeug: »Ich werde dir die Schönheit Delmores von oben zeigen und auch, wie ein *stockcamp* aussieht … Ab morgen wirst du dermaßen beschäftigt sein, deine zwölf hungrigen Mäuler zu stopfen, dass du die Nase nicht mehr aus den Kochtöpfen bekommen wirst. Also, genieße es noch!«

Aus einer Höhe von fünfzig Metern gesehen zeigte die Ranch genau die Harmonie, das Flechtwerk der Beige-, Rosa- und glänzenden Grüntöne, diese Mischung aus Sanftheit und Wildheit des Buschs, die ich so liebte … und zwar so weit das Auge reichte. Nach einer Viertelstunde Flug erkannten wir die Herde an einer sandfarbenen Staubwolke, umgeben von kleineren Wirbeln, die von den Pferden der Aborigines stammten. Sie bewegten sich auf die Hauptkoppel zu, wo das Vieh ausgesucht und markiert werden sollte. Donald stieß auf eine Baumgruppe hinunter, wo drei junge Kälber einen Unterschlupf gefunden hatten. Sie ließen sich vertreiben und jagten ein ausgetrocknetes Flussbett entlang. Das Flugzeug heftete sich an ihre Fersen, höchstens zwanzig Meter von dem schmalen Streifen Sand entfernt, der sich zwischen Eukalyptusbäumen und dunkelgrünen Pfützen hindurchschlängelte.

Donald jubelte. Frei wie ein Vogel, neigte er das Flugzeug erst auf die eine Seite, dann auf die andere, tanzte über den Wipfeln der Bäume, aus denen er rote und weiße *lovebirds** aufschreckte, oder er glitt die perfekten Kurven der *creeks* entlang. Die Kälber unter uns kamen langsam außer Atem. Sie wurden von den Pferden bedrängt, die Flanke an Flanke mit ihnen galoppierten und die Herde bald eingeholt hatten, ihr Muhen drang bis zu uns herauf. Schließlich war die letzte Kuh auf die Koppel getrieben, Donald landete sanft auf dem Weg und trat in die Umzäunung.

Was jetzt folgte, hatte nichts Idyllisches mehr an sich und dauerte vier Stunden … Ich erinnere mich, als wäre es gestern gewesen: das Klappern der Metallgitter, die kurzen Rufe der Männer und das Brüllen der in Panik geratenen Tiere … Inmitten dieses Lärms drückte Donald den Tieren mit der Unterstützung zweier Aborigines wie am Fließband das rot glühende Brandeisen mit dem Zeichen von Delmore auf. Dann trennte er mit einem Messerschnitt die Hoden ab, um die sich bereits die Hunde balgten, während die Kälber noch taumelten. Die Sonne brannte unbarmherzig herunter. Vom Boden stieg ein beißender Geruch nach verbranntem Fell auf, der sich mit dem des Feuers vermischte, in dem die Eisen erhitzt wurden. Blauschwarze Fliegen klebten sich auf die vor Schweiß triefenden Gesichter der Männer, denen die Anstrengung sichtlich zu schaffen machte. Bussarde und Raben kreisten ohne Unterlass über uns, alle schienen schnell zum Ende kommen zu wollen. Die *stockmen* der Aranda hatten sich flink und wendig auf ihren Pferden bewegt, in der Koppel aber wirkten ihre Gesten ungeschickt, als würden sie sich nicht kompetent fühlen oder vielmehr fehl am Platz.

Ich saß auf dem Zaun, wie festgenagelt von der brennenden Sonne und dem widerlichen Gestank des Blutes, ich fühlte mich auf einmal schwer: Die schlanken dunklen Hände, die angelernte Gesten imitierten, und die Körper, die verstört im Zickzack hinter den Kälbern herliefen, machten mich betroffen. Noch am gleichen Abend freute ich mich, dass ich eine so einfache, ruhige und idyllische Tätigkeit gewählt hatte wie das Kochen an der frischen Luft.

Am nächsten Morgen wurde ich im Lager von Uncle John empfangen, einem alten Freund der Holts und mein Mitarbeiter in der Kantine, der mir gleich klar machte, dass wir für zehn hungrige Wölfe im Alter zwischen fünfzehn und zwanzig Jahren fünf Mahlzeiten pro Tag zuzubereiten hätten: fünf Uhr dreißig Frühstück; zehn Uhr *smoko* oder Imbiss; zwölf Uhr Mittagessen; sechzehn Uhr Kaffeepause; achtzehn Uhr Abendessen; zwanzig Uhr Licht aus. Dieser Zeitplan gestattete keine Abweichungen und unsere Arbeit für die nächsten zwei Wochen stand fest: Die jungen Cowboys und Cowgirls durchkämmten jeden Tag einen neuen Gebietsabschnitt, um die verirrten Kühe einzusammeln, die Donald und seinen *stockmen* entkommen waren. John und ich mussten also jeden Morgen das Lager abbauen und es – so früh wie möglich – auf dem neuen Gelände wieder aufbauen.

Was das Kochen betraf, so musste ich schnell einsehen, dass es keinen Sinn hatte, die Gewohnheiten ändern zu wollen. Abgesehen von den *dampers*, ein Trockenfrüchtebrot, das wir in der Asche garten, bestanden die Mahlzeiten aus Känguru-Würstchen und Steaks, die über dem Feuer gegrillt und stets zwischen zwei mit Ketchup bestrichenen Weißbrotscheiben gegessen wurden. Einzig erlaubte Abweichung: Senf oder *pickles*. Am Abend gab es den unausweichlichen Eintopf aus gekochtem Rindfleisch, Zwiebeln und Kartoffeln und an dem Tag, an dem ich es wagte, Piment und Curry hinzuzufügen, gab es fast einen Aufstand!

Von diesen zwei Wochen als Nomadenköchin erinnere ich mich vor allem an die Nächte unter freiem Himmel, wo wir alle im Kreis um das Feuer hockten, an das Aufwachen im Morgengrauen mit den *swags* voller weißem Raureif und an einige Abende, vor allem den letzten: Irgendjemand hatte auf Französisch auf unseren rollenden Kantinenwagen geschrieben: »Bienvenue à la Jolie Môme« – »Willkommen beim Süßen Mädel«. Niemand sprach Französisch, aber einer von ihnen hatte sich an eine Zeile aus einem Chanson von Piaf oder Greco erinnert und das hatte mich gerührt.

Auf der anderen Seite des Feuers saßen Sally und Donna, die beiden Cowgirls. Sie sahen erschöpft aus und ihre Jeans starrten vor Dreck, die Hemden waren zerknittert, und in ihren sicher nicht mehr zu entwirrenden Mähnen hingen lauter kleine Zweige, kurzum: Sie sahen genauso aus, wie man eben aussieht, wenn man zwei Monate die Nächte unter freiem Himmel verbracht hat. Sie sprachen nicht miteinander, schauten sich kaum an, aber sie schliefen zusammengedrängt im gleichen *swag* und erwiesen sich gegenseitig stille Aufmerksamkeiten: Donna wechselte den Verband an Sallys Wade, die dort von einem Pferd getreten worden war, Sally verteilte Creme auf Donnas sonnenverbranntem Gesicht. Sie wollten zusammen nach Europa reisen, um das Oktoberfest in München zu besuchen, und fragten mich schüchtern, ob Deutschland weit von Frankreich entfernt läge.

Auf der anderen Seite des Feuers spielten die Männer Karten oder mit kleinen Kieselsteinen, zwei Jungs maßen sich beim Armdrücken, zwei andere erzählten sich lachend einen Micky-Maus-Porno, das gerade in Alice als Video herausgekommen war. Uncle John baute das *wireless* auf, eine Radioantenne, die uns mit dem *homestead* verband, und kündigte Janet meine Rückkehr für den nächsten Morgen an. Um diese Zeit, während der Periode der *stockcamps*, knisterten alle Radioempfänger um die Wette, denn Nachrichten wurden auf allen Frequenzen gesendet… und manchmal erwischte man eine persönliche Nachricht, die die Klatschweiber des Buschs in Entzücken versetzte!

Auf der anderen Seite des *creeks* kündigte das Rascheln der Blätter und das Klappern der *billies* an, dass die Aborigines mit ihrem Abendessen fertig waren: In zwei Wochen hatten sie nicht eine einzige Mahlzeit mit uns eingenommen, kochten abseits, aßen immer in einer Entfernung von etwa zwanzig Metern mit dem Rücken zu uns und hatten ihr eigenes Lager. Trotzdem arbeiteten sie Seite an Seite mit den Weißen. John erklärte mir, dass dies immer so gewesen sei, dass es sich in gegenseitiger Absprache so ergeben hätte, aus Respekt vor ihren Bräuchen.

Mick – einer der Ältesten – nickte mir leicht zu. Er war also zurückgekehrt? Vor acht Tagen hatte er John gesagt, dass sein Freund Paddy am Kopf sehr krank wäre, dass er drei Tage für den Marsch durch die Wüste brauche, um sein Lager zu erreichen, zwei Tage, um mit ihm zu sprechen und ihm beim Sterben zu helfen, und drei Tage für den Rückweg, dass er also in einer Woche wieder da wäre. John hatte ihn ohne ein Wort ziehen lassen, er hatte mir nur gesagt, dass Mick »gewisse Gaben« besäße und dass er, wie viele Aborigines, auch aus der Entfernung spüren könne, was die Seinen bewege. John bestätigte mir später, dass Paddy wirklich an einem Gehirntumor gestorben war, an dem Tag, den Mick genannt hatte.

Am nächsten Morgen weckte mich das Wiehern der Pferde von Sally und Donna. Sie saßen bereits im Sattel und ihre großen Hüte hoben sich deutlich vor dem roten Hintergrund des Himmels ab. Sie streichelten sanft ihre Pferde oder vergruben ihren Kopf in der Mähne und flüsterten ihnen zärtliche Worte ins Ohr. Ihr Backfischlachen schallte durch den Morgen, weitab von den Männern lösten sich ihre Zungen, hörten nicht mehr auf zu reden.

Nach ein paar Runden Trab zum Aufwärmen weckten sie mit lauten Rufen die *stockmen*. Sie waren es müde zu warten und wie jeden Morgen stampften ihre Pferde vor Ungeduld, in die klare

Luft hinauszugaloppieren, durch *creeks* und über Büsche. Ihre ganze Welt spielte sich hier ab, in ihrer Liebe zu den Pferden und zum Busch. Wie für Donald war ihr Leben hier erfüllt und sie wollten nichts anderes. Donna war eine Tochter des Outback, die sich in der Stadt »krank fühlte«, sie wollte im Red Heart leben und sterben, so wie sie schon hier geboren worden war. Sally stammte aus einem Vorort von Adelaide und war bereits mit fünf Jahren verrückt nach Pferden gewesen. Sie lernte den Busch aus Anlass eines Reitturniers in Alice kennen und entdeckte ihre Liebe zu Delmore auf ihrem ersten *stockcamp*: Sie blieb und teilte ihre Zeit fortan zwischen den Pferden und Janets Töchtern, für die sie halb große Schwester, halb Kindermädchen spielte.

Die Männer hatten sie jetzt eingeholt, die Mädchen ritten an der Spitze, trieben die Tiere an, legten sich die Zügel zurecht… Dann stürmten sie los in den Busch und stießen einen lauten Freudenschrei aus. Dies war mein letzter Eindruck des *stockcamps*. Zwei Stunden später setzte John mich vor dem *homestead* ab. Es war auch mein letzter Tag in Delmore und Janet hatte mir angeboten, sie bei ihrem Tagesablauf zu begleiten.

Schon vom Garten hörte ich die säuerliche Stimme von Gail, der jüngeren Tochter, die ein Wort ins Mikrofon buchstabierte. Janet führte mich wortlos auf die Veranda, die *School of the Air* hatte gerade begonnen. Eine Stimme erklang weit entfernt und näselnd aus dem Empfänger, sie gehörte der Lehrerin, die aus dem Studio in Alice mit ihr sprach: »Du hast sechs Puten und du isst davon zwei, wie viele bleiben übrig?« »Vier, Miss Morgan«, stieß Gail triumphierend hervor. Andere Kinderstimmen sprudelten auf der gleichen Frequenz durcheinander, eine Stimme machte sich mit Nachdruck bemerkbar: »Ich kann Sie nicht mehr hören, Miss Morgan, hören Sie mich?«, und dann verebbte sie ganz, ein Gewitter hatte vermutlich die Verbindung unterbrochen. Weitere Stimmen gesellten sich dazu, »Fehlende« beteuerten ihre Anwesenheit, wurden aber schon mitten im Satz wieder von den launischen Radiowellen unterbrochen. Gail verteidigte wie eine Löwin ihr Rederecht, die einzige Ausnahme räumte sie Sam ein, ihrem kleinen Schützling von der Nachbar-Ranch, dessen Antworten sie weiterleitete, da sie an diesem Morgen nicht bis nach Alice drangen: »Sam hat auch Vier gesagt, Miss Morgan, und ich habe ihm nicht vorgesagt!« Ihre Überzeugung rührte mich, wie auch die anderen kleinen Stimmen, die im Gerät gegen Abwesenheit und Entfernung kämpften, die schrien, um zu beweisen, dass sie existierten.

Miss Morgan beendete die Stunde, zwanzig Minuten sind lang für Sechsjährige. Ein Durcheinander lärmender Stimmen verabschiedete sich von ihr. Gail hatte sich sofort aus dem Staub gemacht, um einem verlassenen *joey** die Flasche zu geben ... Es war schon eine echte Leistung, zehn Wildfänge dazu zu bringen, die Schulbank zu drücken, zwei Schritte vom Busch entfernt, der an das Fenster klopfte, so nah an ihrer Ali-Baba-Höhle.

»Das Schwierigste für sie ist nicht die *School of the Air*«, erzählte mir Janet, »denn hier können die Kinder in vertrauter Umgebung in ihrem Rhythmus lernen: Sally hilft ihnen bei den Hausaufgaben, die Lehrerin kommt sie auf Delmore besuchen, kennt das ganze Umfeld und wir fahren mehrmals im Jahr zu ihr nach Alice. Aber wenn sie mit zwölf Jahren ins Internat nach Adelaide kommen, erleben sie nicht nur die Fremdheit der großen Stadt, den Lärm und die vielen Menschen, sondern finden sich auch noch in einer vollkommenen Anonymität wieder, mit einem einzigen Lehrer für vierzig Schüler, der es nach einem Jahr noch immer nicht geschafft hat, ihre Namen zu behalten ... Hier sprechen sie mit uns von Gleich zu Gleich, dort herrscht eine Hierarchie. Ihre ganze Welt zerbricht in tausend Stücke! Selbst die Mutigsten, die auf der Ranch nach einem Sturz vom Pferd die Zähne zusammenbeißen, brechen da zusammen, können weinen wie ein kleines Kind und noch im ersten Jahr alles aufgeben: Ihre Familie und der Busch fehlen ihnen zu sehr.«

Janet machte eine Pause, ihr Blick folgte Gail, die die Mähne ihres Ponys bürstete. »Hier langweilen sie sich einfach nie, sie sind geborene Naturforscher und Botaniker, Umweltschützer, wie sie im Buche stehen. Das Zimmer meiner Töchter ist voll gestopft mit Sammlungen von Steinen, Insekten, Federn und Vogelnestern. Aber dort, was gibt es dort? Und was bleibt von unserer so genannten Kultur, abgesehen vom Fernsehen?« Ich betrachtete Janets angespanntes Gesicht. Die Intellektuelle aus Melbourne hatte sich weiterentwickelt und ihre Wahl getroffen. Sie blieb hier, wo sie das Leben als gerecht und elementar empfand, wo die Tage sich unausweichlich aneinander reihten, sie blieb, und das trotz der Abgeschiedenheit und der schweren Arbeit, der unerträglichen Hitze, der Rauheit der Männer und des Staubs …

Mehr sagte sie nicht. Um Punkt elf Uhr öffnete sie den Laden der Ranch. Sie nahm mich mit zu dem großen Blechschuppen, der gleich neben dem *homestead* lag. Auf behelfsmäßigen Regalen stapelten sich durcheinander gewürfelt Konservendosen, Weißbrot, 5-Kilo-Säcke mit Zucker, Mehl und Reis, Taschenlampen, Batterien und Videokassetten, Schulhefte und Federmäppchen. »Ich habe alles zusammengesammelt, was die Aborigines interessieren könnte, und natürlich die Familien der *cattle stations*, die nur einmal im Monat nach Alice kommen«, berichtete Janet. Neben der Kasse hingen Reihen von geblümten Röcken und riesige T-Shirts ohne Ärmel, Lieblingskleidung der Aborigine-Frauen, außerdem metallic-blaue Satinhemden, die von den *stockmen* auf dem jährlichen Rodeo-Ball getragen werden.

Janet hatte kaum die Ventilatoren eingeschaltet, als schon ein Lastwagen ohne Federung und zwei vorsintflutliche Fords vor dem Laden hielten. Drei Aranda-Männer stiegen aus. Obwohl ihre Hosen zu kurz waren und die abgetragenen Tweed-Jacken eindeutig von der Heilsarmee stammten, benahmen sie sich während ihres Besuchs bei Janet wie vornehme Herren. Und ihre Vertrautheit ließ ahnen, dass sie nicht nur für ein paar Dosen Corned Beef und *baked beans** gekommen waren, sondern genauso für einen kleinen Schwatz. Janet wandte sich mit achtungsvoller Ehrerbietung an den Ältesten der drei und in ihrem intensiven Gespräch, das halb auf Englisch, halb auf Aranda ablief, war mehrere Male von Janets Sohn die Rede.

Sie schien ihn um Rat zu fragen. Er begnügte sich damit, ihr beruhigend auf die Schulter zu klopfen. Am Ende flüsterte er ihr einige Worte ins Ohr, die das Gespräch zum Abschluss brachten. Janet holte ein Stück Rindfleisch aus dem Kühlschrank, das er sich auf die Schulter wuchtete und dann zwischen die Frauen warf, die im hinteren Teil des Lastwagens zusammengedrängt saßen. Er wollte schon losfahren, da schien ihm noch etwas einzufallen und er kam mit einer Zeichnung wieder, die auf einem rechteckigen Stück Papier aufgemalt war: Aus der Ferne konnte ich Kreise aus braunen, gelben und weißen Punkten erkennen, die sich überlagerten. Er überreichte es Janet, die sich offensichtlich sehr darüber freute, und verschwand in einer Staubwolke.

Dieser Blitzbesuch hatte kaum fünf Minuten gedauert, ihre Autos verließen bereits den Sandweg und brausten direkt in den Busch ... als wenn sie auch hier nur in Windeseile hindurchsausen könnten, der *shop* schien ihrer Welt genauso fremd wie der Supermarkt in Alice.

Beim Mittagessen sprach Janet nicht über ihre Unterhaltung mit dem alten Aranda. Es war meine letzte Mahlzeit auf Delmore, Donald hatte sich zu uns gesellt. In seiner Anwesenheit erklärte sie mir nur, dass der Mann der *maban** seines Stammes sei und dass er spezielle Kräfte besäße, um gewisse Krankheiten zu heilen, die die Weißen nicht zu behandeln wüssten. Donald war ganz damit beschäftigt, seinen Sohn auf dem Schoß hüpfen zu lassen, er schien das Thema meiden zu wollen. Er sagte nur, fast wie zu sich selbst: »Sie sind die edelsten Menschen, die mir je begegnet sind, sie haben mir viel gegeben und Geld ist ihnen vollkommen egal ... wahre Könige.« Janet zeigte ihm die Zeichnung: »Sie sind genauso schön wie in Papunya.«

Mehr sagte er dazu nicht. Er öffnete einen 1980er Shiraz, für australische Zeitrechnung eine wahre Antiquität, und das Gespräch drehte sich schon bald um französische Weine, *french lovers*, die raffinierte französische Küche ... Ich konnte nicht umhin zu lachen bei dem Gedanken, wie selten ich diese Kenntnisse in der rollenden Kantine von Uncle John und Jolie Môme hatte anwenden können! Und dann taten die Hitze, die Müdigkeit und der Alkohol ihre Wirkung und ich hörte nicht einmal Erwins Jeep, der mich nach Alice zurückbringen sollte ...

»... Total verdreckt, zerzauste Mähne und zerknitterte Klamotten, genau wie Sally und Donna!« Erwin freut sich, er kennt die Geschichte bis ins kleinste Detail. Er war es, der mich nach jeder Tour durch den Busch wieder in Empfang genommen hatte, er war der Erste, der mir zuhörte, mich aufklärte über Details, die mir entgangen waren. »Also, dann erklär mir dieses Foto, warum posieren sie alle stolz wie Oskar hinter ihren Bildern?« Erwin grinst und lässt sich Zeit. So war es schon früher, ich bombardierte ihn mit Fragen und er ließ mich schmoren: »Hast du's immer noch so eilig, Froggie?«

Erwin schildert zunächst die Schwierigkeiten der *cattle stations*, Delmore eingeschlossen, in den letzten Jahren. Nach einer fünfjährigen Dürreperiode, in der sie die Hälfte ihres Viehbestands verloren, mussten sie mit dem starken Verfall des australischen Rindfleischpreises fertig werden. Die USA und Japan taten sich zusammen, um die Importpreise zu drücken. Die beiden Großmächte drohten, sich an gefügigere Märkte zu wenden, zum Beispiel Argentinien. Dann kam noch ein letzter Schlag durch die Krise in Asien, vor allem durch den wirtschaftlichen Zusammenbruch Koreas und Indonesiens, die beide wichtige Importländer für australisches Fleisch waren.

Angesichts dieser Auflösungserscheinungen versuchten einige Ranches in der Nähe von Alice Springs, wie z.B. Bond Springs, neben der Viehwirtschaft auch im Tourismus einzusteigen – und so fielen im Red Heart bald ganze Busladungen von Viehzüchtern aus Sussex oder Bayern ein, die zwischen der Besichtigung des

Ayers Rock, einer Stunde Kamelreiten auf der Camel Farm und einem Abend im Kasino sich noch zwei Tage »auf der Farm« ausruhten, um den Lebensrhythmus – und die Küche! – ihrer australischen Kollegen kennen zu lernen.

Andere Ranches wie Delmore Downs lagen zu weit entfernt von Alice und den üblichen Touristenpfaden und konnten auf diese Art von Aktivität nicht setzen, was sicher auch nicht nach dem Geschmack der Holts gewesen wäre. Janet hatte sich daher auf ihre alte Leidenschaft besonnen und der Stamm der Aranda begann wieder zu malen, gleichermaßen, um die Ranch zu retten und um sein Land zu bewahren, die heiligen Stätten und seine traditionelle Lebensweise zu schützen. Janet konnte dabei auf ihre Erfahrungen aus Papunya zurückgreifen, das erste Aborigine-Reservat, das der Welt seine Malereien enthüllt hatte, und sie verwandelte den Schuppen ihres *shops* in ein Atelier … Seit zwei Jahren wurden die *dot paintings** des Stammes der Aranda zu einem Vermögen in Australien gehandelt, und vor allem im Ausland, wo man sie in Museen ausgestellt fand oder an den Wänden der großen New Yorker Galerien!

»Delmore ist fast verlassen im Moment. Sally hütet den *homestead* und die beiden Mädchen, Donald besucht mit seinem Sohn die Viehmesse in Adelaide, Janet ist mit Rick und zwei Aranda-Frauen nach London geflogen, um einen Vertrag mit einer Galerie auszuhandeln, und dann geht es noch um eine Ausstellung, die in England, Frankreich und Italien gezeigt werden soll.« Erwin zeigt mir auf dem Foto die beiden Malerinnen. Die Bilder kann man schlecht erkennen, aber ihr stolzer Gesichtsausdruck ist deutlich zu sehen. Sie posieren in ihren zu groß geratenen T-Shirts und den wurstpellenartigen Röcken. Ich erinnere mich an sie aus Delmore, als sie mitten im *creek* eine große Eidechse grillten … Wie haben sie den Sprung geschafft? Sind sie wirklich in unserer Welt gelandet? Und Rick? Und der *maban*? Wie werden sie damit fertig?

»Schau dich morgen mal um in Alice, Froggie. Die Aborigines

aus den Reservaten und den Dörfern kommen oft am Donnerstag in die Stadt, um ihre Malereien in die Galerien zu bringen, das Arbeitslosengeld abzuholen und in den Pub zu gehen. Folge ihren Spuren. Nicht alle wandeln auf den Pfaden der Traumzeit…«

Zwischen zwei Traumzeiten

Erwin hat mich am Anfang der Todd Street abgesetzt, der Hauptstraße von Alice. Es ist neun Uhr, Cafés und Geschäfte öffnen gerade, die Hitze ist noch erträglich. Vor der Jugendherberge stürzen sich japanische und deutsche *backpacker** freudig in den Greyhound, der sie nach Darwin und zum *Top End** bringen wird, eintausendfünfhundert Kilometer weiter oben. Das Territory Tucker erkenne ich gleich wieder, mit der Schwingtür und der Einrichtung im Stil eines Saloons im Wilden Westen. Das Angebot auf der Speisekarte hat sich deutlich erweitert: Neben dem unvermeidlichen T-Bone-Steak werden jetzt auch Känguru-Spieße, Straußenfilets und Kamelschnitzel angeboten... Diese Delikatessen landeten noch vor einigen Jahren in Konserven für Haustiere! Im Brumby Bear direkt nebenan hat sich am Empfang nichts geändert: »Korrekte Kleidung erwünscht, ansonsten verschwinden Sie« und die typische Speisekarte des Northern Territory ist leider ebenfalls gleich geblieben: Würstchen – *meatpies* – *fish and chips* und, nur am Abend, Austern mit Pfeffer oder mit Käse oder mit Schinken... plus Ketchup! Auch den Bookworm (Bücherwurm) gibt es noch, eine Buchhandlung, die von einem köstlichen alten Aussie geführt wird. Sie ist noch geschlossen, ein Schild hängt am Rollladen mit der lakonischen Aufschrift: »Es ist sinnlos, diese Tür einzuschlagen, die Kasse ist leer.«

Auf der anderen Seite der Kreuzung öffnet sich eine andere Welt. Aus der Todd Street wird die Todd Mall, eine schattige Fußgängerzone, die gesäumt ist von Kunstgalerien, Souvenirläden und Boutiquen mit eleganter Wüstenkleidung, Café-Restaurants mit französischer, italienischer oder vegetarischer Küche oder nach neuester »Busch-Mode«, wie das Red Ocre Café, das eine bunt zusammengewürfelte Karte für ein internationales Publikum bietet. Die Touristen sind trotz der drückenden Hitze gekommen. Man erkennt sie an den Anti-Fliegen-Hüten, an denen kleine Korken hängen, und an den zwei Meter langen Didjeridoos, eingewickelt in Geschenkpapier, die sie keuchend durch die Mall schleppen. Ich bahne mir einen Weg zur Aboriginal Dreamtime Art Gallery, sie scheint mir noch am authentischsten zu sein. Eine junge Aborigine mit nackten Füßen und einem Kind auf der Hüfte stößt gerade die Tür auf und ich folge ihr.

Sie setzt ihr Kleines neben der Kasse ab, wickelt ein farbenfrohes Acrylbild aus einem Stück Stoff und steuert auf ein Hinterzimmer des Ladens zu, das als Ausstellungsraum dient. »Das hier ist wundervoll, Nora. Bleib so, ich mache ein Foto von dir. Sydney will von jedem Maler von Utopia*, der in ihrem Katalog erscheint, ein Foto ... Stell dich direkt vor den Projektor, so ist es perfekt.« Aus der Stimme der jungen Fotografin spricht ein Profi. Nora hält sich gerade in ihrem Blumenrock und presst das Bild gegen die Brust: Es zeigt eine junge Frau, die ihr ähnlich sieht, im gleichen Blumenrock, mit nackten Brüsten, gemalt mit verschwommenen Dreiecken und eng ausgerichteten Strichen. »Du wolltest den Traum der Wilden Bohne auf deinem Bild festhalten, oder?« Nora nickt schüchtern, das Licht scheint sie zu stören, sie blickt bereits in eine andere Richtung.

Eine ältere Aborigine kommt hinzu, der Kleine greift nach ihrer Hand, ich kenne dieses Gesicht ... »La Villette? Paris? Diesen Winter?« Sie sagt ja, lächelt mich an. »Utopia? Batik? Die Frauen, die Seidenmalereien im kleinen Pavillon anfertigten?« Sie nickt lachend, klopft mir auf den Rücken, als wäre das alles sehr weit weg oder hätte keine Bedeutung. Sie zeigt auf das junge Mädchen: »Das ist meine Nichte, sie malt auch.« Die beiden Frauen treffen sich an der Kasse. Nora nimmt, ohne sie zu zählen, einen Packen Zwanzig-Dollar-Scheine von der Fotografin entgegen. Das Ritual scheint eingespielt, sie gibt eine Hand voll ihrer Tante und macht sich mit dem Kleinen auf der Hüfte wieder auf den Weg, schlendert langsam durch die Todd Mall.

Sie geht an der John Flynn Memorial Church vorbei. Auf dem Rasen sitzen im Kreis einige Aborigines und spielen Karten. Sie nickt ihnen leicht zu, sieht sich nach jemandem um, geht weiter, bleibt mit abwesender Miene vor dem Gondwana II stehen, der schicken Boutique, in deren Schaufenster Champagnergläser stehen, auf denen Wandijna und *mimi spirits* eingraviert sind, die Geister der Traumzeit. Aus dem Inneren dringen gregorianische Gesänge und Wolken von tibetischem Weihrauch, der Kleine fängt an zu husten … Sie dringt weiter in das Einkaufszentrum vor, fährt mit der Rolltreppe, geht direkt zum Stuart Arms Hotel. Gegen das Licht, wie Schatten hinter der verglasten Fensteröffnung, vor der sich die Mac Donnell Ranges abheben, sieht man einige Silhouetten von Aborigines schwanken, die Billard spielen. Einer von ihnen bemerkt Nora und kommt heraus, sie gibt ihm zwei Scheine, dann verhandeln sie etwas in ihrer Sprache … Gegenüber vom Pub präsentiert die Vitrine des Red-Heart-Naturkundemuseums Fotos von Aborigines, die mit der Lanze in der Hand nackt einen Tanz aufführen. Links und rechts daneben befinden sich das Miniatur-Skelett eines Diplodocus und der versteinerte Fußabdruck eines Riesen-Kängurus: ausgestorbene Arten. Die Rolltreppe spuckt mittlerweile lärmende Trauben von Aborigines ins Stuart Arms, alle mit Zwanzig-Dollar-Scheinen in den Händen. Der *social welfare** befindet sich gleich nebenan, das wöchentliche Manna wurde ausgeschüttet. Nora drückt den Kleinen einem schwankenden Mann in die Hand, vielleicht der Vater, und fährt die Rolltreppe wieder hinunter, steuert das Ende der Mall an, dort, wo keine Bäume mehr sind, keine Vitrinen und Terrassen. Dort, wo die Touristen plötzlich stehen bleiben.

Ich folge ihr, ich weiß, wohin sie geht. Der Wüstenstaub schleicht sich in die Mall. Hier ist kein einziger Weißer mehr, der Geruch hat sich verändert, es riecht jetzt nach Erde, Schmutz, Holzfeuer und trockenen Blättern. Es ist der Geruch der Ureinwohner. Sie laufen wie an einer unsichtbaren Schnur aufgereiht auf einen einzigen Punkt zu, beschleunigen zum ersten Mal ihre Schritte, nur auf diesem Weg, der sie jede Woche zu ihrem donnerstäglichen Treffpunkt führt, zur Todd's Tavern. Ein Weißer, der gebaut ist wie ein Rausschmeißer in einer Diskothek, bewacht den Eingang, er durchsucht Nora, mich lässt er passieren.

Die Tür öffnet sich halb, der Lärm springt einem ins Gesicht, ein Geruch nach Raubtierhaus und Tabak zerkratzt die Kehle. Der Pub ist verraucht und nur spärlich beleuchtet, etwa hundert Aborigines sind hier zusammengepfercht, man kann nicht vor und zurück, das Atmen ist eine Qual. Frauen sitzen in einer Runde am Boden, Zigaretten im Mund, und lassen Bierdosen herumgehen, sie lachen und schlagen sich dabei gegenseitig auf den Rücken, was den ganzen Kreis in Bewegung hält und die Fliegen verscheucht. Auf der anderen Seite der Theke erregen sich ein paar Männer um einen Billardtisch, sie halten ihre Flaschen mit Rum-Cola in die Höhe, die in dickem Strahl auf die Köpfe spritzt, dem Rhythmus des Spiels und des Gedränges folgend. In der Mitte des Raumes schaukelt eine Masse von Männern und Frauen wie ein einziger, mit Bier zusammengeschweißter Körper, dessen Einzelteile sich umarmen, laut auflachen oder wütend schreien und sich nur entfernen, um an die Bar zurückzuwanken. Nora habe ich verloren, ich bin die einzige Weiße, aber wen kümmert's, das betrunkene Boot wogt für sich allein, vor langer Zeit sind die Rettungsleinen gerissen, es rutscht weg vom Anker und sinkt auf den Grund, sich seines Zustands wohl bewusst. Ich flüchte.

Draußen auf dem Holzgeländer, das den Todd River säumt, sitzen Frauen jeden Alters und warten, ihr Blick ist leer. Zu ihren Füßen amüsieren sich Kinder damit, Sand in Plastiktüten vom Supermarkt zu füllen. Von Zeit zu Zeit löst sich eine aus der Gruppe, packt sich flugs Ehemann, Vater oder Schwester, zieht sie vom Pub möglichst weit weg oder stößt sie in ein Taxi und wirft dem Fahrer einen Schein zu … der aus dem Lager zurückkehrt mit dem Wagen voller Aborigines, die er erneut vor dem Pub ausspuckt. Wer noch laufen kann und nicht alles ausgegeben hat, geht von der Todd's Tavern in den *bottle shop* nebenan, wo sie Flaschen mit Wein oder Rum einpacken oder Bierkästen mit Victoria Bitter: die können sie in Ruhe draußen trinken, in zwei Kilometer Entfernung zum Pub, wie es das Gesetz verlangt. Mütter und Kinder folgen ihnen resigniert, die Wocheneinnahmen verschlingt der Alkohol, wer bezahlt den Supermarkt?

Ich verlasse die Todd Mall und gehe zu meiner Lieblingsbank unter der Akazie vor der presbyterianischen Kirche. Das Schild, das über die Entfernung von Alice zu den Hauptstädten der ganzen Welt Auskunft gibt, steht noch hier. Es steht Rom darauf, Tokio, Seoul und für Frankreich, sieh mal einer an, Dijon. Sechzehntausendachthundertfünfzig Kilometer, ein Katzensprung… Ich atme tief durch, versuche an etwas anderes zu denken, was nicht gerade leicht ist. Hier auf dieser Bank, unserem Lieblingstreffpunkt, hatte ich Françoise wieder getroffen. Sie war mit Vera gekommen, ihrer großen Warlpiri-Freundin aus Lajamanu, mit der sie die Zeichensprache studiert hatte, die Sprache der Witwen, die in den ersten zwei Trauerjahren nicht sprechen dürfen. Wir hatten beschlossen, zu einer Pilgerfahrt zu Veras Geburtsort aufzubrechen, der fünf Kilometer nördlich von Alice lag: Es handelte sich um eine heilige Stätte, die von einem Staudamm-Projekt bedroht war, ein Wasserreservoir und Erholungsort für die Weißen sollte dort entstehen. Das Projekt war auf Eis gelegt, aber für wie lange?

Wir waren dem Bett des Todd River flussaufwärts bis zu einer felsigen Bergkuppe gefolgt, von der aus man zwischen zwei sanfte runde Hügel hinabtauchen konnte, die genau gleich aussahen. Die schüchterne Vera hatte zu sprechen begonnen: »Ich bin von einem Erdgeist geboren, nahe der heiligen Stätte der Welatye Therre, auf der Linie des Traumes der Zwei Frauen … Welatye Therre liegt vor dir, es bedeutet die Zwei Brüste, hier ist ein heiliger Ort für die Frauen der Aborigines, denn er repräsentiert den Busen. Ohne diesen Traum wären die Frauen wie die Männer, mit flachen Brüsten, unfähig ihre Kinder zu ernähren. Würde man hier einen Staudamm bauen, wäre das für die Frauen verheerend. Die Zeremonien, die in diesem Gebiet abgehalten werden, sind für uns Frauen lebensnotwendig. Sie lenken unser Handeln und unser Sexualleben, sie schenken uns eine wirkliche spirituelle Gesundheit.«

Sie schwieg. Hoch aufgerichtet stand sie auf dem Felsen, die Arme hingen verlassen neben dem Körper, ihr Blick war in weite Fernen gerichtet; so empfing sie alle Gaben ihres Landes. Sie gab sich völlig in die Hand der Jahrmillionen alten Gesetze der Traumpfade und der Verwandtschaftsbande und sie fand ihre Stärke in der fraglosen Akzeptanz, dem gemeinsam beschlossenen Schicksal und vor allem in der gesammelten Kraft der Gemeinschaft: Die Gemeinschaft gab ihr Wurzeln und Blätter, half ihr diesen mächtigen Baum, der mit dem Herzen genährt wurde und Wärme durch seine Erde empfing, wachsen zu lassen, dass er seine Zweige zum Himmel und zu den Großen Vorvätern ausstrecken konnte.

Und wir beide, Françoise und ich, Vagabundinnen ohne Land und Heimat, betrachteten Vera auf ihrem Felsen, die alles zu umarmen schien: den Busch, wo sie geboren war, die Geschichte ihrer Familie, die Erinnerung ihres Stammes und die Irrfahrt ihres Volkes; alles lag in einem einzigen Blick, der Raum und Zeit vereinte, Anfang und Ende, wie die kreisförmigen Zeichnungen der Warlpiri. Nicht ohne Neid beobachteten wir, wie die große Vera SEIN konnte.

Auf unserem Rückweg nach Alice mussten wir um einige Aborigines herumgehen, die in ihrem Rausch wie tot auf unserer kleinen Bank lagen. Vera hatte mir den Arm gedrückt. »Wir sind nicht wie diese hier, es sind keine von den Meinen.« Ich erinnere mich, dass sich Joseph, ihr elfjähriger Sohn, später auf dem Parkplatz des Supermarkts zu uns gesellte. Er schwenkte übermütig das erste Foto, das er mit seiner Polaroid-Kamera in der Fernseh- und Video-Abteilung aufgenommen hatte: Es zeigte einen stolzen Joseph, dessen Kopf auf dem Bildschirm einen Fernseh-Moderator ersetzte. Er hatte eine leuchtend orangefarbene Mütze von Coles auf, die ihm zweifellos ein Verkäufer des Supermarkts geliehen hatte. Vera hatte ihm lange über die Haare gestreichelt, ohne ein Wort zu sagen, dann hatte sie beide Hände um seinen Kopf gelegt, als wollte sie ihn beschützen. Auf einmal hatte sie ihn ganz fest an sich gedrückt, den Blick voller Traurigkeit. Das Kind hatte überrascht ausgesehen, er hatte sein Foto ohne ein Wort eingesteckt.

Ich habe mich ins Diplomat geflüchtet – die drückende Hitze treibt mich in die klimatisierten Hotels – und sitze in den bequemen Sesseln der Uncle Tavern, wo die Beamten sich gewöhnlich zum Mittagessen einfinden. Kleine, runde Tische, gedämpfte Atmosphäre, die Vorgesetzten zieren sich vor ihren jungen Sekretärinnen, herausgeputzte Asiatinnen mischen sich unter die Tischgesellschaften … Aber hier gibt es keine extrem orientalischen Gewürze oder Stoffe, die Bedienungen in weißer Schürze servieren Brot, *stew** und Kürbissuppe auf Spitzendeckchen. Die Atmosphäre ist steif, man kommt mit seinen Akten, das Essen wird in weniger als einer halben Stunde heruntergeschlungen: Hier lebt noch ein Rest von Victoria und dem alten England … Uncle Ly, der alte Tiger, der das Tedford Alice aufgebaut hat – den Vorläufer des Diplomat – dürfte sich vor Lachen krümmen in seinem Grab!

Ich hatte ihn kurz vor seinem Tod kennen gelernt, in dem Altersheim, in dem er dahinvegetierte, zwei Schritte entfernt von seinem Hotel und dem Stadtzentrum. Kurze Zeit vorher hatte er beschlossen, der ganzen Stadt aus Anlass seiner Beerdigung, »die wohl nicht mehr lange auf sich warten lassen würde«, ein Bier auszugeben. Er war daher an die Bar des Tedford gegangen, um seine Bestellung aufzugeben, aber dort hatte ihn niemand erkannt oder ihm auch nur ein Glas angeboten. Trotzdem hatte er seine fünfzig Kisten Bier bestellt … und sie sich direkt an den Fuß seines Bettes liefern lassen. Und frohen Herzens hatte er beschlossen, sich bis zu seinem Tod zu betrinken, seinen Tod allein zu begießen, »mit einem kleinen zeitlichen Vorsprung«.

Dabei war er einer der wirklichen Pioniere gewesen: Mit seinen Terrassen und dem Cricketfeld auf dem Dach hatte das Tedford in Alice eine Revolution ausgelöst. Ly hatte auch die ersten Pferderennen organisiert… Als ich ihn fragte, ob es eine neue Generation von Pionieren gäbe, fing er an zu fluchen: »Das alles ist *bullshit**, kann ich dir sagen, sie existieren nicht mehr! Kennst du etwa jemanden, der gleichzeitig Architekt und Maurer ist, ein Hotel und einen Stall führt, ein Kasino leitet, dabei mit fünfundzwanzig Cents angefangen hat, fünfmal alles verloren und wieder neu gewonnen hat?«

Bei meinem letzten Besuch hatte er mit Reißzwecken über seinem Bett etwa zwanzig Fotos befestigt. Abgesehen von denen, auf denen seine Mutter abgebildet war, »eine großartige Architektin«, sah man auf allen anderen den gleichen Aborigine mit strahlendem Lächeln: in Hemdsärmeln beim Zementanrühren mit Ly, alle beide auf einem Kamelrücken im Busch oder auf dem Hoteldach beim Armdrücken. Zum ersten Mal sprach Ly ernsthaft mit mir: »Siehst du, Frenchie, das ist mein *black fellow**. Vierzig Jahre lang haben wir alles geteilt, kein Weißer hätte je für mich getan, was er getan hat: Eines Tages war ich sehr krank, er hat aus der Entfernung gespürt, dass es ernst war – er lebte im Busch, dreihundert Kilometer weit entfernt, aber er hatte zweifellos einen sechsten Sinn –, und er ist zu Fuß gekommen, um sich nach mir zu erkundigen. Zu Fuß aus der hintersten Ecke des Outback, stell dir das mal vor! Ich besaß noch keine Lizenz, aber ich hab ihm ordentlich einen eingeschenkt. Als er starb, hab ich alles verloren.«

An dieser Stelle brach der alte Tiger zusammen, er konnte nicht mehr aufhören zu weinen. Das ist das letzte Bild, das ich von ihm bewahrt habe… Er starb zwei Wochen später, in der gleichen Nacht, in der das Tedford Alice von einem Brand verwüstet wurde. So blieb er seinem Mythos treu.

Draußen springt mir die Hitze ins Gesicht. Nach der Klimaanlage im Diplomat erstickt mich die brennende Luft, trocknet mich in zwei Atemzügen aus, mumifiziert mich in ihrer bleiartigen Schlacke. Mir wird schwindlig… Taxi! Uff, die Luft ist klimatisiert, schnell ein bisschen Kühle. Das Auto gleitet die Todd Street entlang, in den Straßen ist keine Menschenseele, da erscheint der tiefe Einschnitt der Mac Donnell Ranges und wir verlassen die Stadt, Richtung Busch, Kieran und Erwin. Zwei magere Kindergestalten stolpern über das staubige Pflaster, eingewickelt in Decken. Das Taxi fährt an ihnen vorbei. Ich bemerke die dunklen verstörten Augen, die beiden Phiolen, die sie um den Hals hängen haben, den skelettartigen Brustkorb, sie sind noch nicht einmal zehn Jahre alt… »Die *bongs** sind erledigt«, stellt der Chauffeur fest, »jetzt reicht ihnen der Alkohol schon nicht mehr und sie müssen sich mit Diesel voll dröhnen… Na ja, warum nicht, wenn sie früher von der Bildfläche verschwinden, braucht man nur zu warten und muss sich keine Sorgen machen, meinen Sie nicht auch?« Er grinst höhnisch und wirft mir über die Schulter einen komplizenhaften Blick zu, unter Weißen, versteht sich…

Ich kippe gleich um. Die Hitze, die Müdigkeit und dieser Tag, dieser Tag, an dem mich pausenlos die Mahlströme der Straße oder meiner Erinnerung durcheinander wirbeln, die leuchtenden oder tragischen Geister des schwarzen Kontinents… An jeder Biegung zu einem Ereignis, am Ende jeder Geschichte, hinter jeder Erinnerung erscheinen sie ohne Vorwarnung, schweigend und unausweichlich, verstörend, wie der Schlagschatten, der Spiegel ohne Spiegelbelag, die unterirdische Erinnerung eines Australien der Pioniere, gierig und erobernd.

Wie das Unbewusste des weißen Kontinents.

Und ich, die ich wie die Aborigines zwischen zwei Welten umherirre, wird diese Reise mir meinen Platz enthüllen?

Über dem Abendessen im Hof liegt heute eine ernste Stimmung. Die Kinder sind im Bett, die Kühle der Nacht ist angebrochen, Erwin versucht, seine Worte mit Bedacht zu wählen, auch wenn seine Erfahrungen aus zwanzig Jahren Leben in Alice und Liebe zum Red Heart seine Stimme wütend und frustriert klingen lassen:

»Der Alkohol ist seit der Öffnung der Pubs für die Aborigines 1967 ein Hauptproblem. In den letzten zehn Jahren ist noch das *petrol sniffing** der Kinder und Jugendlichen hinzugekommen. Beide Probleme treten oft gemeinsam auf, denn die Kinder betrinken sich oft schon mit zehn Jahren … Und ich sehe immer noch keinen Ausweg aus diesem Teufelskreis.

Die meisten Reservate und Lager im Umkreis von dreihundert Kilometern um Alice sind *dry settlements*, das bedeutet, dass der Alkoholkonsum dort verboten ist. Also ist Alice die Stadt, in die schwarze und weiße Australier zum Trinken kommen, aus allen Ecken des Buschs. Und bei den Aborigines verschlimmern die Auflösung ihrer Gemeinschaften und die andauernde Arbeitslosigkeit (die Rate ist dreimal höher als bei den Weißen) das Problem noch weiter: Vier weiße Frauen wurden dieses Jahr vergewaltigt und eine Organisation nach dem Vorbild des Ku-Klux-Klan spielt sich als Verfechterin der Gerechtigkeit auf … Sie schneiden den Verdächtigen nachts die Finger ab!

Und die Regierung des Northern Territory schließt die Augen: Jeder weiß, dass der Staat, die Restaurants und Pubs beträchtliche Einnahmen durch den Alkohol verbuchen können. Das Geld der Aborigines fließt also wieder zurück in die Taschen der Weißen … und macht zu einem guten Teil den Wohlstand von Alice aus. Die Beiträge der Steuerzahler finanzieren ganz offen einen wahren Völkermord durch Alkohol, an dem alle Entscheidungsträger beteiligt sind. Wodurch die Ureinwohner hier wieder zu »Jägern und Sammlern« geworden sind, nämlich der Bierdosen … Die dem Alkohol verfallenen Eltern lassen ihre Kinder im Stich, kaufen ihnen nichts mehr zu essen, und die Großeltern nehmen sie bei sich auf. Die meisten der Ältesten sind alt oder krank, an wen sollen die Jungen sich wenden?

Es sind mehrere Vorschläge im Gespräch, zum Beispiel das Arbeitslosengeld durch Essensgutscheine zu ersetzen und den Verkauf von Alkohol in den *bottle shops* donnerstags und freitags zu verbieten. Aber die Vertreter der Alkohol-Lobby geben den fetten Braten nicht kampflos auf: Allein in Alice sind sie mit zwölf Organisationen vertreten! Die einzige Hoffnung liegt in manchen Rehabilitationsmaßnahmen, die sich um die Jugendlichen kümmern, bevor es zu spät ist, oder in Projekten, die von Aborigines selbst initiiert und verwaltet werden.

Die Ältesten vom Stamm der Yapa haben zum Beispiel auf dem Mount Theo ein Zentrum für Entgiftung eingerichtet, mitten in der Tanami Desert, vierhundert Kilometer von Alice entfernt. Sie nehmen dort junge Benzinschnüffler aus Yuendumu auf, dem nächstgelegenen Lager, und bieten ihnen an, die Lebensweise und die Traditionen ihres Stammes mit ihnen zu teilen. Die Jugendlichen arbeiten am Aufbau des Lagers mit, lernen Kängurus, wilde Truthennen und Goannas jagen und die Früchte und Kirschtomaten des Buschs zu sammeln. Sie stellen Lanzen und Bumerangs her und werden in die Gesänge, Tänze, Zeremonien und Stammesgesetze der Yapa eingeführt. In drei Jahren hat sich die Zahl der Schnüffler in Yuendumu von siebzig auf siebzehn reduziert. Aber was das Interessante ist: Die Ältesten legen Wert auf die Tatsache, dass es sich nicht einfach um ein Entgiftungsprogramm handelt, sondern auch um eine spirituelle Begleitung, die die Kinder zum ersten Mal in Kontakt mit dem tiefen Sinn der Traumzeit bringt und mit dem Geist ihres Volkes …«

Erwin verstummt, streicht sanft mit den Augen über den Streifen Sterne, der direkt über uns leuchtet, und seufzt:

»Die Weißen täten vielleicht gut daran, es ihnen gleich zu tun. Worin liegt denn der tiefere Sinn unserer Zivilisation, der Geist des Okzidents? Wohin ist unsere Traumzeit verschwunden und wer kann uns noch davon erzählen? Weißt du es etwa, schlaue Froggie?«

Seine Stimme durchbohrt die abendliche Stille, stechend wie ein Dolch. Wir schweigen alle drei eine lange Weile. Mit dem Einbrechen der Nacht höre ich das sanfte Rauschen und Herzklopfen des Busches. Vor allem will ich nichts mehr denken, alles loslassen, mich ganz leer machen und mich wiegen lassen von dieser großen Einfachheit, dieser Natur, wo alles und jedes seinen Platz kennt.

Blinzeln mit den Sternen, gleiten mit der Eule, fallen mit dem Blatt …

Akzeptieren, alle Antworten zu verlieren.

Ich stehe wieder im CAAMA, dem Multimedia-Zentrum der Aborigines, im Büro von Peter Flanahan. Erwin hat mich mit der Erwähnung des Yapa-Projekts am Mount Theo wieder darauf gebracht, nach Unternehmen zu suchen, die von den Aborigines selbst initiiert und verwaltet werden. Aber zunächst drängt Peter darauf, dass ich das Video »Benny und die Träumer« anschaue, das von CAAMA produziert wurde und vom Leben der Pintubi in den letzten fünfzig Jahren erzählt, eines Wüstenstammes, der aus der Gegend westlich von Alice stammt. Die Ältesten erzählen ihre Geschichte selbst – vor allem der älteste von ihnen, Benny – von ihrer ersten Begegnung mit den Weißen bis heute: »Es handelt sich um die Geschichte der Aborigines, so wie sie sich ein halbes Jahrhundert lang in dieser Region abgespielt hat … Das wird dir helfen, die Projekte, die wir heute mit ihnen gemeinsam durchführen, zu verstehen.«

Peter schaltet den Videorekorder ein. Zu den ersten Klängen des Didjeridoo erscheint Benny unter seinem Baum in der Wüste. Von dort aus, direkt auf der roten Erde sitzend, wird er uns von der Irrfahrt seines Volkes erzählen. Sein gutmütiges rundes Gesicht unter dem Schlapphut aus Filz und sein tiefgründiger Blick nehmen mich gleich gefangen. Die Stimme fängt an zu erzählen, ruhig, halb amüsiert und halb traurig:

»Als wir die Weißen das erste Mal erblickten, saßen sie auf Kamelen. Sie waren so weiß, dass es zum Davonlaufen war, wie die Rinde der *ghost gums** oder ein Stück Quarz. Wir bekamen Angst, wir sagten uns, diese Wesen müssen Dämonen sein, direkt dem

Grab entstiegen! Und dann hatten sie diese komischen Hosen mit der dummen Schranke vorne, die man öffnen und schließen konnte: Der Zip hat uns richtig Angst eingejagt, als wir sie angezogen hatten (er lacht und imitiert das Auf und Ab des Reißverschlusses vor seinem Geschlecht)... Als Nächstes brachten sie uns Konservendosen, aber zuerst wagten wir nicht, davon zu essen, wir glaubten, es wären menschliche Steaks, und wir haben sie gleich begraben. Dann brachten sie uns Marmelade und *dampers*, also die waren wirklich gut, vor allem die Marmelade, wir tranken sie wie Wasser und gossen uns den Inhalt der Gläser direkt in den Rachen, und hinterher schliefen wir unglaublich gut! Zum Tausch boten wir ihnen unsere Lanzen und Bumerangs, wir hatten weniger Lust zu jagen, seit sie uns all diese guten Sachen brachten, und brauchten uns nicht mehr so anzustrengen...

Eines Tages marschierten wir Richtung Osten, wir durchquerten den Finke River und kamen nicht weit von der Missionsstation von Hermannsburg vorbei. Wir sahen, wie der Rauch dort ganz gerade in den Himmel stieg; unser Feuer macht das nie, also dachten wir, »das ist ganz schön schlau«. Wir vermuteten, dass sie vielleicht auch einen Gott hatten, der sie die Magie lehrte... Aber wir wollten uns ihnen nicht wie die anderen Pintubi anschließen, wir gingen zurück in den Busch, denn dort lebt unser Gesetz, das Gesetz der Vorväter und der Traumzeit: Es ist ein heiliges Gesetz, sehr mächtig, es erklärt uns, wie die Welt geschaffen wurde, warum wir geboren wurden, wozu unsere Existenz dient. Ohne dieses Gesetz sind wir verloren, deshalb hat unsere Gruppe beschlossen, wieder so zu leben wie früher.

Aber es war nicht mehr wirklich wie früher, denn die Weißen, die unser Land durchquerten, wurden immer zahlreicher. Eines Tages kam mein Vater von der Jagd nicht mehr nach Hause, meine Mutter sah Krähen am Himmel, dann zwei Adler, sein Totem-Tier, und sie wusste, dass sie ihn getötet hatten. Sie schichtete einen Haufen *spinifex** auf, zündete ihn an und warf sich direkt ins Feuer. Innerhalb von einer Minute war sie totenstarr (er zeigt, wie seine Mutter aussah, und macht einen im Todeskampf erstarrten Vogel nach, die Füße gen Himmel gestreckt)… Also verwandelten wir uns in Geister, in Kaidaicha, und flogen zu einer Strafexpedition.

Danach wurde das Leben immer härter, wir hatten keine Lust mehr zu jagen und unser Stamm fehlte uns. Im Zuge der neuen Assimilationspolitik hatten die Weißen die Unseren von Hermannsburg in das Reservat von Papunya transportiert. Wir machten uns wieder auf den Weg nach Osten. Wir marschierten ziemlich lange und fanden sie dort, wir waren sehr glücklich, dass sie noch lebten. Sie hatten sich zwar verändert in all dieser Zeit, aber wir waren erleichtert, Mehl zu bekommen, Zucker, Marmelade, all diese guten Sachen… Und dennoch war es ein merkwürdiger Ort, die Kinder gingen zur Schule, man sprach in einer seltsamen Sprache mit ihnen, sie standen ganz steif in ihren Reihen. Die Weißen haben merkwürdige Sitten, sie leben in einer anderen Welt, ganz anders als unsere. Alles zusammengenommen ähnelte dies nicht mehr unserem Land, die Unseren waren nie mehr im Busch, sie waren Metzger, Köche, Bäcker, man sperrte uns den ganzen Tag mit ihnen in der Küche ein.

Wir begannen sehr viel zu essen, zu viel Zucker in den Tee zu schütten, wurden oft krank, bekamen alle Diabetes… Und dann war da noch der Alkohol, oje, der Alkohol, der uns bald zum Verhängnis wurde, das reine Gift… Mit dem ersten Schluck fingen wir an, uns gegenseitig zu töten. Zumal wir zusammengepfercht lebten und alle Stämme durcheinander gemischt waren, was nichts Gutes bedeutet… Die meisten betranken sich und überschlugen sich mit dem Auto, die Wüste veränderte sich, überall entlang der Pisten sah man kaputte Autos auf ihren Dächern liegen…

In Papunya haben wir eines Tages begriffen, dass wir unser Land hinter uns zurückgelassen, dass wir es im Stich gelassen hatten. Zu dieser Zeit regierte ein Weißer, Whitlam, der uns sagte, wir könnten in unser Land zurückkehren, es würde uns gehören und wir würden niemals mehr von dort verjagt. Also machten wir uns wieder auf den Weg nach Westen, wir ließen uns in Kintore nieder und an den Eingang stellten wir ein Schild mit der Aufschrift: ›Hier ist Alkohol verboten.‹ Wer in Papunya noch ein Mörder war, wurde in Kintore nüchtern und genügsam.

Dort haben wir versucht, die beiden Wertewelten der Weißen und der Pintubi in Einklang zu bringen, ein Gleichgewicht zwischen ihnen zu schaffen. Ich habe eine kleine Klinik eröffnet, in der ich mit den Pflanzen des Buschs und der Medizin der Weißen arbeite. Wir haben auch wieder begonnen zu jagen, Goannas zu fangen, denn uns wurde bewusst, dass die Nahrungsmittel der Weißen voller chemischer Produkte sind: Man kann nicht mehr frei atmen und nicht mehr schnell genug laufen!«

Eine Erzählerstimme nimmt an dieser Stelle den Faden auf, berichtet, dass Benny noch einmal nach Westen marschieren musste, bis zum Lager der Kiwirrkura, auf dem Land der Pintubi. Eine Bergbaugesellschaft auf der Suche nach Gold musste daran gehindert werden, auf dem Territorium seines Stammes zu schürfen. Und dann erscheint Bennys Gesicht wieder, in Großaufnahme ganz nah bei seinem Baum. Er ist gut siebzig Jahre alt, er lacht und bekräftigt seine Worte mit einem Kopfnicken:

»Da im Westen, das ist nur ein Stück Wüste ohne Wasser, aber dort lebten unsere Vorfahren, dort haben sie unsere Traumpfade aufrechterhalten, sich um unsere heiligen Stätten gekümmert. Und dort bin ich auch aufgewachsen, wurde ich initiiert, bin zum Mann geworden, mein Vater liegt dort begraben … Also, selbst wenn alles trocken ist dort, bleibt es ein fantastischer Ort.«

Wir sehen Benny wieder mit drei anderen Ältesten. Der Regisseur hat einen Fernseher unter dem Baum aufgestellt. Sie sehen sich die erste Fassung des Films an, erkennen ihre Gesichter wieder, zeigen mit den Fingern aufeinander und stoßen sich an wie die Kinder. Die Kamera entfernt sich, filmt von oben die kleine Gruppe, die sich um den Fernseher versammelt hat, entfernt sich noch weiter, man entdeckt das Buschland um sie herum, entfernt sich noch weiter, von »Benny und die Träumer« bleiben nur vier schwarze Punkte im Herzen der Wüste und die Stimme des Kommentators, die mit leichtem Nachdruck mit den Worten schließt: »Das Gleichgewicht zwischen der alten und der neuen Welt zu bewahren ist die Arbeit eines ganzen Lebens. Aber die Mühe lohnt sich.«

Ich gehe wieder zu Peter, er erklärt mir, dass auch sie, die Mitarbeiter des CAAMA, einen Drahtseilakt vollführen zwischen der Bewahrung der Kultur der Aborigines und der Übertragung in Worte, Musik und Bilder, ihrer Beteiligung an der modernen Welt. Im Radio werden die Nachrichten und Magazine in drei Sprachen ausgestrahlt: in Warlpiri, Aranda und Englisch. Neben Geschichten aus dem Busch und der Traumzeit präsentieren fünfzehnminütige Talk-Shows auch die neuesten Musikgruppen, sei es Abo-Grunge oder Abo-Hardrock, die von CAAMA produziert werden, wie zum Beispiel Nokturnal oder Desert Sounds. Thema sind auch immer wieder die hochaktuellen Debatten über die Komplexität der Native Titles, der Landbesitzansprüche der Stämme.

Andere Themen, die besser visuell transportiert werden, wie Kunst, Bildung, Recht oder Gesundheit, werden in Fernsehmagazinen behandelt, wie zum Beispiel Nurumpa News oder Aboriginal Australia, das Aborigine-Pendant zu Current Affairs. Sie werden auf Imparja ausgestrahlt.

Mit ihren Dokumentar- und Spielfilmen gelingt es ihnen, ein internationales Publikum zu erreichen – einige liefen schon in England auf Channel 4, dem Kultursender. Und in Australien beginnen sie, bei den Privatsendern Fuß zu fassen: Channel 7 hat kürzlich zur besten Sendezeit »Marn Grook« ausgestrahlt, ein Film über das Leben der großen Football-Stars der Aborigines. Die neuesten Spielfilme wie »Fairskinned«* oder –»My colour, your skin«, die von jungen Regisseuren, Aborigines aus Alice, gedreht wurden, befassen sich mit den Problemen von Mischlingen, die sich daraus ergebende Ambivalenz und Zerrissenheit, vor allem das Gefühl, mit einer schwarzen Seele in einer weißen Haut zu leben.

Schließlich gibt es noch zwei Fernsehserien, die speziell auf das Red Heart zugeschnitten und einzigartig in der Welt sind: Seit zehn Jahren produziert CAAMA »Nganampa Anwernekenhe«, was in allen Sprachen des Zentrums »Bei uns zu Hause« bedeutet. Die Serie versteht sich als Gegengift zu »Neighbours«, dem englischen Programm, das auf der ganzen Welt ausgestrahlt wird und mit dem die jungen Aborigines sich schließlich identifizierten. Die neue Serie, in der zehn Sprachen gesprochen werden und die englisch untertitelt ist, wurde in Zusammenarbeit mit den Gemeinden im Busch entwickelt, die jede ihre Kultur vorstellen und so den Aborigines in den Städten – wo immerhin zwei Drittel von ihnen leben – die Möglichkeit geben, ihre alten Traditionen und Wurzeln zu entdecken und sich wieder daran zu orientieren. Der Film über die Reise der Töpferinnen aus Hermannsburg nach Indonesien ist ein typisches Beispiel für diese Serie.

Das andere Programm heißt BRACS, ein interaktives Lokalfernsehen, das mit der Ankunft des Satelliten Aussat in der Wüste eingerichtet werden konnte. Es wurde 1991 in vierundsiebzig isolierten Gemeinden installiert, die mit Kameras und Aufnahmestudio für Radio und Fernsehen ausgestattet wurden. Sie können ihre Programme untereinander austauschen: Sie erzählen vom täglichen Leben in den Dörfern (*outstations*) und Reservaten (*settlements*), das die Einwohner selbst sehr lebendig und oft mit viel Humor schildern. Ich bin wirklich neugierig, einen Blick darauf zu werfen. Ich kehre wieder in meine Höhle zurück, unter dem Arm ein Dutzend BRACS-Kassetten, die Peter für mich ausgewählt hat. Die erste hat mehr didaktischen Charakter, erklärt dem für die Medien Verantwortlichen in jeder Gemeinde, wie man die Geräte benutzt und sie in Stand hält … Dazu werden einige pikante Beispiele serviert: Eine Bildstörung in Yuendumu war das Werk einer *red back spider*, einer sehr giftigen Spinne, die ihr Netz über die Antenne gewebt hatte; bei Einbruch der Nacht dagegen wurde das Bild wieder klar, das war die Stunde, in der der Eindringling die Antenne verließ und sich auf die Jagd begab!

Etwas weiter preist das Video die Vorteile von BRACS an: »Dies ist euer und nur euer Fernsehen, es ermöglicht eurer Gemeinschaft, stark und einig zu bleiben, mit einer einzigen Stimme zu sprechen. Es gibt euch die Mittel, eure Kultur und eure Werte euren Kindern zu vermitteln. Vergesst niemals, dass ihr selbst dieses Fernsehen kontrolliert.« Und wie um diese Worte zu unterstreichen, erscheint das Emblem der Fernsehmagazine der Aborigines: Über dem Herzen des Red Heart und Australiens steht der Satellit Aussat und schickt seine Strahlen in alle Richtungen … die von den Schilden von Aborigines, die sich in der Wüste in einem Kreis aufgestellt haben, zurückprallen, sich in einen Schwarm Pfeile verwandeln und zum Satelliten zurückkehren.

Dann folgen mehrere Programme aus verschiedenen Gebieten Australiens: von Broome im Westen über Maningrida an der Küste des Arnhem Land bis zu Ernabella im Süden von Alice Springs und Yuendumu im Nordwesten. In letzterer Gemeinde produziert die Warlpiri Media Association eine lustige Kindersendung, »Manyo-Wana«, in der mit Magie und Spezialeffekten gespielt wird: Der Tennisschläger verwandelt sich in eine Gitarre, der Pappkarton in einen Cadillac … ohne Überleitung folgt eine Runde von Ältesten, die im Staub sitzen und erklären, »die Wächter des Fernsehens« zu sein. Sie behalten sich ein wachsames Auge auf die Produktionen vor und zögern nicht, das nationale Fernsehen wegzuzappen, um ein Video über die Traumzeit einzulegen …

In Broome warnt eine Reportage die Mütter vor einem Graben, der nahe der Schule ausgehoben wurde, dann wird eine kleine Bucht gerühmt, in der ein alter Mann einen Dugong* mit der Lanze erlegt hat, sowie zwei Riesenschildkröten. In Ernabella werden erst die nächsten Rockkonzerte und Football-Spiele angekündigt, dann erscheinen Frauen mit bemalten Brüsten, die tanzen, singen und in ihrer Sprache den Traum der Sieben Schwestern erzählen. Anschließend nehmen sie uns mit in den Busch und geben eine kleine Einführung in die »Busch-Medizin«: wie man eine Ohrenentzündung mit Fuchsia und wilder Minze heilt oder auch mit Muttermilch bei Babys; wie man Verbrennungen mit zu Puder zermahlenen Fledermausnestern lindert oder Schlangenbisse mit weißem Quarz und Asche; und bei aufgesprungenen Lippen ist Ameisenhonig ein bewährtes Mittel, ebenso wie eine Paste aus grünen Blättern Risse auf der Brust heilt …

»Na, übst du schon fleißig, um eine echte Buschfrau zu werden?« Peters Schnurrbart lugt hinter der Tür hervor. »Ich habe gerade Paul Ah Chee angerufen, du kannst gleich zu ihm kommen. Er kann dich noch in der nächsten Gruppe unterbringen, die zu einem Tagesausflug in die Wüste aufbricht: Du wirst sehen, wie die Aborigines ein Unternehmen leiten und den Tourismus auf ihrem Land verwalten … Bist du einverstanden?« Ich brauche nur die Straße zu überqueren und schon befinde ich mich im Aboriginal Art and Culture Center und stehe vor Paul Ah Chee, einem Aborigine, in dessen Adern auch chinesisches Blut fließt, ein Mann in Eile mit dynamischem Gesichtsausdruck:

»Wir sind ein Touristik-Unternehmen, dessen Finanzierung und Verwaltung gänzlich in den Händen einer Aborigine-Körperschaft liegt, die sich aus Mitgliedern der Arrernte zusammensetzt, Stämme, die seit vierzig Millionen Jahren in der Gegend von Alice wohnen. Alice – früher Mparntwe – war ein traditioneller Versammlungsort für die Stämme des Zentrums. Als Hüter dieses Landes und seiner Geschichte sind wir die Einzigen, die dazu ermächtigt sind, den Touristen authentische Informationen zukommen zu lassen. Sie erhalten diese von Führern der Arrernte, die in die Geheimnisse des Buschs eingeweiht wurden …«

Paul spricht wie sein Touristen-Faltblatt, er sieht aus, als wäre er ganz woanders, völlig damit beschäftigt, die Flut an Faxen zu lesen, die das Gerät ausspuckt, und seine E-Mails durchzusehen: »Entschuldigen Sie mich, aber wir erleben gerade einen wahren Boom. Die Saison beginnt nächsten Monat und von überallher gehen Reservierungen ein, aus Japan, Frankreich und Deutschland vor allem, wir sind jetzt schon völlig überlastet … Aber man muss zugeben, dass unser Angebot einzigartig ist: die Möglichkeit, unsere Kultur ›an der Quelle‹ mitzuerleben ... Und dann sind die Tagesausflüge ja nur der erste Schritt, wir organisieren auch Rundfahrten über eine Woche für alle, die an unserer Traumzeit interessiert sind ... Ihr Bus ist da, es ist nur eine ganz kleine Gruppe, nutzen Sie die Chance!« Und dann fügt er doch noch hinzu: »Sie können auch erwähnen, dass dieses Unternehmen fünfundzwanzig junge Aborigines aus der Region beschäftigt, die als Führer ausgebildet wurden oder verantwortlich für unser Kunsthandwerkszentrum sind. Wir müssen unsere kulturellen Reichtümer und unsere Geschichte selbst verwalten ... und kontrollieren, was darüber gesagt wird.« Dieser letzte Satz klingt wie eine Herausforderung, er lächelt verschmitzt. Ich hüpfe in den Minibus, der uns Richtung Simpsons Gap bringt, vierzig Kilometer westlich von Alice.

Wir sind nur zu viert: ein Paar aus Melbourne, David, der junge Aborigine-Führer, und ich. Das ist nicht weiter verwunderlich, denn die Hitze ist drückend, es ist schließlich bereits elf Uhr. Wir halten unterhalb einer Spalte, im schattigen Bett des *creek*. David zeigt uns eine orangefarbene Beere, Passionsfrucht genannt, die eine wichtige Vitaminquelle der Arrernte darstellt; dann weist er uns auf einige kleine weiße Kugeln hin, die an Misteln erinnern und ihnen halfen, sich vor dem Austrocknen zu schützen. Wir gehen einen kleinen Pfad entlang und kommen an einer Hütte aus Zweigen vorbei: »In solchen Unterständen schützten wir uns vor der Sonne, wenn es keine Bäume mehr gab, sonst lebten wir als Nomaden, wir besaßen keine Häuser.« Ein kleines Stück weiter flüchten wir uns in den Schatten eines *gumtree**-Eukalyptus: »Es ist merkwürdig, die Anhänger des New Age kommen her und pressen sich an diesen Baum, um ihre Batterien wieder aufzuladen. Auch für uns hat dieser Eukalyptus eine wichtige Bedeutung, aber man muss eingeweiht sein, um seine Geschichte zu erfahren ...«

Wir folgen weiter dem Pfad, die Bäume werden seltener, der

Schweiß läuft uns in den Nacken. Bei einem aus Leinwand gebauten Unterstand für Ranger, gegenüber der Simpsons Gap, sinken wir auf Bänke. »Der Einschnitt der Gap ist mit dem Traum der Zwei Schwestern verbunden. Zwei Riesen haben um sie gekämpft, einer von ihnen wurde an der Seite verletzt und das Fett floss, floss, floss … Im Fluss hat es sich in die Erde gegraben und zwei Hügel geformt, die man von hier sehen kann: Sie werden die Zwei Schwestern genannt.« Hierauf lässt David uns fünf Getreidesorten kosten, die in der Wüste wachsen und von denen sich sein Stamm ernährte: Voller Eifer bemüht er sich, uns die verschiedenen besonderen Geschmäcker nahe zu bringen, als handelte es sich um eine Kaviarprobe, aber die Hitze versteinert uns auf den Bänken, die Zunge klebt am Gaumen.

Wir sind einer Ohnmacht nahe, als wir die letzten Meter zum Dorf (*outstation*) der Arrernte hochklettern. Eine Aborigine mit breitem Lächeln erwartet uns mit Tee, *dampers* und literweise herrlich kühlem Wasser. Wieder etwas munterer, sind wir in der Lage, die spezifischen Funktionen von fünf verschiedenen Bumerangs zu verstehen – zumal wir sie sogar ausprobieren dürfen. Wir erfahren, wie man die Feuersteinspitze an einer Lanze mit dem Harz des *spinifex* befestigt und, etwas unterhaltsamer, wie man Gräser anzündet, indem man getrocknete Kotballen von Nagetieren gegen eine Pfeilspitze reibt. Die junge Frau erklärt uns auch noch die Herstellung von Körben und hohlen Tellern, in denen man Korn mahlen und Wasser transportieren kann …

Der Bus holt uns am Ende unserer Tour wieder ab, wir stürzen uns in die kühle Luft im Innern. Wir sind uns nicht so ganz sicher, ob wir den Traum der Zwei Schwestern richtig verstanden haben, aber schließlich sagte auch Paul Ah Chee, dass sich vierzigtausend Jahre Traumzeit nur in mehreren Schritten erschließen …

Es ist Freitagabend. Während weiße und schwarze Australier die Pubs bevölkern und sich dem Alkohol ergeben, treffe ich Erwin und seine Familie zum rituellen Picknick in Telegraph Station, ein schattiger Park mit Grillplätzen, der um das erste in der Wüste errichtete Telegrafenamt angelegt wurde. Das war vor hundert Jahren, die Geburtsstunde von Alice. Bewegt betrachte ich das alte Steinhaus und die um das Gebäude herum angeordneten Ställe. Wie viele Höllen haben die Menschen im brennenden Staub damals durchquert, bevor sie das Red Heart erreichten? Wie viel Tod, Zweifel, Krankheit, aber auch Mut, Glauben, Wagnis und Fantasie machen einen Pionier aus?

Der Park füllt sich, die Mütter kommen mit ihren Körben und Kühlboxen, legen Kuchen und Grillfleisch auf die Holztische und gusseisernen Platten. Wein und Bier machen die Runde, werden zwischen den Gruppen ausgetauscht, alle kennen sich. Zwei Aborigine-Familien setzen sich ganz in die Nähe, das ist das erste Mal hier, dass weiße und schwarze Australier sich in so engem Kontakt befinden und sich zu tolerieren scheinen.

»Happy birthday to you!« Etwa zwanzig Angestellte sitzen im Kreis auf ihren Bürostühlen und feiern den Geburtstag eines Kollegen, Kuchen wird herumgereicht, Küsschen und Applaus begleiten jedes neue Geschenk, sie spendieren allen Picknickern ein Glas Champagner… Hunde und Kinder toben mit einem Ball herum, junge Aborigines spielen Frisbee, die *bikies** haben ihre Lederjacken ausgezogen und vergnügen sich mit ihren gepiercten Groupies im Gras.

Kieran dreht mit den Kleinen große Achter um die Bäume, in jeder Hand eine bengalische Fackel, mit denen sie einen Schweif von Funken hinter sich her durch die Nacht ziehen. Erwin stößt mit Journalisten von ABC an, ihr Gelächter lässt die Papageien auffliegen, die es sich in einer Dattelpalme schmecken lassen. Gutmütig, gastfreundlich und ohne Komplexe – heute Abend gibt Australien sich locker.

»Na, Froggie, langweilst du dich auch nicht?« Erwin gesellt sich wieder zu uns unter den Baum, er ist ganz aufgeregt: »Weißt du, was ich gerade von den Leuten von ABC erfahren habe? Nordamerikanische Indianer aus Oregon und Massai aus Kenia machen zurzeit eine Reise durch Australien, um sich über die Politik der Native Titles zu informieren und zu sehen, ob sie auch in ihren Ländern die Stammesrechte anerkennen lassen können. Interessant, nicht? Die Massai sind Montag oder Dienstag in Broome, zur gleichen Zeit wie du.«

Schlagartig wird mir bewusst, dass sich mein Aufenthalt in Alice dem Ende zuneigt, im Red Heart höre ich auf zu zählen, die Zeit weitet sich aus wie der Raum, Termine lösen sich am Horizont auf… »Was hast du vor an deinem letzten Tag?« Ich schaue ihn verblüfft an. »Gut, dann nehme ich dich mit Kieran in meiner Cessna mit, du wirst es nicht bereuen!«

Erwin drosselt das Tempo, fliegt eine Schleife, die Cessna verliert an Höhe, wir lassen die Mac Donnell Ranges hinter uns. Die rote Erde macht den ersten Sandwellen der Simpson Desert Platz, wir sinken weiter: »Ihr könnt anfangen, den Sand abzusuchen. Seit zwanzig Tagen ist er jetzt zu Fuß unterwegs, er kann nicht mehr weit sein, ich habe seine Position berechnet… Aber in den Dünen ist ein Mensch nicht immer leicht auszumachen.«

Wir fliegen jetzt sehr tief, die ewig gleichen Wellen ziehen unter uns vorbei, wir haben die Augen auf den Boden geheftet und suchen einen kleinen schwarzen Punkt mit Namen Bill Marshall: »Ein Milliardär um die fünfzig, der ein Vermögen mit Hühnern und Eiern in Legebatterien verdient hat. Um nicht als Idiot zu sterben, hat er sich entschlossen, die Wüste zu durchqueren, ohne Wasser mitzunehmen und seinen Durst nur an den alten Aborigine-Brunnen zu stillen.« Mehr weiß ich nicht, außer dass Erwin Bills Aufbruch gefilmt hat. Seine Freunde von ABC haben ihm die Exklusivrechte für diese Odyssee gezahlt, die Kieran mit einer ausführlichen Artikelserie in den *Alice Springs News* begleiten wird.

Immer noch kein Zeichen am Horizont. Erwin sinkt noch tiefer, wir fliegen weitere zehn Minuten, dann dreht das Flugzeug abrupt ab: »Es ist unmöglich, dass er so weit gelaufen ist, nicht mit dem

Handwagen und vierzig Kilo Ballast.« Ich spüre Kierans Besorgnis, sie klebt mit der Nase am Bullauge direkt neben mir, auf einmal richtet sie sich auf: »Erwin, dort, etwas nach rechts, das sieht aus wie ein schwarzer Punkt, der sich bewegt.«

Erwin stößt auf den Sand hinunter, der Punkt schwenkt ein Taschentuch, es ist Bill Marshall. Wir landen auf einer holprigen Sandpiste zwischen den Dünen und gehen ihm entgegen. Eine schwer beladene Gestalt erscheint auf dem uns gegenüberliegenden Sandhügel, lässt seinen Wagen fallen, stürzt torkelnd den Abhang hinunter und sinkt weinend in Erwins Arme. Bill ist sehr mager, sein Gesicht von der Sonne verbrannt, seine Lippen sind vor Trockenheit dick angeschwollen und die Haut an Hals und Händen ist aufgesprungen. Kieran spritzt ihm Wasser ins Gesicht. Er bedeutet ihr aufzuhören, ihn nicht in Versuchung zu führen, und murmelt Erwin zu, dass er seinen Weg weitergehen und die Wette gewinnen will: »Ist dir klar, dass ich seit dreißig Jahren nicht mehr geweint habe, seit dem Tod meiner Mutter … das ist nichts für deine Zeitung, Kieran, okay? Das ist nur wegen der Erschöpfung.«

Er hat sich aufgesetzt, schnallt die Ladung seines zweirädrigen Handwagens fest und setzt sich wieder in Bewegung: »Normalerweise, wenn meine Informationen richtig sind, ist das nächste unterirdische Grundwasserreservoir nur eine Viertelstunde von hier entfernt und liegt nur drei Meter unter der Oberfläche. Er setzt sich an die Spitze unseres Zuges, schleppt seinen *swag* mit, seine Vorräte, eine Apotheke und zwei Wasserkanister … die so gut wie leer sind. Wir haben bereits etwa zwanzig Dünen erklommen, als Bill plötzlich stehen bleibt. Zehn Meter vor uns verändert sich der Sand auf einmal zu einer harten, dunkleren Kruste in Form eines Heiligenscheins: »Dies ist der Platz, den Toby mir beschrieben hat, hier lag die wichtigste Wasserstelle seines Stammes während der Trockenzeit.«

Er hat ein winziges Eisenrohr hervorgeholt, das er mit einem anderen gleicher Länge zusammensteckt. Erwin legt die Kamera auf seiner Schulter zurecht. Bill fängt an zu graben, mit seinem ganzen Gewicht stützt er sich auf die Eisenstange und bohrt sie wie eine Schraube in die Erde hinein, als pflanzte er eine Nadel in den Bauch der Erde. Ein Stoß und sein Körper kippt zur Seite, die härteste Schicht ist geschafft, die Stange dringt schnell in den Boden ein … zu schnell, er wird sie verlieren. Er fügt noch ein drittes Teil gleicher Größe an, auf einmal Stillstand, er ist auf etwas gestoßen … Im Innern der Rohre hört man ein leises Gluckern aufsteigen, das zunehmend lauter wird, und dann – pschitt – spritzt ihm ein schlammiger Wasserstrahl direkt ins Gesicht. Er fällt schluchzend auf die Knie: »Das ist ihr Brunnen, Toby hatte mich nicht angelogen.«

Erwin ist in Hockstellung gegangen, er filmt in Nahaufnahmen den Schlamm und die Tränen auf Bills Gesicht. Das Wasser spritzt immer noch hervor, langsam wird es klarer und Bill holt seine Wasserkanister und füllt sie auf. Die Luft ist unbeweglich, die Stille vollkommen, das plätschernde Geräusch tanzt auf den Wellen des Sandes, erfüllt den gesamten Raum … Erwin filmt lange das Wasser des Lebens, das seit vierzigtausend Jahren aus dem Wüstensand sprudelt, ohne je zu versiegen.

Wir bauen unser Lager unter den Tragflächen des Flugzeugs auf, unser einziger Schutz gegen die stechende Sonne. Kieran platziert Bill auf ein paar Kissen. Er ist bereit, von seiner Wanderung zu berichten, also holt sie ihr kleines Notizbuch hervor: »Im Alter von fünfzig Jahren sagte ich mir, dass ich jetzt auf der Höhe meines Lebens angekommen bin, dass die Wippe sich jetzt auf die andere Seite neigen würde, dorthin wo zwangsläufig alles wieder nach unten führt. Bevor ich mich aber zu den Alten gesellen wollte, entschied ich, mir noch einmal zu beweisen, dass mein Körper Belastungen gewachsen ist. Und ich wollte meinem Leben endlich einen Sinn geben. Zu diesem Zeitpunkt suchte ich meinen Freund Toby wieder auf, ein Aborigine, der auf der Ranch, auf der ich geboren bin, die Pferde abrichtete. Er erzählte mir von seinem Stamm, ihren großen Wanderungen und den Traumpfaden in der

Simpson Desert, dem Rundweg, der in der Trockenzeit den Wasserstellen folgte. Und ich sagte mir: Mein guter alter Bill, hier hast du deine wahre Herausforderung... Eier aus der Legebatterie können dein Leben nicht ausfüllen.«

Er beginnt wieder zu weinen, schluchzt wie ein kleiner Junge. Kieran trocknet sein Gesicht, er entschuldigt sich: »Ich bin so erschöpft... Aber das Härteste, Kieran, das ist nicht das Wasser – und das kannst du auch in deiner Zeitung schreiben – das Härteste ist, sich mutterseelenallein wiederzufinden. Also fängt man am Abend in der Wüste an nachzudenken, merkwürdige Geschichten fallen einem wieder ein, man denkt an all die Entscheidungen, die man nicht getroffen hat, an Sachen, die man nicht gesagt hat, an Kummer, den man als kleines Kind hatte. Und alles kommt wieder hoch und stürzt auf dich ein, tagsüber beim Wandern, nachts beim Schlafen, am Morgen, wenn man seine Tütensuppe umrührt... Und ich verstehe nicht, wo das alles herkommt, dieses ganze Leben, das mein eigenes ist und mir auf die Schultern drückt.«

Kieran hat den Handwagen näher herangezogen. Aus dem Rucksack holt sie eine kleine Dose, auf die Bill »Ration/Abendessen« geschrieben hat, sie reicht ihm Kekse und einen Riegel mit Trockenfrüchten. Sie hat seine Hände in ihre genommen und streichelt sie sanft. Bill redet weiter, er weint nicht mehr, seine Stimme ist ruhiger geworden: »Wisst ihr, es ist mir egal, ob ich krepiere. Aber was mir am meisten Angst macht, das ist, in zwei Wochen auf der Ziellinie zu stehen und meine Frau und meine drei Söhne wiederzusehen und ihnen nichts mehr zu sagen zu haben... Ich befürchte, von einer wahnsinnigen Lust gepackt zu werden, mich umzudrehen, mein Leben zu ändern und niemals wieder nach Hause zurückzukehren.« Sein Gesicht entspannt sich, er hat sich wieder aufgerichtet, man hat den Eindruck, dass er erleichtert ist.

Wir holten Holz aus dem Flugzeug, zündeten ein großes Feuer an und grillten Steaks. Bill schlief ein. Wir drei blieben schweigend sitzen, wie an diesem merkwürdigen Abend in Broken Elbow, an dem Erwin die Frage nach der Traumzeit der Weißen gestellt hatte.

Ich genoss meine letzte Nacht in der Wüste des Red Heart. Ich wusste, dass dieser Aufenthalt wertvolle Samenkörner tief in mir gesät hatte, die zur rechten Zeit keimen würden: Ich hielt die ersten Worte einer Antwort, die ersten Noten eines neuen Gesangs in Händen.

Broome. Begegnung mit Einheimischen in der Heimat der Perlen

Ich habe beschlossen, die Strecke von Alice nach Broome im Greyhound zurückzulegen, als eine Art Wallfahrt, wie ich sie schon zehn Jahre zuvor gemacht hatte. Damals war meine Fantasie durch folgende Zeilen in einem Reiseführer beflügelt worden: »Dieser herrliche Hafen mit den alten Jarrah-Schiffen galt weltweit als der Perlenhafen. Mit seinen ehrwürdigen, versteckt hinter Mangobäumen liegenden Häusern im Tropenstil, seiner einzigartigen Bevölkerung, einem Gemisch aus Europäern, Japanern, Aborigines, Malaysiern und Chinesen, scheint Broome direkt einem Roman von Joseph Conrad zu entstammen.«

Wir verlassen Alice bei Sonnenuntergang. Auch wenn die Busse mittlerweile mit Fernsehen und Toiletten luxuriös ausgestattet sind, werden wir zwei Nächte und einen Tag für eine Strecke von dreitausend Kilometer benötigen, genau wie damals. Da jedoch immer mehr Menschen das Flugzeug benutzen, ist die Stammkundschaft aus Beamten und *bushmen* jungen Rucksackträgern aus Japan, der Schweiz, Deutschland und Frankreich gewichen, die von April an, nach Ende der Regenzeit, den Outback durchstreifen. Und dann wären da noch die Aborigine-Familien, die man immer im hinteren Teil des Busses platziert – wegen des Geruchs?

Der Computer war so taktvoll, mir eine Journalistin des *Provençal* zur Nachbarin zu geben, die danach lechzt, mal wieder Französisch zu sprechen, und sich in ausführlichen Vergleichen des Grand Canyon in Colorado mit dem Kings Canyon, der Dünen in der Gibson Desert mit denen in der Sahara und der Felsbuchten von Cassis mit dem Grand Barrier Reef ergeht... Ich

Die magischen Farben des australischen Buschlands

Oben: Georges, Ältester des Stammes der Ngkalabon

Rechts: Ein Aborigine-Mädchen in Arnhem Land

Unten: Eine Ngkalabon-Familie in Arnhem Land

Oben: Aborigine-Gemälde der so genannten Röntgenmalerei

Unten: Aborigines in den Straßen von Alice Springs

Der Highway von Broome nach Derby

Oben: Michèle Decoust in Cotpela, einer heiligen Stätte der Aborigines

Links: *Lugger* in der alten Hafenmole von Broome

Unten: Maguy beim Körbeflechten mit Pandanus-Blättern

Oben:
Eine Schafherde bei Alice Springs

Links:
Ein Mischlingsmädchen mit Kängurus

wende mich zum Fenster, ich erahne die verbrannte Kruste der Tanami-Wüste. Kein einziger Baum mehr, nicht mal mehr ein Busch, seit zwei Stunden sind wir unterwegs, und der Staub hat alles geschluckt. Alice ist schon so weit weg... Später in der Nacht kriege ich mit, wie wir ruckartig in eine Neunzig-Grad-Kurve gehen. Mein Herz hüpft vor Freude, gerade haben wir Stuart in Richtung Victoria Highway verlassen und sind nach Westen abgebogen, Richtung Kimberleys.

»Timber Creek, eine Stunde Aufenthalt, lassen Sie sich das Frühstück schmecken«, hat der Fahrer soeben ins Mikrofon gesäuselt. Sanftes Erwachen, ich sehe das Pub-Hotel aus Wellblech wieder vor mir, die Zisterne aus Weißblech, den Caravan Park auf dem löchrigen Rasen und die drei, vier klimatisierten Fertigbau-Motelzimmer, die so typisch sind für die Raststationen an den Autobahnen im Norden, von denen es alle zwei- bis dreihundert Kilometer eine gibt. Zwei Kinder springen aus dem Bus und stürzen sich auf eine Schaukel. An dem Spielzeug aus alten Reifen oder Nestlé-Milchverpackungen kann man ablesen, dass die *bushmen* sich zu helfen wissen und das Prinzip des Do-it-yourself beherrschen. Die Karte ist nach wie vor sehr bescheiden, es gibt wie überall im Norden die ewigen *meatpies, fish and chips,* Würstchen und paniertes Huhn, mit englischem Senf oder Ketchup.

Während ich Schinken und Eier auf Toast verspeise – der kulinarische Höhepunkt –, betrachte ich die Fotos, die an die Wand gepinnt sind: Fischer hinter Barramundis, die größer sind als sie selbst, oder hinter Krokodilen mit Maulkorb, daneben ein Wettstreit im Armdrücken inmitten von Bierflaschen und Familienfotos, die den Eigentümer und seine Frau zeigen, wie sie auf einem verrosteten halben Fass, der im Busch beliebtesten Barbecue-Vorrichtung, einen Känguruschenkel schmoren. Über dem Tresen prangt ein Poster der Tochter, die mit entblößtem Oberkörper am Strand von Broome eine blaue Krabbe schwenkt, daneben dieselbe Tochter im Hochzeitskleid mit ihren Eltern im Sonntagsstaat. Öffentliches Leben und Privatleben fallen in diesen abgelegenen Pub-Motels irgendwann immer zusammen; sie werden rasch zum Refugium all derer, die allein im Outback leben und nach einer Ersatzfamilie Ausschau halten.

Gerade ist ein großer, bärtiger Mann mit zotteligen Haaren hereingekommen, der auch auf dem Foto mit dem Armdrücken zu sehen ist. Er verlangt die bestellten Petroleumlampen, holt sich seine Post und seinen Drum-Tabak, ruft einen Gruß in die Runde und braust auf und davon, in einem verdreckten Lieferwagen mit eigenartiger Fracht: einem alten Kühlschrank, Werkzeugkisten und einer mit Kabeln befestigten Werkbank, drei auf Benzinkanistern ineinander gestapelten Eisenstühlen, einem Flugzeugpropeller und einem verrosteten Fass, das einem schwarzen Hund als Hütte dient... Jetzt kommen sie mir wieder in den Sinn, all diese Kleintransporter, denen man im Busch immer wieder begegnet, mit ihren sonderbaren Fuhren: weder Lieferung bestellter Waren noch streng genommen Arbeitsgerät oder Campingausrüstung.

»Siehst du diesen Mann, Kushi, das ist kein Eisenwarenhändler, er hat heute Morgen beschlossen, woanders hinzuziehen, er hat sein ganzes Hab und Gut auf seinen Wagen geladen, und ohne zu wissen, wohin es geht, ist er losgefahren und dreht sich nicht einmal mehr um... So sind die Männer bei uns.« Die junge Japanerin schaut entsetzt, ihre australische Freundin kichert... ich auch. Ich denke an Giovanna, »I am going!« Vielleicht ist das ja auch die einzig wahre Erklärung.

Ein Holden und ein vorsintflutlicher Jeep halten mit quietschenden Reifen. Kerle in Bergstiefeln, Shorts und khakifarbenen Westen trinken auf die Schnelle einen Tee, für eine Runde unter Stammgästen ist es noch zu früh. Ein kräftiger Klaps auf den Rücken der Kellnerin, den Daumen in die Luft gereckt zum Zeichen, dass ihr neues T-Shirt mit der alles vernichtenden Aufschrift »*Be careful, I have tough tities*«* auf Gegenliebe stößt, und schon rauschen sie wieder davon, fahren die Piste platt und hinterlassen rings um sich herum rosafarbene Wirbel. Hinter einer Staubwolke aus dem Gebüsch taucht eine Aborigine-Familie auf und geht schlurfend zum Take-away-Laden. Nachdem sie bedient worden sind, setzen sie sich vor den Bus auf den Boden und warten darauf, dass der Fahrer ihnen ihre Plätze zuweist.

Die Szenen ähneln sich. Auch vor zehn Jahren hatte ich sie auf all meinen Reisen durch den Norden immer wieder gesehen, wie sie beim Eintreffen des Greyhound scheinbar aus dem Nichts kamen und sich ein paar Dutzend oder ein paar Hundert Kilometer weiter mitten im Busch wieder absetzen ließen, ohne dass es dort irgendwelche Anzeichen für eine Siedlung, ja nicht einmal einen Pfad gegeben hätte. Ein einziges Mal bemerkte ich zwischen den verbrannten Akazien Hütten aus Zink und Ästen, ein improvisiertes Zelt und khakifarbene Decken, Menschen, die um ein Lagerfeuer saßen und ein Rudel beigefarbener Hunde. Dieselbe Ausstattung wie in Yuendumu. Niemand im Bus schien ihr Ein- und Aussteigen zu bemerken, niemand sah ihnen nach, es war jedes Mal so, als wären sie nicht vorhanden.

Wir fahren weiter und begegnen den ersten Lastwagen mit drei Anhängern, die so viel Staub aufwirbeln, dass wir das Tempo drosseln müssen. Sie haben Vieh geladen, das von den Ranches stammt, Baumaterial, Benzin, Bier und Lebensmittel. Auf ihren sechzig Rädern jagen sie Richtung Broome, Darwin oder Alice und sind aus dem Outback ebenso wenig wegzudenken wie die Pubs, deren Stammkundschaft sie sind. Die ersten Baobab-Wälder entlang dem Highway künden davon, dass es nicht mehr allzu weit bis zu den Kimberleys ist. Gemeinsam mit den braunen, säulenförmigen Riesentermitenhügeln verleihen die flaschenartigen, silbrig schimmernden Stämme und die kurzen, knorrigen Blätter der Bäume der ansonsten friedlichen Hügellandschaft eine angsterfüllte Note, etwas von einem verkrampften Flehen, einem unstillbaren Verlangen … Bewegt lasse ich die intensive Stimmung des Nordwestens und seine fast spirituelle Schönheit wieder auf mich wirken.

Die Hügel ziehen sich in mächtigen Wellen aus rotem Granit bis an den Rand der Straße. Wir fahren durch Kununurra, einen

Flecken, in dem ein Haus dem anderen gleicht, wie in Alice auch. Wann endlich wird Australien eine Architektur für den Busch zustande bringen? Unser Weg führt uns entlang dem Argyle-See in das unvermittelte Grün der Reis- und Ananasfelder, der Mango- und Papayabäume. Vor zwanzig Jahren war dies das große Pilotprojekt im Far-North: Mit Hilfe des Staudamms am Ord River und des größten künstlichen Sees der südlichen Hemisphäre wollte man zighundert Hektar tropischer Kulturen bewässern und Reis und Baumwolle anbauen … Man kehrte auf den Boden der Tatsachen zurück, klimatische Unwägbarkeiten und die von Zugvögeln angerichteten Verheerungen standen dem Vorhaben im Weg, und innerhalb kürzester Zeit wurden die Farmer am Ufer des Argyle-Sees von Touristen, Stränden und Freizeitparks verdrängt.

Die rote Erde aber hat es in sich. Anfang der Achtzigerjahre entdeckten Prospektoren in der Nähe des Sees unter einem ehemaligen Vulkan ein sagenhaftes Diamantenvorkommen und gründeten die Argyle Diamonds Mines, aus der heute ein Drittel der Weltproduktion stammt und die weltweit schönsten rosafarbenen Diamanten! Ich weiß noch, wie Craig mir den Hafen von Wyndham beschrieb, wo er die Mündung des Ord River für eine Privatfirma durchforstete und millionenfach Splitter und Staub von rosafarbenen Diamanten aus dem braunen Schlamm holte. »Die Erde im großen Norden ist eine einzige Schatzkammer, die noch nicht einmal einen Spaltbreit geöffnet ist«, sagte er zu mir.

Seit Kununurra habe ich einen neuen Nachbarn im Bus. Die Französin will sich am See, der »bestimmt genauso reizvoll ist wie der in Saint-Cassien«, in die Sonne legen. Ein kleiner, ausgemergelter Mann hat ihren Platz eingenommen. Er liest ununterbrochen alte ausländische Zeitschriften und bedient sich dabei einer großen Lupe, die er sich zwanzig Zentimeter vors Gesicht hält: »Das war die Sonne, sie sind verbrannt.« Mit starkem slawischen Akzent erklärt er mir, dass er dreißig Jahre lang mit den Chinesen aus Pine Creek auf Goldsuche gewesen ist. Seine blassblauen Augen haben das nicht verkraftet. Aussteigen will er aber immer noch nicht, ein Freund habe ihm von einer Wahnsinnsader erzählt, die nicht weit weg von den alten Minen in Halls Creek verborgen im Busch liege, ein Geheimtipp …

Seine lädierten Augen beginnen wieder zu leuchten. Plötzlich muss ich an Ernie Gray denken, den ich mit Erwin bei Dreharbeiten in der Nähe von Kalgoorlie getroffen habe, der Stadt des Goldrausches im Westen. Mit siebzig Jahren wollte er immer noch nicht aufhören und ließ uns mitten im Film einfach stehen, weil sein *mate* ihn auf einem Stück Wüste erwartete und unter ihm eine neue Ader, ein paar schöne Klumpen lagen, wer weiß? Natürlich konnte er ihn nicht warten lassen, er musste los, ja war schon weg, und schürfte in Gedanken bereits. Das ging jetzt schon seit fünfzig Jahren so, mit immer dem gleichen Drang, dem gleichen ungebrochenen Glauben, was womöglich nichts mehr mit dem Gold und den Dollars zu tun hatte, sondern vielmehr mit einer nie enden wollenden Suche nach was auch immer …

Ich muss auch an die Opalsucher in Coober Pedy* denken, die, nachdem sie reich geworden waren, nach Cairns auf das Korallenriff zogen, ein von türkisfarbenem Wasser umgebenes Paradies … Schon im Jahr darauf waren sie wieder da und stöberten herum und im folgenden Jahr lebten sie wieder wie Maulwürfe und drückten sich die Nase am Gestein platt, immer auf der Suche nach einem schillernden Opal … Es hieß auch, dass, wer auf diesem Stück weißer Wüste ohne Erde und Baum einmal seinen Schacht gegraben hat, ihn so gut wie nie wieder zuschüttet, sondern in stillen Stunden immer wieder klammheimlich den Ort seiner Mühsal aufsucht, um hier und da noch einmal die Hacke anzusetzen.

Halls Creek. Mein Nachbar packt seine Sachen zusammen und holt aus einem alten Leinensack eine Plastiktüte, die er mir in die Hand drückt: »Wenn du die Augen aufhältst, wirst du einen Dingo sehen.« Ich kann mich nicht einmal mehr bedanken, so schnell ist er draußen. Ich sehe, wie seine schmale Silhouette humpelnd die Straße überquert, unter der Straßenlaterne dreht er sich noch einmal um und schenkt mir zum Gruß, die Finger zu einem V gespreizt, noch ein zahnloses Lächeln, bevor er in die Dunkelheit verschwindet. Im Licht der Deckenbeleuchtung entdecke ich in der Tüte ein winziges Goldnugget, einen kleinen Freundschaftsklumpen, den er mir für das bisschen Interesse und die Unterhaltung überlassen hat.

Gerührt wickele ich mich in meine Decken ein.

Morgen sind wir in Broome.

Um sechs Uhr morgens trommelt uns John, unser Fahrer, aus dem Schlaf, nur noch fünfzig Kilometer bis Broome. Nach einem Tag und zwei Nächten wird die Reise im Greyhound richtiggehend zur Lebensart, die ihre festen Regeln hat: Kaffeepause, Rast, Stopps zum Beinevertreten, die abendliche Stunde des Lichterlöschens ... Zu der tadellosen Versorgung denke man sich noch das sanfte Schaukeln des Busses hinzu, und die Regression ist perfekt, zumal der Fahrer infolge der wachsenden Konkurrenz durch das Flugzeug an sämtlichen Fronten kämpft: Er kommentiert die Landschaft, macht vor jeder Ortschaft den Fremdenführer, trällert hier und da ein Lied und schreckt auch nicht davor zurück, sich als Boeing-Pilot zu verkaufen: »Wir werden in Kürze ein paar Schlaglöcher erreichen und ein paar *creeks* mit Hochwasser durchkreuzen, stellen Sie bitte Ihre Sitze aufrecht und schnallen Sie sich wieder an. Und vor allem: Keine Sorge, Johnny passt auf Sie auf.«

Zügig fahren wir durch eine große, sumpfige Ebene, die Regenzeit war hier lang und heftig, die Weiden stehen noch immer unter Wasser. Dieser Kontinent ist extrem kontrastreich mit seinem überschwemmten Norden und dem verdurstenden Süden. Feiner Sand mischt sich unter die rote Erde, am purpurrot gestreiften Himmel zieht ein Pelikanschwarm regungslos vorüber, wir nähern uns dem Ziel. Der Bus schwenkt auf die letzte gerade, von Kokospalmen gesäumte Linie ein, hinter den Mangobäumen und den Bougainvilleen tauchen die ersten länglichen, mit Bordüren verzierten Weißblechdächer auf. Da sind sie wieder, Broomes alte

Tropenhäuser mit ihren durchbrochenen Holzrollos und den auf Pfählen stehenden Veranden – sie lassen die Luft zirkulieren und sind so gegen Zyklone gerüstet –, aha, die Gärten sind mittlerweile also umzäunt …

Der Bus fährt um das Tropicana Motel herum. Plötzlich ist das Meer vor uns, ganz nah, es ist Flut, das Wasser umspült schon die Mangroven. Da ist es wieder, dieses schmutzige Smaragdgrün, und in der Mitte des Golfes sehe ich die von befruchteten Austern stammenden milchig-grünen Aureolen. Aus dem schlammigen Wasser steigt der Geruch von Algen, sich zersetzenden Bäumen und Plumeria empor. Ein Holzboot, das mit seinem verschlammten Mast auf dem aufgerissenen Rumpf liegt, dient den Kormoranen als Refugium: Es ist das Wrack eines Perlenfischerbootes, das bei einem Zyklon an der Hafenmole von Broome zerschellt ist, wie die *Invincible* … Der Anblick geht mir nah, vielleicht liegt das Gerippe der »Vieille Fille« – des »Alten Mädchens«, wie die Fischer die *Invincible* hier liebevoll nennen – noch immer am Felsen in der Hafeneinfahrt?

Weiter geht es entlang der kleinen Buchten, die von alten Häusern im Kolonialstil umgeben sind: Lord Mac Alpine, ein englischer Milliardär, der die Stadt über alles liebte, ließ die Bauten wieder herrichten und sie sind noch immer sehr elegant mit ihren ungezählten Balkonen, den Terrassen und den Dreifachveranden aus gestrichenem Holz. Wir folgen den breiten, mit Eukalyptus oder Baobabs bestandenen Alleen, Herbert Street, Louis Street, Walcott Street. Ebenerdige, bescheidenere Häuser im Tropenstil verteilen sich über riesige Palmen- und Obstbaumoasen. Man könnte meinen, dass sich das im äußersten Norden des abgeschiedensten Staates Australiens liegende Broome weit entfernt vom Trubel des Westens entwickelt hat, ohne dass Raum und Zeit hier je eine Rolle gespielt hätten.

Carnarvon Street, wir kommen nach Chinatown, das historische und immer noch aktive Zentrum der Perlenindustrie. Und als wäre die Erinnerung daran heilig, sehen die dicht an dicht liegenden Baracken aus gebleichtem Blech noch aus wie eh und je, obwohl sie jetzt Cafés oder Souvenirläden beherbergen. Ein verstohlener Blick auf die alte Hafenmole, wo die *Invincible* und die letzten *lugger** immer anlegten. Die Einfahrt scheint jetzt vergittert zu sein, ich werde mir das noch genauer ansehen. Auf der anderen Seite von Napier Terrace, dort, wo sich ein mückenverseuchter Sumpf ausbreitete, in dem ein paar Fischerbuden standen, ragt jetzt das neue Einkaufszentrum empor, mit Einkaufsstraße, Supermarkt und Videoshops, eine Ministadt vor den Toren der alten – wahrscheinlich von Paspaley, dem griechischen König der Perlen finanziert, jedenfalls prangt sein Name auf dem Torbogen am Eingang. Der Bus fährt langsamer, Johnny möchte uns die neue Stadt schmackhaft machen. Zum Glück gibt es strenge bauliche Vorgaben, nicht mehr als ein Stockwerk, und die geschwungenen Dächerenden geben dem Ganzen diesen Hauch von Asien, der so kennzeichnend ist für Broome.

Noch eine letzte Kurve und wir sind da. An der Endstation des Greyhound stehen dicht gedrängt die Rucksackreisenden und warten darauf, unsere Plätze einzunehmen: Seit es den Flughafen gibt, ist dies der obligate Treffpunkt derer, die aus aller Herren Länder hierher kommen, um auf große Tour zu gehen. Meine Freundin Françoise erwartet mich, links und rechts von ihr stehen ihre beiden Töchter. Seit sieben Jahren verbringt sie ihr Leben nun schon zwischen Paris und Broome, der Stadt, aus der ihr Mann Wayne stammt – ein Aborigine, der Filmemacher und Musiker ist –, und arbeitet als Anthropologin und Forscherin beim CNRS, dem Centre nationale de la recherche scientifique. Augenzwinkern des Schicksals: Broome war mein Heimathafen, als ich mit Craig in den entlegenen Flüssen der Kimberleys zum Fischen ging, während sie in Lajamanu lebte, einem abgeschiedenen Aborigine-Dorf im hintersten Winkel von Tanami Desert, wo sie die Sprache der Warlpiri-Frauen erforschte.

Herzliche Umarmungen, das letzte Mal haben wir uns in Paris gesehen, komplizenhaftes Lächeln, unser beider Lebenswege haben sich immer wieder gekreuzt. Sie hängt mir einen Kranz aus perlmuttschimmernden Korallen um den Hals, es sind Plumeria-Blüten, meine Lieblingsblumen, wenn ich ihren vanilligen Jasminduft einatme, kommen mir fast die Tränen … Es ist der Geruch von Broome, der meiner Begegnung mit Craig, der Abenteuer mit der *Invincible* und den Perlen. Es ist der Geruch der Gesichter, die fünf Kontinente miteinander verbinden: das von Paddy Roe und meinen Aborigine-Freunden, das von Harry, dem Austernfischer, von Rick, dem Perlentaucher, Graham, dem Barramundi-Taucher, John, dem Staatsanwalt, und Dawn, der Indianerin … Ich hole noch einmal tief Luft und atme den Geruch von Algen, Schlamm und Jod ein, der sich mit der Vanille mischt, jetzt bin ich in den Hafen zurückgekehrt.

Am ersten Tag – Wallfahrt ist Wallfahrt – verziehen Françoise und ich uns nach Chinatown und machen es uns auf den Liegestühlen des Sun Pictures bequem, der Film spielt keine Rolle. Es ist das erste Freilichttheater, 1916 erbaut, und neben dem Pub-Hotel Roebuck, in dem alle Protagonisten der Perlen-Odyssee einmal abgestiegen sind, der Kultort schlechthin. An diesem Nachmittag zeigen sie einen amerikanischen Schinken, »Dream with Fishes« … wenn das nicht passt. Mein Blick gleitet durch den alten Wellblechschuppen, über die asthmatischen Ventilatoren an der Decke, die die feuchte Luft kaum in Bewegung bringen, und das Dach, das an der Stelle, wo die Liegestühle enden und die Reihen mit den Bänken unter freiem Himmel beginnen, einfach abgesägt ist. Der Raum ist klar unterteilt: Im hinteren Teil saßen die weißen Perlenbesitzer samt den chinesischen und japanischen Großhändlern; auf den Bänken die Taucher, Austernzüchter und kleinen Händler; und auf dem Boden direkt vor der Leinwand die Aborigines, sofern sie nicht mitten in der Vorstellung mit Fackelhieben verjagt wurden.

Rick, der alte Taucher, der mich zum ersten Mal ins Sun Pictures mitgenommen hatte, hatte mir vom Mittwochskino erzählt, bei dem zwanzig verschiedene Nationalitäten unter dem überhitzten Blechdach zum ersten Mal John Wayne in »Höllenfahrt nach Santa Fe« sahen, und von den Perlenbesitzern in ihren weißen Anzügen, die ausschließlich ins Continental auf einen Drink gingen, von den Fischern, die im Roebuck für zwanzig Cent ihre einzige Mahlzeit am Tag bekamen, von den blutigen Schlägereien zwischen Malaysiern und Chinesen nach den Mah-jong-Partien ... und von Japanern, die sich den Penis mit eingearbeiteten Perlen vergrößern ließen!

Er hatte mir auch von der Knochenkrankheit der Taucher erzählt, von den Haien, den Seeschlangen und den Walen, die mit einem einzigen Flossenschlag den Sauerstoffschlauch durchtrennten. Aber ihn konnte nichts schrecken, war es doch »da unten viel schöner und echter als da oben«. Mit sechzig Jahren hatte Rick sein gesamtes Vermögen in eine kleine Perlenfarm gesteckt, in der Nähe von Willie Creek, nördlich von Broome. Ich habe sie nie zu Gesicht bekommen, »das ist ein Geheimnis« ... Und jeden Abend stieg er mit seinem Gewehr in den Jeep, um wie die Opalsucher, die um ihre Minen kreisen, die Gegend abzufahren und nachzusehen, ob unter Wasser auch niemand in seinen Körben stöberte.

Vor dem Sun Pictures trenne ich mich von Françoise, steige auf mein Fahrrad – das einzige Verkehrsmittel, mit dem man die Stadt wirklich genießen kann – und flitze durch Chinatown zur alten Mole. Die Ebbe hat die Mangroven freigelegt, den umgestürzten Ponton und die Schienen, auf denen die Taucher die *Mother of the Pearl* – die an dieser Küste heimische beigefarbene, flache Auster – beförderten, bis zu Harrys Bootshaus. Das Gitter an der Einfahrt ist kaputt, eine alte Aborigine-Frau ist gerade unter den Pfeilern der Mole hindurchgekrochen; sie sitzt im Schlamm und füllt sich in aller Seelenruhe mit Bundaberg-Rum aus einer Korbflasche ab. Ich schleiche mich durch die Öffnung, mein Besitzerinstinkt meldet sich zu Wort ... wie geologische Schichten überlagern sich die Erinnerungen meines Lebens in Broome.

Bei meinem ersten Aufenthalt war ich hierher gekommen, um

das Flair der Perlen zu schnuppern. Aber die Boote waren auf See, der Ponton verlassen, das Leben hatte sich ins Dunkel zurückgezogen, unter die Wasseroberfläche: Kinder kratzten Schnecken von den Masten oder liefen hinter roten Krebsen her, halb im Schlamm versunken spielte eine Aborigine-Familie Karten, sie ließ sich durch nichts stören und würde erst aufhören, wenn das Wasser wieder stieg.

Vom rostigen Bootshaus an der Einfahrt zur Mole drang ein trockenes, regelmäßiges Geräusch herüber, ich erkannte Harry Mac Lean wieder, den Perlensortierer von den alten Postkarten: Er war halb Aborigine, halb Schotte und hatte das flache Gesicht der Wongai, seines Stammes aus den Kimberleys, und den stahlblauen Wikingerblick, der ihm dieses außergewöhnliche Aussehen gab, das ganz typisch ist für die »Mischlinge«, die *mixed-blood,* in Broome. Er trug eine große, rote Plastikschürze und löste die perlmuttschimmernden Halbkreise, die zu Modeschmuck verarbeitet wurden, aus den Austernschalen.

In der Blütezeit, bevor die Perlen aus den japanischen Züchtungen den Markt überschwemmten, war Harry der Starsortierer bei Broome Pearls gewesen. Er war der geborene Juwelier und konnte die wilden Perlen auf den ersten Blick perfekt nach Lüster und Form sortieren – bis zwanzig Jahre strapaziöser Arbeit seine Sehschärfe geschwächt hatten. Er hatte mich mit seinen müden Augen, die einen mit untrüglicher Sicherheit durchschauen, eingehend gemustert: »Wenn du wegen der Boote da bist, hast du Glück, in drei Stunden sind sie wieder da, wenn die Flut kommt.«

Er hatte sich die Zeit genommen, mir die Ernte zu erklären, die drei Wochen dauerte, bis zum Vollmond, hatte mir auseinander gesetzt, wie die Austern von japanischen Spezialisten, die geschult waren wie Samurais, geimpft wurden, wie die *Mother of the Pearl* in geheimen Unterwasserfarmen zwei Jahre lang immer wieder gereinigt, gedreht und liebevoll umhegt wird, bis sie ihren Kern produziert hat. Und wie das Perlmutt nach dem Krieg vom Plastikknopf entthront worden war und damit Broomes Blütezeit ein

Ende bereitete. Dann allerdings wurde es für die Schmuckherstellung wieder nachgefragt. Von der Umstellung auf Zuchtperlen hatte er berichtet und dem Boom, den das nach sich zog, und vom getrockneten Weichtier, das seiner aphrodisierenden Wirkung wegen nach China verkauft wurde … Harry fixierte die Fahrrinne, ich hatte zwei Masten über den Mangroven gesehen, dann glitten die *lugger* mit ihrem ausladenden Rumpf vorsichtig den Ponton entlang. Ihr Holz knarzte überall – ein bewegender Augenblick –, in ihren müden Hüften trugen sie die ganze Odyssee der Perle, aber wie lange wohl noch?

Ich sah der Mannschaft zu, wie sie Netze, leere Körbe und Tauchmaterial auf Eisenwagen lud, die sie mit einem Mordsgetöse, als wollte sie ihre Ankunft vermelden, auf den Schienen der Mole anschoben. Mein Blick fiel auf einen Koloss von Aborigine mit einem roten Turban, einen Malaysier mit lauter Tätowierungen von Meeresungeheuern auf der Brust, einen Australier, dessen Ohren komplett mit Ringen eingefasst waren und der *Waltzing Matilda* vor sich hin pfiff. Sie ließen ihre kümmerlichen Bündel aus zwei kurzen Hosen und drei T-Shirts am Arm baumeln und hatten die Umbekümmertheit und Sorglosigkeit von Männern, die frei und ungebunden sind. Ihnen entgegen kam eine Mannschaft Japaner in steifen blauen Stoffuniformen, die in großen Heften notierten, in welchem Zustand sich Boote und Körbe befanden, wie viele Austern eingeholt worden waren und wie hoch die Ausbeute jedes einzelnen Tauchers war … Zwei Welten begegneten sich, aufeinander angewiesen, aber einander fremd.

Unter der Mole kommt eine schwankende Gestalt hervor, zwei glasige Augen sehen mich an. Ich erkenne Nelly wieder, die alte Aborigine, eine Freundin von Craig und Trinkkumpanin der Fischer. Ein kurzes Leuchten huscht über ihre Augen, »Captain Invincible, Captain Invincible«, sie zupft mich am Ärmel und zeigt mir die Stelle, wo das »Alte Mädchen« gestrandet war: »Das Boot ist kaputt, es ist vorbei, das Wasser ist reingelaufen.« Sie gibt keine

Ruhe mehr, sie war schließlich die Hüterin des Ortes, die Klatschtante am Ponton. Sie war da, als die *Invincible* im Schlamm festgelaufen war und auch die Springflut sie nicht mehr schultern konnte, als alle Fischer drei Tage lang »Hauruck!« schrien ... Und plötzlich gab irgendetwas nach, auf der Mole ertönte ein Freudengeschrei, das »Alte Mädchen« schwamm wieder, sie glitt bereits durch die Fahrrinne, ganz Chinatown strömte runter in den Hafen, um zu sehen, wie sie wieder ihren Dienst antrat. Sie waren so stolz, denn schließlich war sie eines der letzten *lugger*.

Von dem Tag an verbot das Fischereiamt die Zufahrt zur alten Mole – die Fahrrinne verschlammte – und richtete den *luggers* einen Stellplatz im neuen Hafen ein, am Eingang zur Stadt. Die *Invincible* stand jetzt mitten zwischen den Tankschiffen und den Frachtkähnen der Bohrinseln, den Fischkuttern, die nach Krabben und Lachs ausfuhren, und den Ozeandampfern, die das Vieh aus den Kimberleys nach Indonesien transportierten – lebend, damit es dort nach den Gesetzen Allahs geschlachtet werden konnte –, zwischen den nagelneuen Perlenschiffen aus nicht rostendem Stahl und den Segelschiffen für Touristencharter aus Stahl oder Glasfaser, die eines Tages auch ihr Todesurteil waren.

Humpelnd zieht Nelly mich die Dampier Terrace entlang und zeigt mir einen aufgebockten *lugger*, der gerade schwarz und flammend rot gestrichen worden ist. »Museumsstück, das in der Carnarvon Street ausgestellt wird«, steht auf dem Schild. »Tourismus, Tourismus«, schreit Nelly lachend.

»Und wo wohnst du jetzt?« Sie deutet vage in Richtung Stadtrand, dreht den Kopf zur Seite und spuckt aus: »Mein Haus war hier.« Sie zeigt mir die Mangroven, dort, wo sie lebte, als ich sie kennen lernte und sie ihren Unterschlupf nur verließ, um die Straße zu überqueren und in der Bar des Roebuck einzulaufen. Mehr erfahre ich nicht, sie leert vollends ihre Korbflasche Rum und wirft sie vor den *lugger**. »Tourismus, Tourismus«, schulterzuckend zerquetscht sie mir schier die Hand, geht wieder zur Mole zurück, schiebt sich durch das Loch in dem Gitter und ist fort.

Ich springe auf mein Fahrrad, Harrys Reich ist jetzt eine Autowerkstatt, die anderen Bootshäuser sind von Broome Pearls und Linney's aufgekauft worden. Hinter eben diesem grauen Blech, hinter dem sich früher Spielsalons und billige Pensionen für japanische Taucher verbargen, chinesische Suppenhändler und Werkstätten, in denen auf winzigen Handwaagen das Gewicht von Perlmutt und Perlen bestimmt wurde, werden nun lauter prunkvolle Auslagen zur Schau gestellt, Perlen mit Rubinen und Diamanten gefasst, in schwere Platinketten eingepasst oder in ein zu Ohrringen verarbeitetes Goldgeflecht gebettet … Es erinnert eher an eine Kunstgalerie oder eine Ausstellung als an einen Laden – der Handel wird woanders getätigt und direkt mit den Reichen abgewickelt, jährlich werden hundertfünfzig Millionen Dollar eingebracht! Wenn man hier rauskommt, dreht sich einem der Kopf.

Der Tag geht zur Neige, ich fahre schneller, der Hafen liegt nur zehn Kilometer außerhalb der Stadt und ich habe ein Rendezvous mit dem »Alten Mädchen«. Vergeblich suche ich ihre Spur im Felsen, nicht das kleinste Stück Jarrah-Holz, das Meer oder Strandräuber haben alles fortgeschafft. Plötzlich bin ich erleichtert. Langsam fahre ich die große Mole entlang, die Viehtransportschiffe sind alle zurück, die *cattle stations* in den Kimberleys bekommen die Krise in Indonesien zu spüren. Die Fischkutter machen sich bereit, die Mannschaften tragen Rostschutzmittel auf und flicken Netze, die Saison fängt bald an.

Ein Segelboot schaukelt mitten im Golf, es wartet auf Touristen. Ich erkenne den Stahlrumpf wieder, es ist derselbe wie der, der die *Invincible* aufgespießt hat, genau an derselben Stelle, während dieses sagenhaften Zyklons … Der Orkan tobte, beide Schiffe waren über den Anker gerutscht, der Stahlrumpf hatte das »Alte Mädchen« aufgeschlitzt, den Ponton und die Jarrah-Balken zerlegt und ein riesiges Loch in den Rumpf gerissen. Sie war sofort gesunken, auf dem Bauch, das war vor … Sie ruhe in Frieden.

Der Himmel ist glutrot. Die Familien kommen mit Angeln und Körben, sie kommen, um die *whitings** und die *blue bone grop-*

*pers** anzureißen, die unterhalb der Mole zappeln. Direkt am Strand entzünden Aborigines Feuer, die Mütter füllen Wasser zum Kochen in die *billies*, die Kleinen schwenken Eisenstangen, an deren Ende Sandkrabben hängen, die sie aus den Schlammlöchern holen. Mit der Harpune in der Hand streifen die Männer schweigend durch das klare Wasser und lauern Dugongs auf, die sich bei Vollmond in der kleinen Bucht tummeln.

Kollision der Zeit, Magie dieses Kontinents, die Harpune gleitet vor dem Rumpf des Tankers ins Wasser, zwei Welten liegen dicht beieinander, hundert Meter und vierzigtausend Jahre voneinander entfernt. Die Familien auf der Mole stört das nicht weiter, sie sind voll und ganz damit beschäftigt, ihre Körbe für das Abendessen zu füllen oder mit Blick auf den Sonnenuntergang in aller Seelenruhe ein kühles Bier zu trinken.

Erwin war gut informiert. In der Stadt ging das Gerücht um, die Massai seien gerade angekommen. Heute sind sie im Zentrum der Aborigine-Frauen vom Stamm der Yawuru, der in Broome zu Hause ist. Das Zentrum leitet die Mutter von Wayne, dem Mann von Françoise. Sie hat mich zur Willkommensfeier eingeladen. Térésa Barker zeigt mir als Erstes die Örtlichkeiten, zwei Schuppen, die als Werkstätten eingerichtet und durch einen überdachten Garten miteinander verbunden sind. Sie habe das Zentrum vor vier Jahren gegründet, um den einheimischen Aborigine-Frauen zu helfen, zu ihren Wurzeln zurückzufinden und sich in die moderne Gesellschaft zu integrieren. Sie ist eine Aborigine-Frau mit philippinischem Blut, eine starke Persönlichkeit, sie hat sich allein durchgeschlagen, hat sämtliche Berufe ausgeübt, die man in Broome ausüben kann. »Mein Leben ist ein Roman, darüber reden wir noch«, und sie erläutert mir dezidiert ihre Ziele: den Frauen in der Gegend das Land, die Sprache und das Gesetz ihrer Ahnen wieder näher zu bringen, sie aber auch in Marketing, im Umgang mit Computern oder im Batiken zu unterweisen und nicht zuletzt in Fragen der Ernährung und der Kinderpflege.

Wir gehen durch einen Unterrichtsraum, in dem drei junge Aborigines an Macintosh-Computern üben, ein Schneideratelier, in dem vier weitere Frauen bunte Kleider nähen, »für die Modenschau auf der NAIDOC, der nationalen Woche zu Ehren unseres Volkes«. In einer Ecke üben zwei Frauen das Zeichnen von Früchten aus dem Busch, die T-Shirts, Töpferwaren und Muscheln zieren sollen, die in dem angeschlossenen Laden verkauft werden. Überall an den Wänden erinnern Plakate an ihr schwarzes Erbe, die Zeit, bevor ihr Blut sich vermischt hat: mit dem von afghanischen Kamelhändlern, die sie für Tee und Mehl kauften, Perlenhändlern und Ranchbesitzern, die keine weißen Frauen hatten, und sämtlichen Busch- und Perlenarbeitern, die überhaupt keine Frauen hatten, Malaysier, Chinesen, Japaner, Schotten, Iren, Philippinos. Auf zwanzig Männer kam eine Frau, sie waren damals kostbarer als Perlen!

Broomes Geschichte, verewigt vor allem im Körper der Frauen. Térésa ruft ihnen an den Wänden des Zentrums in Erinnerung, welcher Stolz damit verbunden ist, Aborigine zu sein, wie viel Würde, unabhängig und »nicht mehr käuflich« zu sein. Manche Plakate erläutern den Verwandtschaftsgrad und die Hautnamen* der Yawuru, des Stammes, der Hüter der Roebuck Plains ist, wo sich die Stadt angesiedelt hat; andere sind anatomische Schautafeln, auf denen die menschlichen Körperteile in der Sprache der Yawuru bezeichnet sind, schließlich Übersichten über Flora und Fauna des Busches sowie die Eigenschaften verschiedener Heilpflanzen.

Wir durchqueren den Innenhof, in dem Plumeria für Schatten sorgen, die große Küche mit dem für die Massai aufgebauten Büfett. Direkt daneben befindet sich die Krippe. Kleine Kinder in allen Farben und mit ähnlich ungewöhnlichen Gesichtern wie dem von Harry – grüne Augen und flache Nase, goldblondes Haar und lavendelfarbene Augen, die über vollen Lippen klimpern – sitzen wie angenagelt vor einem Trickfilm. Auf Plakaten stehen Ernährungstipps für die Mütter: »Mit Birnen aus dem Busch und roten Beeren geben Sie ihnen das Obst und Gemüse der Europäer*. Suchen Sie sich das Beste aus beiden Welten heraus.« Ich erinnere mich an die Empfehlungen für die Warlpiri, die an der Gesundheitsbehörde in Yuendumu angeschlagen waren: »Eidechsen mit einem halben, Schildkröten nicht vor einem Jahr, Känguru und Schlange erst ab zwei Jahren.« Aus Umweltschutzgründen nähert sich die Tropenkost allmählich unseren westlichen Gepflogenheiten an!

Soeben ist ein städtischer Minibus vorgefahren. Vier Männer und eine Frau mit karierten Gewändern steigen aus, die Delegation der Massai ist eingetroffen. Sie kommen aus Kenia und Tansania, zwei Viehzüchter, ein Anwalt, eine Anthropologin und ein Richter vom Obersten Gerichtshof. Die Frauen vom Zentrum starren sie an, Schwarze aus Afrika sieht man selten in Australien und ihre Gesichter sind vollkommen anders als die der Aborigines. Auch die Afrikaner wundern sich über alles, halten sich lange bei der Buschmedizin auf und entdecken, dass sie Darmkrankheiten auf dieselbe Weise heilen, mit wilden Bananen und dem Saft des Baobab. Sie vergleichen Pfeile, Lanzen und Schilder:

»Bei uns sind die Spitzen aus Metall, wir sind nicht wie eure Männer, wir sind Krieger«, sagt der Tierzüchter den staunenden Frauen. Und fragt sie seinerseits in schelmischem Ton:

»Woran sieht man, dass ihr verheiratet seid?«

»Am Ring.«

»Aber der Ring ist doch für Katholiken …«

»Sie meinen, vor der Missionierung? Das war ganz einfach, der Mann nahm einen mit hinter einen Baum, dort schlief man zusammen und damit war die Sache erledigt.«

Das Verblüffen steht dem Tierzüchter ins Gesicht geschrieben und weicht erst recht nicht, als das Büfett in der Pause von einem katholischen Pfarrer gesegnet wird.

Im Innenhof treffe ich Naomi, die Anthropologin aus Tansania. Sie berichtet mir, dass sie schon in Perth und in Mount Anderson gewesen seien, einer von Aborigines geführten Ranch in der Nähe von Derby, und dass sie nach Australien gekommen seien, um zu verstehen, wie die Eingeborenen hier mit der Regierung über die Rückgabe ihrer Ländereien verhandeln:

»Wenn die Aborigines hier den Kampf um die Native Titles gewinnen, ist das ein fantastisches Beispiel für die Eingeborenen überall auf der Welt. Nehmen Sie uns, wir sind ein Volk von Viehzüchtern, die von Dorf zu Dorf ziehen, mit Ziegen, Schafen, Eseln und Kühen, immer auf der Suche nach neuen Weideplätzen. Heute wird unser Land von den gleichen Lobbys bedroht, die sich auch gegen die Aborigines wenden: die Bergwerksgesellschaften in Südafrika, die Jagdvereine und die Touristikunternehmen für Safaris, die Naturparkbehörde und die großen Lebensmittelkonzerne, die aus unseren Weiden Weizen-, Roggen- und Erbsenfelder für den europäischen Markt machen wollen. Diese Entwicklung ist zum Teil unvermeidlich, die Moderne auch – wir werden auf gar keinen Fall wieder die braven Wilden im Park! –, aber wir wollen die Kontrolle über das Land. Wir wollen die Naturparks nach unseren Gesetzen verwalten, wir wollen die Schürfrechte für die Minen – was die Aborigines in manchen Gegenden für sich ja auch erreicht haben –, wir wollen auf unserem Grund und Boden nach unseren Gesetzen leben und wir wollen unsere Kultstätten behalten.«

Naomi zeigt mir die Fransen an ihrem Gewand, ihre Kette und die geflochtenen Bänder an Hand- und Fußgelenken.

»Wir tragen dieselben Farben wie die Aborigines, Rot für die Erde, Gelb für die Sonne, Schwarz für die Haut, und unsere spirituelle Verbindung zur Erde ist genauso stark wie die ihre, auch wenn sie nicht so eng an den Geburtsort geknüpft ist, aber …«

Plötzlich ist sie ganz aufgewühlt, es schnürt ihr die Kehle zu, sie holt ein Taschentuch hervor und wischt sich über die Augen: »Was sie ihnen hier angetan haben, ist furchtbar! Terra Nullius, das heißt, dass die Weißen nicht einmal ihre Existenz anerkannt haben! Bei uns in Afrika haben sich die Engländer und die Deutschen an *idle land* gehalten, das herrenlose Land. Und außerdem wurden wir nur über achtzig Jahre hinweg kolonisiert und konnten deswegen auf unserem Grund und Boden bleiben. Aber hier hat es Massaker gegeben, die Sklaverei, die geraubte Generation und sie haben alles verloren, ihr Land, ihre Gemeinschaft, ihren Lebenssinn, ihre Seele. Und selbst wenn unsere Regierung nicht viel taugt, wir können wenigstens mit Schwarzen verhandeln, wir müssen unsere Probleme unter uns regeln. Hier dagegen sind es zwei grundverschiedene Welten mit gegensätzlicher Weltanschauung.«

Eine Älteste hat mit versonnenem Blick alles mit angehört. Sie nimmt Naomis Hand und murmelt mit sanfter Stimme, als wolle sie sie beruhigen:

»Jetzt können sie nichts mehr machen, ohne sich vorher mit uns zu beraten. Wir haben Rubibi, unsere Organisation, in der wir alles untereinander besprechen. Und erst dann verhandeln wir mit ihnen.«

Sie nickt mehrmals, ihr Blick schweift in die Ferne und ihre Hände streichen noch immer über die von Naomi. In ihrem friedlichen Gesicht ist keine Spur von Wut oder Groll. Woher nimmt sie diese Gelassenheit, die Kraft zu verzeihen und weiterhin zu lieben und zu hoffen?

»Könnt ihr in Frankreich noch eure Rituale betreiben und eure Feste feiern? Das ist das erste Mal, dass ich jemandem aus deinem Land begegne. Ich würde gern mit den Stellen Kontakt aufnehmen, die für eure Minderheiten zuständig sind.«

Verdutzt sehe ich den tansanischen Viehzüchter an, der nicht eine Sekunde daran zweifelt, dass es bei uns in Frankreich Stammeskonflikte gibt, aber schließlich ist das auch nur eine Frage der Begrifflichkeit … Vor uns tauschen die Massai und die Gruppe von Térésa jetzt Geschenke aus. Naomi überreicht der alten Aborigine eine Statue aus Mahagoniholz, die alle Frauen in der Hand wiegen oder berühren wollen. Térésa entdeckt, dass dieser für die Kimberleys typische Baum ursprünglich aus Afrika stammt, woraufhin ihre Gefährtinnen vor Entzücken aufschreien wie kleine Kinder.

Wiedersehen am anderen Ende der Welt, feierliche Umarmungen voll gegenseitigen Respekts. Am Abend wird man sich bei dem Fest wiedersehen, das die Vereinigung der Dörfer im Norden zu Ehren der Massai ausrichtet.

Ich beobachte die schwarzen Gesichter mit dem warmherzigen Blick. Ich habe plötzlich das Gefühl, das Glied einer neuen Kette vor mir zu haben, die der einheimischen Völker, die sich überall auf dem Planeten zusammentun, um sich gemeinsam über ihre Überlebenschancen zu beraten. Sie beginnen, sich gegenseitig zu helfen.

Die Ältesten der Yawuru sind soeben eingetroffen. Sie setzen sich auf das Podium neben die Massai, gegenüber den Aborigine-Familien, die sich auf den Bänken drängen. Die Zeremonie kann beginnen. Kinder und Jugendliche mit weiß bemalten Gesichtern und Oberkörpern kommen im Polonaise-Schritt hinter den Bäumen hervor und beackern im Rhythmus der Bumerang-Schläge gemeinsam den Staub. Ihnen folgen Frauen, die in Richtung Himmel und Erde mit Eukalyptus-Zweigen wedeln, als wollten sie die Luft reinigen. Und schließlich springen Mädchen in orangefarbenen Gymnastikanzügen hervor, die in einem Ballett, das eher an einen modernen Tanz erinnert als an traditionelle Gebärden, die Bewegung von Wind und Wellen imitieren.

Zum Dank stimmen die Massai einen monotonen Gesang an, der davon handelt, wie die Tiere von Weide zu Weide ziehen, und überreichen den Ältesten und ihren Schwestern rot-schwarz-gelb-geflochtene Armbänder, die die Beschenkten furchtsam betrachten … »Sie genieren sich, weil man ein Geschenk nur dann annehmen kann, wenn es auf Gegenseitigkeit beruht. Sie wissen auch nicht, welche Bedeutung die Armbänder haben und mit welcher Energie sie geladen sind«, flüstert Térésa mir zu.

Die Ansprachen sind kurz, als sei durch Gesang und Tanz das Wesentliche bereits gesagt. Die Aborigines sprechen über Native Titles und Rubibi, über Komitees, in denen sie untereinander ihre komplexen Genealogien und die Aufteilung der Ländereien entsprechend dem Verwandtschaftsgrad entwirren. Die Massai erzählen von ihrem Volk in Kenia und Tansania, das durch eine künstliche Grenze zweigeteilt ist, über die Kraft ihrer nomadischen Identität und die Notwendigkeit, die Grenzen ihrer Heimat zu bewahren, damit auch sie selbst sich als komplette Wesen wahrnehmen können.

Durch die Weite eines Ozeans getrennt, sagen sich zwei Völker, die sich nie zuvor begegnet sind, in drei Sätzen, dass ihr Land untrennbar mit ihrem Wesen verbunden ist, dass, wenn man das eine aufteilt, man das andere verstümmelt, wenn man in das eine eindringt, man das andere vernichtet. Dass keines getrennt besteht und der Mensch mit seinem Land auch seine Seele verliert.

Auf dem Grill brutzeln Schildkrötensteaks und Dugong-Filets. Die Frauen stellen ihre hausgemachten Gerichte auf das Büfett, grüne Fischcurrys, Hühnersatays und malaysisches Nasi Goreng, philippinische Rindfleischgerichte und chinesische Suppen: Hier hat sich Asien bis in die Tiefen der Kochtöpfe eingenistet. Die Massai kosten vorsichtig von diesen Speisen mit dem fremdartigen Geschmack. Naomi erklärt einer der Tänzerinnen, wie man ihr Gewand bindet. Eine Hand legt sich auf meine Schulter, eine tiefe Stimme flüstert mir etwas in den Nacken: »Dann warst das ja tatsächlich du, Froggie, ich habe dich gestern auf dem Fahrrad gesehen, ich dachte, ich sehe nicht richtig!« Es ist Maguy, die Tochter von Paddy, ihre Haare sind nur ein bisschen weiß geworden, ihr Lächeln haut mich um, zärtlich taxieren mich ihre Augen. Ich wage nicht, nach Paddy zu fragen, er war schon so alt… »Also, wann kommst du und besuchst meinen Vater? Ich habe ihn zu mir in die Dora Street geholt, du kannst ja morgen vorbeikommen. Ich werde ihm sagen, dass Froggie, die Barramundi-Fischerin, wieder da ist.«

Paddy lebt noch, ich bin ganz aufgewühlt, er war es, der mir die Welt der Traumzeit eröffnet hat… »Also, einverstanden, bis morgen?« Maguy hat sich wieder unter die Gäste gemischt und verschwindet im Dunkeln, ohne eine Antwort abzuwarten. Sie hatte mein Herz schneller schlagen und mich hundertmal ja sagen gehört.

Corroborees, Toyota und CD-ROM

Goolarabooloo. Ich erkenne das Schild wieder. Es steht auf einem staubigen Weg, der ins freie Gelände zu führen scheint. Und dann, wenn man die erste Baumgruppe umrundet hat, taucht Maguys Reich auf: ein paar Baracken unter Akazien, ein löchriger Rasen und beigefarbener Sand, der vor nichts Halt macht. Eine Hundemeute rennt hinter einer Schar Kinder her, die auf ihren Fahrrädern um die Wette fahren. Drei Minuten von Chinatown und seinen Perlengeschäften entfernt bewahrt sich Maguy ihre paar Quadratmeter Wildnis. Sie sind zugleich preiswertes Hotel für Aborigines, Empfangsstelle mit Armenspeisung für Obdachlose und vor allem Treffpunkt für ihre zehn Kinder und deren unzählige Sprösslinge.

Ich sehe wieder die riesigen Kochtöpfe, die auf dem Resopaltisch vor Maguys Blechhaus trocknen. Als ich ihr zum ersten Mal begegnete, rührte sie beidhändig mit einem gigantischen Kochlöffel in einer Suppe für fünfundzwanzig Personen, ihr tägliches Los. Sie hat gerade die Zimmer sauber gemacht und weist einer abgemagerten Frau mit ihrem Baby ihre Unterkunft in der Frauenbaracke zu: »Macht zehn Dollar pro Nacht, aber du kannst auch in Raten zahlen, wenn du keinen Alkohol mehr anrührst… Sonst schicke ich dich zum Sozialamt zurück.« Sie trägt einen kümmerlichen Alten auf seinem Stuhl in die Sonne. »Der kann schon seit zwei Jahren nicht mehr bezahlen, aber ich sorge weiter für ihn, er hat nicht mehr lange, also kriegt er immer ein paar Leckerbissen extra. Schmeckt gut, die Ingwerschildkröte, nicht wahr, Willie?« Willie nickt zustimmend, mit geschlossenen Augen macht er regungslos die letzten Züge in Maguys Garten, einem kleinen Eckchen Ewigkeit mitten in der Stadt.

»Also, du willst Papa sehen? Um diese Zeit ist er noch gut beisammen. Man muss laut mit ihm reden und sich ganz dicht neben ihn setzen, er sieht nicht mehr gut…« Sie zieht mich in den hinteren Teil seines Zimmers, im Halbdunkel erblicke ich eine magere Gestalt, die kerzengerade auf einem Stuhl sitzt. »Paddy, das ist Frenchie, die Fischerin, weißt du noch?« Langsam dreht er den Kopf, sein verschleierter Blick sucht mein Gesicht. »Willst du, dass ich dich unter deinen Baum trage? Da könnt ihr besser reden.« Sie schleppt ihn mit wie zuvor Willie und setzt ihn unter seinem alten Baobab ab.

Ich setze mich in den Sand zu seinen Füßen, wie früher. Seine Augen zwinkern ein wenig im Licht, plötzlich hebt er ein Stück Holz auf und tut so, als würde er zwei Augen hineinschnitzen. Lächelnd reicht er es mir, es ist so weit, er hat mich wiedererkannt. »Und, Frenchie, was macht das Leben?«

Mit diesen Worten hatte er mich auch beim ersten Mal unter seinem Baum empfangen, als würde er mich schon lange kennen. Über die Glut gebeugt, brach er von einem gebogenen Stück Holz die Rinde weg und gab ihm mit einem schnellen Messerstrich die Form einer Schlange, dabei warf er mir amüsierte Blicke zu. Dann hörte er auf zu schnitzen, hob mit dem Hohlmeißel horizontale Linien in das Holz und bohrte in ein dreieckiges Ende zwei Augen und eine Spalte.

»Die Weißen mögen die Schlange, aber sie wollen immer zwei Augen und einen Mund. Wir brauchen das nicht. Hier, nimm.«

Ich zögerte, er bestand darauf.

»Das ist für dich, nimm es. Ich habe Tausende davon gemacht, von überall her fragen sie danach, in der ganzen Welt, und sie verkaufen Muniyaganan für teures Geld!«

»Muniyaganan?«

»Ja, Muniyaganan, die Schlange. Sie lebt in den Quellen von Roebuck Plains, wo ich geboren bin. Sie kann Wasser spenden und versiegen lassen, Leben geben und wieder nehmen, sie ist sehr mächtig.«

»Ich mag Ihre Geschichten, ich bin in der Bibliothek von Broome auf Ihr Buch gestoßen.«

»Ach, du hast es gelesen. Hat es dir gefallen?«

Dann erklärte er mir, dass es uralte Geschichten wären, die seiner Ahnen aus der Zeit des Traums, die Geschichten übernatürlicher Wesen, die auf dieser Welt ihre Spuren hinterlassen hätten, oder die von Geistern, die noch immer unter uns lebten: »Manchmal siehst du eine Frau vorbeigehen und dann sagst du dir, nein, das ist nur das Gras, das sich bewegt, dabei ist es in Wirklichkeit Worawora und sie lebt mitten unter uns.«

Nach dem Untergang der *Invincible* war ich jeden Tag unter den Baobab zurückgekehrt, um Paddy zuzuhören. Ich setzte mich ihm gegenüber auf mein Fleckchen am Boden. Zunächst fixierte sein Blick meine Augen, dann umfing er mein Gesicht, die Bäume ringsum und verlor sich in der wild wachsenden Vegetation… Und dann erzählte er die Geschichte von Yaam, der nur mit Kühen reden konnte, von Mirdinam, der sich in eine Katze oder einen Adler verwandelte, um die Polizei zu täuschen, von Djaringalong dem Riesenvogel, der Babys verschlang und von zwei *mabans* mit einer Lanze durchbohrt und in einen Stern verwandelt wurde. Manchmal setzten sich Kinder zu uns, sie wiegten ihre Köpfe im Takt und ließen sich von Paddys Stimme einlullen, so wie damals, als sie noch ganz klein waren und ihre Mütter sie im Kreis rings um den großen Baum stillten. Wenn sie mit dem Kochen fertig war, kam Maguy mit ihrem kleinen Hocker und auch sie wiegte sich hin und her. Und wenn ihr Vater zu singen begann, wurde ihr Blick trübe und wanderte in Richtung Dickicht, dem Ort ihrer Kindheit, ihrer *tjila**. Oft rutschte sie, ohne es zu wollen, von ihrem Hocker und ihre Hüften betteten sich in den Staub. Dann drückte ich mich an ihre Seite, wärmte mich an ihrem mächtigen Körper und fühlte mich in der Erde verwurzelt.

Ich sehe Paddy an, er zwinkert mir zu: »Soll ich dir noch eine

Geschichte erzählen?« Und ehe ich mich's versehe, sage ich: »Ich möchte, dass du mir deine Geschichte erzählst.« Er lacht: »Ich wusste, dass du mich eines Tages danach fragen würdest, dass dir der Fisch nicht mehr reichen würde und du nach Geschichten auf Fang gehst.« Er bittet Maguy um Tee und Kekse, rückt mit dem Stuhl unter die grünen Zweige und weist mir einen Platz an seiner Seite zu: »Bist du denn bereit, Froggie?«

... Und seine Stimme fährt fort, als hätte sie nie aufgehört, in mir zu sprechen, sie hebt die Zeit auf, zittrig, aber was macht das schon, sie wiegt mich noch immer und entführt mich in das Tal, sie löscht den Raum aus. Paddy singt sein Leben wie einen monotonen Gesang, seine trüben Augen sind schon jenseits, sie werden die Traumzeit nie mehr verlassen.

»Ich gehöre zum Stamm der Nyikina, das ist der des Aborigine-Vaters, der mich großgezogen hat, auf dem Grund der Dampier Downs. Geboren bin ich auf Yawuru-Territorium, auf der *cattle station* von Roebuck Plains, in der Nähe vom Schafstümpel. Meine Mutter war Köchin auf der Ranch, sie arbeitete für den Verwalter, den alten George Roe. Damals hatte der weiße Mann alle Rechte, wenn eine Aborigine ihm gefiel, gehörte sie ihm, so bin ich auf die Welt gekommen, für ein bisschen Mehl und Tee. Aber Mister Roe wollte nichts davon wissen, er hat mich in ein Reservat gesteckt. Und da hat sich Old Bullu um mich gekümmert, er ist mein Aborigine-Vater.

Später hat dann die Polizei die Gegend durchkämmt, um die Mischlingskinder mitzunehmen, ohne zu fragen, so wie man Lämmer einsammelt. Wenn die Eltern protestiert haben, haben sie sie zu Boden gestoßen oder mit Ketten geschlagen. Als meine Mutter davon hörte, hat sie mich in den Busch geschickt, damit ich mich verstecke, noch hinter Dampier Downs, mitten in der Wüste. Dort bin ich lange geblieben, bei der Schwester meiner Mutter, meine Onkel haben mir dort alles beigebracht, das Jagen und das Leben im Busch. Und sie haben mich das Gesetz gelehrt.

Als ich ein Mann war, bin ich nach Roebuck Plains zurückgekehrt. Ich hörte von einem alten Mann, der drei Frauen hatte, die von anderen begehrt wurden. Man hat ihn umgebracht und die Frauen mitgenommen und eine von ihnen, die jüngste, war eben in Roebuck Plains. Ich habe sie von der Seite angesehen und überlegt. Eines Tages kommt sie zu mir her und sagt: ›Und wenn wir zusammen fliehen würden?‹ Sie war jung, so wie ich auch, und sie wollte keinen alten Mann mehr. Da sind wir nach Broome geflohen und sie haben meine Spuren nicht gefunden, weil ich immer im Gras gegangen bin, nie im Sand.

Dann bin ich zu den Douglas' gekommen, sie wollten eine Farm aufbauen und den Boden urbar machen. Ich habe ihnen gesagt, dass ich geflohen war, sie haben mir Arbeit gegeben und ich habe meine Frau aus dem Busch geholt. Dann waren wir weiter nördlich bei einem Stamm der Ältesten, den Jabirr Jabirr, die in Zelten auf ihrem eigenen Boden lebten. Es waren etwa zehn Alte, kein einziger Junger war unter ihnen. Sie haben mich alles über ihre Ländereien gelehrt und ihr gesamtes Wissen an mich weitergegeben, ich habe nicht eine einzige Silbe davon vergessen.

Eines Tages habe ich zu meiner Frau gesagt: ›Ich glaube, diese Leute sind verrückt, sie werden mich irgendwann umbringen, ich bin nur ein Fremder und weiß schon viel zu viel.‹ Wir saßen alle am Strand rings um das Lagerfeuer, da habe ich zu den Alten gesagt: ›Ihr nehmt mich überallhin mit und erzählt mir all eure Geschichten. Warum tut ihr das?‹ Da sind sie aufgestanden und haben gesagt: ›Hast du nicht gesehen, dass wir alte Frauen sind? Und wo sind unsere Männer? Sie schlafen allein, sie sind alt, so wie wir auch, und wir machen keine Kinder mehr. Deine Frau ist jung, sie könnte noch viele Kinder bekommen, sie wird einen Geist unseres Bodens gebären.« Alle diese Alten sind tot, der letzte ist 1933 gestorben. Ich bin der einzige, der noch lebt. Ich bin also dort geblieben, ich kenne jeden Zentimeter, und ich habe keine Silbe vergessen.

Später habe ich erfahren, dass ich dorthin zurückmüsste, wo ich meine Frau entführt hatte, ins Yawuru-Land, ihre Familie von Angesicht zu Angesicht sehen und mich stellen, so will es das Gesetz. Zwei Wochen lang bin ich am Meer entlanggegangen, im Wasser, damit man meine Spuren nicht fand. Ich hatte meinen Besuch angekündigt, sie wussten, warum ich zurückkam.

Kurz vor Sonnenaufgang kam ich auf dem Kampfgelände an. Alle waren sie da und erwarteten mich. Ich hatte weder einen Bumerang noch eine Lanze, nur ein Schild: Ich war gekommen, um mich zu stellen. Um sechs Uhr, bei Sonnenaufgang, haben sie die Bumerangs geworfen, das hat den ganzen Morgen gedauert. Meine Schwägerinnen haben alle Lanzen zerbrochen, bevor die Männer sie benutzen konnten: Sie haben das Recht dazu, so ist das Gesetz, sie haben mich gerettet.

Der letzte Mann kam kurz vor Sonnenuntergang. Ich konnte ihn kaum erkennen, ich war sehr erschöpft, aber ich war noch nicht verwundet. Beim ersten Bumerangwurf hat er mich am Bein getroffen, der Bumerang ist zerbrochen und hat sich genau in mein Knie gebohrt. Da hat mir der Mann seine Lanze überreicht und gesagt: ›Jetzt hast du das Recht, mich zu verletzen.‹ Ich habe ihm geantwortet, ich hätte einen Fehler gemacht und wollte ihn wieder gutmachen, ich müsste bestraft werden und dann würde alles wieder in Ordnung kommen. Und damit war alles vorbei. Sie haben mich in einen Schubkarren geladen und vor dem Krankenhaus abgeladen. Ich habe immer noch das Mal an meinem Knie.

Erst danach war diese Frau auch meine Frau und die Kinder von ihr auch meine Kinder. Die Dinge mussten in Ordnung gebracht werden, so wie es das Gesetz will, nach Art der Aborigines.«

Paddy nimmt einen kräftigen Schluck Tee. Ein kleiner Junge hat es sich auf seinen Knien bequem gemacht, er streichelt ihm über den Kopf, zupft das Stroh aus seinen Haaren, seine mageren Finger spielen mit den kleinen Händchen.

»Jetzt will ich alles an die Kinder weitergeben. Ich habe sehr weit zurückgeblickt, ich kann sehr weit vorausschauen und ich weiß, dass es wichtig ist, dass unser Gesetz befolgt wird. Wir nennen es Bugarrigarra und wir zelebrieren es durch unseren Gesang. Aber das ist nicht so wie die Lieder auf der Gitarre, die man irgendwo singen kann. Ein Aborigine-Lied ist nur an einem bestimmten Ort gut. Auf der Gitarre macht man immer wieder neue Lieder, erst macht man eines, dann wirft man es wieder weg und so geht das immer weiter. Bei uns bleiben die Gesänge immer dieselben, zu jedem Stück Land gehört auch ein Gesang, so ist das Gesetz der Aborigines.

Und jetzt kümmere ich mich um dieses Land. Broome ist das Land der Jabirr Jabirr, aber mit dem Stamm ist es vorbei, es gibt keine Überlebenden. Ich bin ein Nyikina, geboren auf der Erde der Yawuru, und ich lebe in der Heimat der Jabirr Jabirr. Aber ich kann nicht länger nur auf meinem Flecken bleiben.

Ich habe also über einen neuen Weg nachgedacht, eine neue Richtung. Früher war es so, dass ich mich hinter dem einen Baum eingerichtet habe und der weiße Mann hinter dem anderen, jeder in seinem Versteck. Jetzt glaube ich, dass man den Baum fällen muss, damit die beiden sich ansehen können und anfangen, miteinander zu reden. Man muss nicht gerade auf der Seite des anderen leben, aber man kann ja befreundet sein, zusammen arbeiten, plaudern, spazieren gehen, über die Zukunft nachdenken.

Das ist bestimmt der beste Weg, damit wir unsere Kultur miteinander teilen können. Nicht mehr hinter dem Baum den anderen beobachten. Die Weißen und die Aborigines müssen sich zusammentun.«

»Na, das ist ja ein Ereignis! Es ist bestimmt ein Jahr her, dass Paddy das letzte Mal unter seinem Baum Geschichten erzählt hat. Aber jetzt muss er seine Siesta machen.« Maguy ist gekommen, mit einem Kind auf jeder Hüfte, sie sprechen in der Sprache der Aborigines. »Ich rede nur so mit ihnen, damit sie sich von klein auf daran gewöhnen.« Paddy sieht sie stolz an, sie ist seine älteste Tochter, an die er sein Wissen weitergegeben hat. Auf ihren Arm gestützt kehrt er in winzigen Schritten zum Haus zurück. Ich betrachte seine dürre Gestalt, seinen Körper, der jeden Moment umzuknicken droht wie trockenes Holz, ein lebendiges Gedächtnis unserer Geschichte, wie es in das Dunkel des Zimmers zurückkehrt und sich anschickt, zwischen vier Blechwänden zu erlöschen.

»Maguy, werden Sie Ihr Wissen an die Weißen weitergeben?«

»Paddy tut das seit zwanzig Jahren mit einem Holländer, Franz, er ist initiiert worden wie einer von uns. Franz ist auch aktives Mitglied bei Rubibi. Er ist unser Mittelsmann bei den Weißen – er kennt ihre Gesetze sehr gut – und er zeigt uns, wie wir unsere Interessen vertreten können. Aber es ist keine einfache Situation: Manche wollen nicht mit den Weißen zusammenarbeiten, solange die Regierung sich nicht offiziell für die Massaker und die geraubte Generation entschuldigt hat; andere glauben, dass eine solche Begegnung unmöglich ist, die beiden Welten seien zu unterschiedlich, und wieder andere, vor allem unter den Jungen, sind der Meinung, dass es zu spät ist und dass wir eine Aborigine-Nation gründen müssen. All diese Positionen treffen bei Rubibi aufeinander: Oft ist es die jüngere Generation, die gegen eine Annäherung ist, während die Alten unsere Kultur weitergeben wollen, damit sie sich verbreiten und der Geist unseres Volkes überleben kann.«

Ich denke an die Tibeter, die in Europa im Exil leben und den Weißen ihre Klöster, ihre Bücher und ihr Wissen zugänglich machen, die sich mit führenden Denkern und Wissenschaftlern der westlichen Welt über ihre Zukunftsvisionen austauschen, damit ihr Universum woanders lebendig bleibt.

Ein funkelnder Toyota-Jeep legt direkt vor dem Innenhof eine Vollbremsung hin. Eine verführerische junge Frau in Buschkleidung setzt einen kleinen Jungen mit einem Fisch in einer Plastiktüte ab und rauscht gleich wieder davon. Es ist Patricia, Maguys jüngste Tochter: »Sie fährt nach Geike Gorge. Sie hat einen Weißen geheiratet, der den Nationalpark verwaltet. Sie arbeitet mit ihm zusammen als Ranger und ich ziehe den Kleinen groß.«

Sie lächelt, das ist ganz normal, sie hat jeden Tag sechs oder sieben Knirpse bei sich, die die Eltern wieder abholen, am Abend… oder wenn sie Zeit haben. Das Defilee der Wagen reißt nicht ab; es kommen der große Kipplader des ältesten Sohnes, der auf der Baustelle arbeitet, ein alter Holden voller Kinder von einem Mädchen, das schmutzige Wäsche ablädt, der Jeep des Jüngsten, der eine Goldbrasse abliefert, die er gerade gefangen hat… Und dann der älteste Enkel, der mit seinem nagelneuen Motorrad vorfährt. Als wieder Ruhe eingekehrt ist, sagt Maguy nur: »Du siehst, sie sind nett, sie bringen frischen Fisch, damit ich mir den Bauch nicht immer mit Kentucky fried Chicken vollschlage. Sie sagen, das wäre *junk food*… Das mag schon stimmen, aber mir schmeckt's.«

Sie lacht wie ein Kind. Schon haben ihre Hände, die immer in Bewegung sind, den Fisch filetiert und die Suppe aufgesetzt.

»Kommst du eigentlich nie zur Ruhe?«

»Ich hatte noch nie Zeit, darüber nachzudenken! Mit fünfundzwanzig hatte ich schon meine zehn Kinder und mein Mann hat getrunken. Ich habe im Busch gelebt, das Wasser aus dem Brunnen geholt, alles mit der Hand gemacht. Und eines Tages bin ich umgefallen, sie haben gesagt, ich hätte zu hohen Blutdruck, das wäre die Erschöpfung und sie haben mir Beruhigungsmittel gegeben… Da habe ich mich ausgeruht, das war das einzige Mal, aber ich musste! Dann haben sie mir diese Baracken und das Land drumherum gegeben. Es war das ehemalige Krankenhaus, man hatte keine Verwendung mehr dafür und es hat mich gerettet. Ich habe sofort zwei Akazien gepflanzt. Hier wollte ich leben, mit meiner ganzen Familie, siehst du, die Bäume sind immer noch da.«

Sie holt ein Fotoalbum, zeigt mir die Hochzeit in Weiß ihrer jüngsten Tochter in der Kirche, ihre Enkelinnen in Ballettschuhen und rosafarbenen Tutus an der Stange, Bilder vom Dugong-Fang und vom Barbecue mit Weißen unter Kokospalmen:

»Seit du weg bist, hat sich einiges getan. Unsere Familie veranstaltet jetzt Wanderungen für Touristen im Norden des Coconut-Well-Gebiets, den Strand rauf bis nach Manari. Wir zeigen ihnen, wie man draußen in den *swags* übernachtet, wie man Dugong, Barramundi und Schildkröten fängt und sie in der Erde gart wie wir. Und dann erzählen wir ihnen unsere Geschichten, wir zeigen ihnen unsere Heilmittel, bringen ihnen unsere Tänze und Gesänge bei … So komme ich raus aus der Stadt und verdiene ein bisschen Geld, um den Strom für das Hotel zu bezahlen und die bei mir zu behalten, die nicht mehr zahlen können.

Ansonsten leben Paddy und ich hier wie zuvor, mehr haben wir nie gebraucht. Bei den Jungen ist das anders. In Broome verdreht ihnen das Geld den Kopf, von den Subventionen kaufen sie sich Autos und Häuser und bringen sie gleich wieder an den Mann. Einem Aborigine habe ich ein kleines Stück von unserem Garten geschenkt, er hat es sofort an einen Weißen verkauft! Dabei braucht man nicht mehr, um glücklich zu sein, wenn die Familie zusammen ist und sich gut um einen kümmert.

Ich habe wirklich ein gutes Leben gehabt, das einzige, was mir fehlt, ist meine Heimat.«

Maguy seufzt, ihr Blick verläuft sich im Garten, sie deutet auf einen Punkt in der Ferne:

»Weißt du, Froggie, ich bin in Mellow Creek geboren und initiiert worden, dort habe ich meine Kinder bekommen und dort will ich sterben. Manchmal in der Nacht kommt ein Geist zu mir. Plötzlich fange ich an zu zittern, in Gedanken springe ich über den Zaun, steige durch das Flussbett und laufe zu meinen Bäumen. Ich klappere nacheinander die Erdlöcher ab, aus denen ich Wasser geholt habe, wo sich die *goannas* versteckt hielten, die Stellen mit den Honigameisen und den *spinifex* und die Flussschleife, wo ich auf den Schildkröten geritten bin … Ich kehre sehr oft dorthin zurück, auch in meinen Träumen, dort bin ich auch, wenn ich im Hof in meiner Suppe rühre … Mit meinem Vater bin ich tagelang einer Spur gefolgt oder war auf der Suche nach einer Wasserstelle oder einem Beerenstrauch oder unterwegs zu einer heiligen Stätte für unsere Zeremonien. Wir haben mit wenig gelebt, im Busch war alles für uns da: Wasser gegen den Durst, ein Wallaby am Abend, ein andermal ein wilder Truthahn, Barramundi für unsere Feste. Wir waren glücklich, alle zusammen, Paddy, meine Mutter, die Kinder, meine Stammesschwestern, meine Verwandten, der ganze Stamm, wir waren immer alle zusammen.

An manchen Tagen ist unsere Familie auch jetzt noch im Busch, für eine Initiation, eine Beerdigung oder Zeremonien mit den Nachbarstämmen. Das dauert manchmal eine Woche, zwei Wochen. Wir schlafen alle draußen, gehen jagen, zünden große Feuer an, wir tauschen unsere Geschichten aus, tanzen und singen die ganze Nacht, das sind unsere Rituale … Dann weiß ich nicht, ob ich wieder zurückwill, meine Sehnsucht ist dort mit meiner *tjila* gestillt. Dort bin ich geboren, weißt du.«

Aus Paddys Zimmer dringt Scheppern und Rascheln. Maguy gibt mir zu verstehen, dass dies kein Grund zur Beunruhigung sei, auf ihr Gesicht legt sich ein eigenartiges Lächeln, das sie während ihrer Erläuterungen beibehält: »Paddy ist schon lange bereit zu gehen, aber in der Zwischenzeit will er sich nützlich machen. Also steht er oft nachts auf, räumt auf und macht sauber – alle meine Regale!«

Der Krach hat aufgehört. Es ist jetzt ganz dunkel. Ich umarme Maguy zum Abschied und gehe mit Paddys kleiner Melodie in mir, der Vision eines wahrhaftigen Mannes, der bis zuletzt in einer Blechhütte die Dinge ins Reine bringt, so wie er es in seinem Leben immer getan hat. Weil das Gesetz es so gewollt hat.

»Mein Leben ist ein Roman, Sie müssen Zeit mitbringen!« Nach dieser energischen Ankündigung hat sich Térésa Barker, die Leiterin des Zentrums für Aborigine-Frauen, mit mir zum Sonntagsgottesdienst in der katholischen Kirche Saint-Jean-de-Dieu verabredet. Das Kirchenschiff ist voll, wie in den Greyhounds sitzen die Weißen in den ersten Reihen und die Aborigines drängeln sich im hinteren Teil auf den Bänken. Drei von ihnen sitzen auf einem kleinen Podium und stimmen ihre Gitarren: Sie geben den Einsatz für die Kirchenlieder und begleiten sie auf ihren Instrumenten, halten im Chor die Lesung ab, schwenken den Weihrauch durch die Sitzreihen und fallen in Momenten der Stille in tiefe Andacht. Die Aborigines sind mit großem Eifer bei der Sache. Die Frauen um mich herum beten ununterbrochen den Rosenkranz, andere sind kniend in Gebete versunken, manche schlagen mit dem Fuß den Takt und wiegen sich im Rhythmus der Lobgesänge, wieder andere vergraben den Kopf in ihren Händen oder richten in einer Art Ekstase die Augen zum Himmel … Ich erkenne ihre Gesten, ihre zu einem einzigen Leib zusammengeschweißten Körper, die Blicke rüber zur Nachbarin und die verdrehten Augen bei den *corroborees* in Yuendumu, kurz vor der Trance. Was tun sie in unseren Kirchen? Sollte Gott etwa an die Stelle der Großen Vorväter getreten sein oder ist er jetzt einer von ihnen?

Als wir wieder bei Térésa sind, esse ich gemeinsam mit ihren Aborigine-Gefährtinnen aus dem Frauenzentrum einen mit verschiedenen Gewürzen zubereiteten Reis. An den Wänden in der Küche hängen Bilder von der Jungfrau Maria und von Christus, geschmückt mit Rosenkränzen. Wie jeden Sonntag nach der Messe versammelt Térésa ihre Eucharistiegruppe bei sich: Während der Mahlzeit werden Kommentare zum Evangelium des Tages und Gebete gesprochen. Als ihre Freundinnen wieder weg sind, erklärt sie mir, dass sie im Kloster und bei der Mission eine katholische Erziehung genossen habe und Gott wiederentdeckt habe, als sie beinahe gestorben wäre, und dass das mit der Traumzeit nicht unvereinbar sei … Aber man müsse die Geschichte von Anfang an erzählen.

Sie setzt sich kerzengerade auf ihren Resopalstuhl gegenüber dem winzigen Unkrautgärtchen. Mit ihrem straffen schwarzen Haarknoten, ihrem vollen Gesicht mit den leichten Schlitzaugen, ihrer Spitzenbluse und den bedächtigen Gesten könnte man sie für eine Dame aus der feinen spanischen Gesellschaft halten.

»Du musst wissen, dass man mich hier *halfcast philippino* nennt, Philippino-Mischling. Mein Vater, Joe Torres, kam von dort und meine Mutter stammt aus Sandy Point, nördlich von Broome.

Sie war eine *full-blood*-Aborigine, vom Stamm der Jabirr Jabirr, mit der mein Vater drei Kinder hatte.

Wir lebten in einer Zinkbaracke in Kennedy Hill. Mein Vater hat für ein Pfund die Woche Austern verpackt, das reichte nicht mal, um uns zu ernähren. Um etwas zu essen zu kriegen, sind wir also schon ganz klein losgezogen und haben Krabben und Fische gefangen, mit der Steinschleuder Tauben geschossen und Elstern und Fledermäuse. Und es gab den Gemüsegarten, Hühner und Enten und die Rationen, die wir von Streeters and Male bekamen, der Firma meines Vaters. Meine Familie war zusammen, das war das Wichtigste. Ich habe wirklich eine glückliche Kindheit gehabt.

Als ich acht Jahre alt war, kam ich ins Kloster und meine beiden Brüder sind als Lehrlinge auf eine Ranch gegangen. Ich bin bei den Nonnen geblieben, bis ich vierzehn war. Ich habe eine sehr gute Ausbildung erhalten, sie haben mir Englisch, Mathematik und Geografie beigebracht, die katholische Religion und Klavierspielen und dann haben sie mich auf das College in Perth geschickt… Aber dort war ich die einzige Schwarze und weil ich kein Geld hatte und schon fünfzehn war, musste ich zurück nach Broome. Ich hatte eine Stelle als Putzfrau im Krankenhaus von Broome – ich habe sämtliche Böden geschrubbt – und dann als Köchin von sechs Uhr morgens bis zehn Uhr abends. Da habe ich gelernt richtig zu arbeiten. Danach war ich im Roebuck angestellt, wo ich schlicht alles gemacht habe: Kellnerin, Köchin, Tellerwäscherin, Bardame. Ich habe zwei Pfund die Woche verdient, ich hatte wirklich keinen Grund mich zu beklagen und ich konnte meiner Mutter unter die Arme greifen.

Das einzige Problem waren die Männer. Ich wollte einen von uns heiraten, aber unser Volk ist dezimiert worden, viele sind als Sklaven auf den Perlenschiffen und den Ranches umgekommen oder im Gefängnis. Und 1930 wurden die Familien auseinander getrieben, die Stämme sind zerbrochen, das Blut hat sich vermischt, es war schwierig, die Verwandtschaftsverhältnisse zu bestimmen und Blutsverwandtschaft zu vermeiden. Ich war schon einem Aborigine versprochen, aber man hat ihn in die Mission von Beagle Bay geschickt und ich habe ihn nie wieder gesehen … Es blieben nur noch Weiße und Asiaten.

Ich habe meinen Mann im Pub kennen gelernt. Er war Schotte, aber aus einer sehr armen Familie. Also haben ihn die Engländer nach Australien geschickt, nach Tardun in ein christliches Internat für Waisenkinder. Später war er im Koreakrieg und dann bekam er eine Arbeit als Viehhüter in den Kimberleys. So habe ich ihn kennen gelernt, er kam gelegentlich nach Broome, um ein Bier zu trinken, weil Alkohol auf seiner Ranch verboten war. Er war ein verdammt guter Musiker, er hat den Boogie-Woogie und den Rock in Broome eingeführt.

Er bat darum, mich heiraten zu dürfen. Der Stammesführer der Aborigines hat uns die Erlaubnis erteilt und ich habe meinen Sohn Wayne mit ihm bekommen. Ich hatte schon eine einjährige Tochter, Patricia. Vier Jahre später war er fort. Er war gerade dreißig geworden, er sagte zu mir: ›Ich dreh noch eine Runde‹, und ich habe ihn nie wieder gesehen. Ich glaube, dass er mit mir erfahren hat, was das überhaupt ist, eine Frau, und dann wollte er eben noch ein bisschen mehr darüber erfahren. Ich war ihm nicht böse, er war noch jung, er musste sein Leben leben.

Danach habe ich Asiaten kennen gelernt. Ich war allein mit meinen Kindern und die Chinesen und Japaner hatten Geld wegen der Perlen, aber keine Frauen … Prostitution kann man das nicht wirklich nennen, sagen wir, sie waren nett und haben uns beschützt. Einer von ihnen gab mir regelmäßig Geld, er war Taucher, er betrachtete sich als mein Mann … Dazu muss ich sagen, dass ich zeitweise wirklich auf Hilfe angewiesen war: Mit Aborigine-Blut in den Adern war man nicht gern gesehen. Wir hatten keinerlei Rechte, man hat uns aus dem Sun Pictures verjagt wie streunende Hunde. Ich bin niemandem böse, wir hatten gelernt, das Fußvolk zu sein, wir waren so erzogen.

Und dann eines Tages kam mein Freund nicht wieder, man hat mir gesagt, er wäre tot. Damals starben viele Asiaten an der Taucherkrankheit oder weil sich jemand an ihnen rächte: Der Sauerstoffschlauch wurde weggerissen und es war vorbei. Also habe ich doppelt so viel gearbeitet, ich wollte meinen Kindern eine gute Ausbildung ermöglichen und es ihnen an nichts fehlen lassen. Morgens stand ich um vier Uhr auf, ich lief drei Kilometer bis zum Schlachthof am Hafen, dort arbeitete ich bis Mittags. Ich schlief zwei Stunden und dann ging ich ins Continental, ins Mangrove oder ins Roebuck, wo ich bis Mitternacht Bardame war. Dreißig Jahre lang habe ich so gelebt und ich habe meinen Kindern gute christliche Schulen und die Universität bezahlt und beide haben es zu etwas gebracht: Patricia ist Lehrerin und Schriftstellerin und Wayne ist ein bekannter Musiker und Regisseur.«

Térésa macht eine Pause und streicht mir, ohne mich anzusehen, am Rücken über einen Wirbel, den ich mir verrenkt habe. Eine wohltuende Wärme macht sich in mir breit, das Stechen lässt nach, ich spüre den Schmerz fast nicht mehr.

»Bist du Heilerin?«

»Mein Großvater war traditioneller Hüter über das Gesetz, er hat mir seine Gabe vermacht. Schon vor meiner Geburt hat er sich konzentriert, um mir sein Wissen zu übermitteln. Ich bin mit dem Kopf zwischen den Beinen geboren und so wusste er, dass der Strauß mein Totem war, er hat gesagt, ich würde umschwärmt und viel reisen und ich würde sehr krank werden und auch wieder gesund. Als man mich todkrank ins Krankenhaus von Derby gebracht hat, habe ich mein Totem über mir gesehen und meine Schlange, die Schlange der vitalen Energie, die aus meinem Körper heraustrat und wieder in ihn zurückkehrte. Und im selben Moment habe ich auch gespürt, dass der Allmächtige bei mir war, und ich habe beschlossen, wieder in die Kirche zu gehen.

Von meinen Gaben mache ich immer noch Gebrauch, ich kann viele Leiden heilen. Und wie mein Großvater kann ich Geister sehen, den Tod voraussagen und durch die Traumzeit reisen. Vor der Geburt meiner Enkelin Nidala habe ich zwei Löcher in ihrem Kopf gesehen, das ist die Spur der großen schwarzen Schlange, die in

Beagle Bay lebt, der Heimat ihres Traums. Also wusste ich, wo sie gezeugt worden war, ich habe es direkt vom Heiland erfahren.«

»Fühlst du dich ganz und gar als Aborigine?«

»Ich habe meine Identität nie verloren, manche sagen, ich sei nicht ›schwarz genug‹, aber wenn ich in den Busch gehe, kann ich alle Zeichen deuten. Was ich im Frauenzentrum tue, dient auch dem Volk der Aborigines, es hilft, die Kultur der Yawuru zu bewahren, des Stammes, der Hüter über dieses Land ist. Es ist schon einige Zeit her, dass ich beim Jagen oder Fischen war, und das fehlt mir. Manchmal bleibe ich vor einer Lagune stehen und das blaue Wasser flüstert mir zu: ›Bleib ein bisschen hier, na komm schon.‹«

Sie schließt die Augen und bleibt eine Zeit lang still. Dann fährt sie mir mit ihrer Hand erneut über den Rücken und bedeutet mir, dass wir fertig sind.

»Geh noch zu anderen Frauen, zu Joyce Fong Lee oder Pearl Hamagushi, sie sind auch Mischlingsfrauen, sie können dir noch mehr Geschichten von Broome erzählen.«

Bevor ich mich von Térésa verabschiede, präge ich mir das energische und gelassene Gesicht dieser Lady ein, die weder urteilt noch klagt und mit ihrem Schicksal nie gehadert hat.

Auf meinem Fahrrad rolle ich in die Stadt, vorbei an der Kirche und am Gefängnis, das mit so viel Nachsicht geführt wird, dass es eher noch Zuwachs von draußen bekommt, vorbei an mehreren Aborigine-Familien, die auf dem Rasen vor dem Justizpalast Karten spielen. Sie winken zu mir herüber: »Hello, hello, how are you?« In den Tropen lösen sich die Extreme von Alice Springs auf, außerdem hat sich das Blut hier vermischt, das schwarzweiße Schachbrett ist zu einem Mosaik zersprungen … Wie finden sie zu ihren Ursprüngen zurück? Angeblich haben siebzehn verschiedene Clans Anspruch auf ein und dieselbe Parzelle erhoben und einhundertfünfzigtausend Dollar, die Rubibi von Paspaley Pearls erhalten hat, haben immer noch keine Verwendung gefunden, weil die lokalen Stämme sich über die Aufteilung der – sehr einträglichen – Küstengrundstücke in der Gegend von Broome nicht einigen können.

Ich gehe zu Françoise, die dabei ist, zwanzig Jahre Forschung und gemeinsames Leben mit den Warlpiri auf eine CD-ROM zu bannen. Ich erkenne die Frauen mit den angemalten Brüsten aus Lajamanu wieder. Ich klicke den Traum »Schwarze Pflaume« an, ein und dieselbe Zeichnung taucht zunächst im Sand und dann auf einem Bild oder einer Brust auf, begleitet vom Tanz und dem Gesang zu eben diesem Traum und den dazugehörigen rituellen Gegenständen. Erstaunt sehe ich, wie gut unsere moderne interaktive Technik, die Text, Bild und Ton miteinander kombiniert, zu dieser Kultur passt, die vielfältig und stets im Fluss ist, die sich sämtlicher Ausdrucksformen gleichzeitig bedient, um jeden ihrer Träume neu entstehen zu lassen.

Neben ihrer Beschäftigung mit der CD-ROM recherchiert Françoise über die Genealogie bestimmter Gruppen aus den Kimberleys, eine komplexe Arbeit, dank derer die Aborigines ihre Rechte auf das Land geltend machen können.

»Zwar haben die Aborigines einen ausgeprägten Familiensinn, aber die älteren Generationen haben so traumatische Erlebnisse hinter sich wie Mord, Vergewaltigung, Sklaverei, den Raub von Kindern und jetzt das Alkoholproblem, dass ein Teil ihrer Geschichte im Dunkeln bleibt. Zudem haben manche von ihnen, vor allem die Frauen, um Not und Ächtung zu entgehen, ›paktiert‹ und ihre Aborigine-Vergangenheit verleugnet. So kamen sie in den Genuss von Ausnahmeregelungen, die ihnen das Recht gaben, in den Pub zu gehen und ins Sun Pictures, mit Weißen und Asiaten Umgang zu haben oder angemessener bezahlt zu werden. Alle alten Familien in Broome wissen, wer paktiert hat. Das ist ein Grund für Ressentiments und fördert weder die Transparenz noch eine gütliche Einigung über die Native Titles ...

Trotz dieses Dilemmas und der vielschichtigen Probleme in dieser Region – die es fast rechtfertigen würden, von Fall zu Fall zu entscheiden – bestehen die weißen Anwälte und Juristen darauf, dass die Aborigines mit ›einer Stimme‹ sprechen, und so ziehen sich die Verfahren in die Länge. Innerhalb von vier Jahren ist in den Kimberleys kein einziges Grundstück zurückgegeben worden und das Geld aus den Subventionen für die Aborigines fließt ausschließlich in die Beamtenbezüge oder die astronomischen Honorare einer Unzahl von Beratern und Anwälten!«

»Liegen die Gründe für das Dilemma nicht auch in der Religion?«

»Das ist eine komplizierte Geschichte. Die Missionare sind vor hundertfünfzig Jahren nach Australien gekommen, aber wegen des mangelnden Interesses der Aborigines wurden viele Missionen geschlossen. Nur in den Dreißigerjahren konnten sie hier Fuß fassen, als deutsche, schottische oder irische Ordensleute – zum allergrößten Teil Katholiken – Balgo, Lagrange, Beagle Bay und Lombadina gründeten und in den Schulen von Broome unterrichteten. Jeder hier kann sich noch an den »guten bayrischen Pfarrer Roe« erinnern und an den eisernen Griff der irischen Nonnen!

Für viele Aborigines aus den Kimberleys waren die Missionen nach dem Auseinanderbrechen der Stämme der einzige Weg, um zu überleben und eine Ausbildung zu bekommen. Zu dieser Ausbildung gehörte natürlich auch der Religionsunterricht und die ausdrückliche Aufgabe der Traumzeit – oder seine Vereinnahmung durch die christliche Weltanschauung. Wenn man aber die Vorstellungen von Eingeborenen mit denen des Christentums gleichsetzt, ist man auf dem besten Weg, eine Kultur zu verfremden. In den Bibeln, die in die Sprache der Aborigines übersetzt wurden, beispielsweise das Warlpiri, steht ›Kuruwarri‹ gleichzeitig für die Bilder des Traums und für den heiligen Text der Bibel, ›Wapirra‹ bezeichnet zugleich Gott und die Totem-Ahnen der Träume und ›Pirlirrpa‹, der Geist, der den Körper verlässt, um zu träumen, ist an die Stelle des christlichen Begriffs der Seele getreten. Geht das wirklich so ohne weiteres? Vereinfacht dieses Amalgam nicht alles viel zu stark?

Ich erinnere mich, wie ich eine Gruppe von etwa dreißig Warlpiri zu einer Sammeltaufe an einer Stätte der Kurintji begleitet habe. In einer Felshöhlung voller Sand befand sich ein herrliches natürliches Schwimmbecken. Dort sollten die Schlange Regenbogen und die Sirenen mit den langen blonden Haaren leben – Offenbarungen von Mungamunga, der Stimme der Nächte –, die die Männer im Traum verführen können. In dieses sagenumwobene Wasser wurden die dreißig konvertierten und ganz in Weiß gekleideten Warlpiri getaucht. Tags darauf gaben sie bei einem öffentlichen Bekenntnis die Gründe für ihre Konvertierung bekannt: Die Männer hätten dank Jesus begriffen, dass sie nicht mehr trinken und ihre Frauen schlagen dürften, und die Frauen hätten dank Gott eingesehen, dass sie den Männern ein Beispiel geben müssten … Die Tatsache, dass die derzeitige Ideologie der Missionare den Alkohol im Visier hat, ist möglicherweise tatsächlich eine Erklärung für diese Konvertierungen.

Aber um ganz ehrlich zu sein, ich habe auch Warlpiri erlebt, die verunsichert waren, weil ihr Nomadenleben in der Wüste so viele Gemeinsamkeiten mit dem im Alten Testament beschriebenen hat. Und wenn man an die mythischen Quellen der Aborigines denkt, erlebt man tatsächlich einige Überraschungen: Die Geschichte von Adam und Eva erinnert an die der Heldinnen des Grabstocktraums, die den Menschen die Sexualität offenbart haben und ihr Wissen über die Jagd und die Initiationen weitergegeben haben. Die Geschichte Noahs hat Parallelen zum Mythos von der Sintflut des Regentraums, das Opfer Abrahams zum rituellen Tod der Aborigine-Neulinge, die am Ende ihrer Initiation ›wieder geboren‹ werden. Und die in Stein gehauenen Zehn Gebote lassen einen an die *tjuringa* denken, Steintafeln, die an einem geheimen Ort aufbewahrt werden und auf denen die Zeichen des Traums vom Aborigine-Gesetz geschrieben stehen.

Die Frage nach der Religion der Aborigines bleibt also offen, insbesondere aus dem Blickwinkel des Monotheismus. Die ersten Beobachter leugneten, dass sie überhaupt eine Religion hätten, die Anthropologen bezeichnen ihre Religion als immanent, ohne

Gottheiten, aber mit höchsten Himmelswesen, die Erde und Kosmos bewohnen. Und was ist Gott überhaupt? Wenn er das Wort ist, kann man ihn dann nicht auch als den Traum bezeichnen?

Aborigines sind körperlich und geistig mit der Landschaft verbunden, mit Felsen, Tieren, Pflanzen und Sternen. Sie gehen ihren Riten nach, um ihre Gemüts- und Lebenskräfte zu stärken, die an der Erneuerung der Welt teilhaben. Die Helden ihres Traumes feiern sie, indem sie untereinander ihre Malereien austauschen, ihre Tänze und Gesänge, und nicht, indem sie einer höheren Instanz opfern, ihr Gaben spenden oder ihr in Gebeten huldigen. An der Erde lesen sie die Zeichen ihrer Sterblichkeit ab und in den kosmischen Kräften der Träume die ihrer Unsterblichkeit.

Diese Beziehung zum Kosmos ist es, die ihrem Leben und dem Mysterium des Todes einen Sinn gibt und nicht das ichbezogene Verhältnis des Christen zu seinem Gott … Dennoch konvertieren die Aborigines auch heute noch. Haben wir sie dazu gebracht, damit sie mit uns kommunizieren können? Haben sie ihre Träume einem monotheistischen Gott unterworfen oder Christus einfach nur in ihre Träume integriert?«

Schnell und geschickt klickt Nidala die CD-ROM ihrer Mutter an: Das ist das neueste Spiel der beiden Mädchen, aufregender als Barbie-Puppen. In Zeitlupe sind Bilder eines Films zu sehen. Sie erinnern mich an die des *corroboree* aus Yuendumu, wo ich zehn Jahre zuvor Françoise wiedergetroffen hatte, mitten im Busch, drei Stunden mit dem Jeep von Alice Springs entfernt. Die einzelnen Szenen folgen schnell aufeinander. Auf dem winzigen Bildschirm sieht man, wie die Frauen aus Lajamanu sich den Oberkörper mit Butter einschmieren und gepunktete Flüsse auf die Brüste malen, Wege von Träumen, die sie wieder durchleben wollen.

Ich erinnere mich an »meine« erste Zeremonie in Yuendumu. Ich saß mit den Frauen am Boden und Françoise erklärte mir, was sie taten: »Sie zeichnen den Traum vom Opossum und von der Schlange, dies hier ist der vom Emu und das ist der von meiner Stammesschwester Nelly und ihren Schwestern, der Traum von den Schwarzen Pflaumen: Wenn ihre Lippen schwarz werden, wissen sie, dass der Sommer gekommen ist und dass das Obst reif ist, um gepflückt zu werden.« Der Lautsprecher im Camp gab den Beginn vom *corroboree* bekannt. In einfache rote Röcke gehüllt und mit nacktem Oberkörper, der vollständig bemalt war, standen sich die Frauen von Lajamanu und die von Yuendumu gegenüber.

Und dann begannen sie, in die Hände zu klatschen und mit den Füßen aufzustampfen und gaben im Rhythmus dazu raue Töne von sich. Es wurde immer intensiver, je mehr sie aufeinander zugingen, bis sie sich schließlich ganz nah gegenüberstanden und anfingen, sich abwechselnd zu beschimpfen. Dabei hielten beide Lager immer wieder inne, um sich untereinander abzustimmen. Françoise, die neben mir saß, füllte ihr Skizzenbuch mit Zeichnungen, sie schien sehr konzentriert: »Ich halte einen Traum fest, der zum ersten Mal auf der Brust einer Frau von Lajamanu erscheint.« Später dann hatten die Frauen zwei Kreise gebildet und machten nicht mehr den Eindruck, als wollten sie sich gegenseitig herausfordern, sondern waren in sich versunken und ließen tief aus dem Bauch heraus einen rauen, von Weinen unterbrochenen monotonen Gesang ertönen. Manche befanden sich in Trance und stießen herzzerreißende Schreie aus: »Sie durchleben den Tod ihrer Ahnen«, flüsterte Françoise mir zu.

Dann folgte wieder ein aggressiver Tanz. Mit schriller, abgehackter Stimme verlangte jedes Lager vom anderen in einer Art Strafpredigt Rechenschaft. »Sie greifen einen Konflikt auf, bei dem es um die Aufteilung von Schürfrechten für eine Goldmine ging, worüber die beiden Gruppen sich entzweit haben. Möglicherweise kommen sie sogar hier vor unseren Augen noch zu einer Lösung.« Wieder hatte sich der Tonfall geändert, jetzt war er spöttisch, in der Art von Megären, die um das feilschen, was ihnen zusteht, unerbittlich und doch komplizenhaft. Nach zig Absprachen und spektakulären Überraschungscoups nahm dann übrigens alles mit herzlichen Umarmungen ein gutes Ende.

Im Flüsterton hatte mich Françoise damals in eine Welt eingeweiht, zu der ich überhaupt keinen Zugang hatte, deren spiritueller Reichtum für mich jedoch deutlich spürbar war. Ich hatte einen ersten Eindruck davon gewonnen, wie anpassungsfähig die Kultur der Aborigines ist: Jahrtausendealte Rituale zur Lösung von Konflikten – und sie lassen sich ohne weiteres auch auf Streitigkeiten im modernen Leben übertragen!

Es flimmert auf dem kleinen Bildschirm. Françoise holt das alte Skizzenbuch hervor, das sie damals in Yuendumu bei sich hatte. Sie zeigt mir die Zeichnung mit dem Traum von den Schwarzen Pflaumen, die auch auf der CD-ROM zu sehen ist. Roter Wüstensand rieselt aus der Bindung, wir sind leicht gerührt. Sie hat eine vergilbte Seite eingemerkt, die sie mir zu lesen gibt:

»Michèle hat mich gerade gefragt, was mich an der Aborigine-Kultur fasziniert hat. Solange ich zurückdenken kann und noch bevor ich überhaupt nach Australien gekommen bin, hat mich an ihnen, wenn ich ihre Bücher las, schon immer gefesselt, welches Verhältnis sie zum Laufen haben und dass es bei ihnen keine Häuser gibt. Dieses offensichtliche Herumirren auf der ewigen Suche nach einem Zuhause, das sie sich immer aufs Neue erschaffen, dann wieder verlassen und durch die Rückkehr an die heiligen Stätten auch wieder aufsuchen. Diese Stätten dienen nicht dazu, dass man dort lebt, sondern dass man dort träumt, singt, malt und tanzt. Es sind Stätten, die man liebt, nach denen man sich sehnt und die man in seinem Herzen bewahrt wie einen Ort des Exils und der Wehmut. Auch ich lebte in einer Art Exil, denn meine Familie war über die ganze Welt verstreut.

Meine ganze Kindheit habe ich in der Sehnsucht nach einer mythischen Heimat verbracht. Wahrscheinlich verbindet mich das mit Michèle, dieses ewige Nomadentum … auf der Suche wonach?«

Françoise sieht mich amüsiert an. Ein Jahrzehnt später lebt sie in Australien, ist mit einem Aborigine-Mischling verheiratet und mit der Kultur, von der sie so fasziniert war, hat Nidala und Milari zur Welt gebracht, zwei Mischlingsmädchen, die sich zwischen CD-ROM, Barbie-Puppen, französischen Kinderliedern, englischen Märchen, den Legenden von der Traumzeit – und den Visionen ihrer Großmutter Térésa hin und her bewegen!

Es ist diese weltumspannende Kultur, die ich zehn Jahre später wieder erleben wollte. Nicht, dass Australien ein Monopol darauf hätte, aber hier ist die Kultur das Ergebnis einer gutmütigen Mischung, das, was ein junges, gänzlich unarrogantes Land hervorgebracht hat, das die Dinge aufnimmt, verarbeitet und ohne allzu große Vorurteile Nutzen aus allem zieht, was andersartig ist, ganz natürlich, fast organisch. Wie die multi-ethnische Jugend Broomes.

Und dann gibt es diese unvermeidliche Gegenüberstellung von uralter Eingeborenenkultur und den brüchigen Werten der westlichen Welt. Eine Konfrontation, der noch weitere folgen werden …

Ich drehe mich zu Françoise um:

»Ich glaube, dass man in Australien bereits erkennen kann, was unser Planet im nächsten Jahrhundert erleben wird. Als ob der älteste Kontinent der Erde unser Experimentierfeld geworden wäre, ein Laboratorium für die künftige Welt. Neben meiner Liebe zu diesem Land ist es diese Vision von unserer Zukunft, der ich hier auf der Spur bin.«

»Und ich lebe tagtäglich mit ihr.«

Françoise lächelt mich wissend an. Wir werden unser Lebtag Nomadinnen sein.

Gantheaume Point, die Halbinsel im Nordwesten von Broome. Die ganze Pracht eines Sonnenuntergangs in den Tropen. Wir machen einen Abstecher auf das zerklüftete Kap, auf die versprengten Felsen, die aussehen wie der blutrote Schaum versteinerter Wellen. Ein Schwarm Delfine schlägt Purzelbäume auf offener See, Stille und unberührte Natur finden sich direkt vor den

Toren der Stadt. Françoise hat gerade erst den Computer ausgeschaltet und schon läuft sie im kurzen Strandrock ans Meer. Nebenbei zeigt sie mir zwei riesige fossile Abdrücke von Tierpfoten: »Das sind die Spuren eines Dinosauriers, die angeblich hundertdreißig Millionen Jahre alt sind. Entlang der ganzen Küste haben sie zweiundzwanzig verschiedene Arten ausgemacht… Meine Aborigine-Freundin Véra, die nie davon gehört hatte und auch das Meer noch nie gesehen hatte, hatte den Traum, dass genau an dieser Stelle der Pfad des Traums vom Riesenemu zu Ende ginge, der der Ahne der großen Tiere ist, und dass er eines Tages im Salzwasser verschwunden wäre und man seine Spur wiederfinden würde, weil die Erde damals noch weich gewesen wäre.«

Wir erreichen die Spitze, aus einem kastenartigen Bau blinkt ein Licht wie ein Leuchtturm. »Das ist bei Cory, sie ist ein Aborigine-Mischling, halb Yawuru, halb Chinesin. Manche Yawurus sind wütend, weil sie ihr Haus neben einer heiligen Stätte errichtet hat, aber Cory verteidigt sich und sagt, der Ort sei seit langem verlassen gewesen und schließlich sei sie selbst eine Yawuru. Die Alten warten jetzt darauf, dass das Gesetz des Traums sich gegenüber dem der Weißen behauptet. In der Stadt geht das Gerücht um, in dem Haus würde es spuken und beim nächsten Zyklon würde es weggefegt wie ein Strohhalm… Solche Probleme spalten die Aborigine-Gemeinschaft immer stärker, und das umso mehr, als die explosionsartige Entwicklung des Tourismus und die Bodenspekulation die Begehrlichkeiten anheizen.«

Jetzt sind wir unterwegs nach Cable Beach. Am Himmel haben sich lauter rosafarbene Dunstflecken in Form der *Mother of the Pearl* gebildet. Broome erzählt überall von seiner Geschichte. Das lange, feine Sandband verliert sich am Horizont, zwanzig Kilometer Strand, eine perfekte Brandung und keine Menschenseele, außer zwei Surfern, die von Welle zu Welle gleiten… »Vor zwei Jahren hat mal ein Hai einen mitten durchgebissen. Das ist nicht gerade der ideale Zeitpunkt zum Surfen, weil sie jetzt jagen, und es kann schon mal passieren, dass sie ein Brett mit ihrer Beute verwechseln. Ansonsten sind sie nicht wirklich scharf auf Menschenfleisch, da müssen sie schon richtig ausgehungert sein oder gereizt … Aber wem erzähle ich das, du warst ja schließlich selbst im Fischfang!«

Mit einem Mal kommt es mir wieder, wie fasziniert die Australier von Geschichten über Haie und Krokodile sind – zugegeben wimmelt es davon in ihren Flüssen und Ozeanen –, und mit ihren Erzählungen in scheinbar abgeklärtem Ton überschütten sie jeden Neuankömmling. Kaum hatte ich den Fuß auf die *Invincible* gesetzt, als Craig mir auch schon vom tragischen Ende eines *mate* aus seiner Surferclique erzählte: »Dann sah Jim, wie sein Freund Dave, der neben ihm auf seinem Brett paddelte, plötzlich verschwand, geradewegs aus der Tiefe angesaugt. Zehn Sekunden später tauchte er an derselben Stelle wieder auf, zwischen den Zähnen eines Hais, der seinen Körper wie eine Stoffpuppe herumwirbelte und ihn, in der Mitte durchgesägt, blutend wieder ausspuckte. Jim nahm Daves eine Hälfte auf den Rücken, er atmete noch, brachte ihn zurück und bettete ihn am Strand. Erst dort wurde er bewusstlos und starb.«

Dazu sei gesagt, dass Zeitschriften und Fernsehserien einer nationalen Vorstellungswelt Vorschub leisten, die ohnehin durch tagtäglich sich ereignende Dramen und Unglücksfälle genährt wird: Angefangen bei den Kindern, die einen elektrischen Schlag bekommen oder von Meereswespen vergiftet werden (den *seawasps*, giftigen Medusen), über die *white pointers* – blutrünstige weiße Haie –, die manche Strände im Südwesten, an denen auch »Der weiße Hai« gedreht wurde, in Angst und Schrecken versetzen, bis hin zu den Flusskrokodilen in Queensland, die sich Frauen in fünfzig Zentimeter tiefem Wasser schnappen, vor den Augen ihrer Ehemänner. Da kann einen beim Gedanken an die Gewässer des alten Kontinents schon das Grausen packen. Aber sehr wahrscheinlich vertreiben die Australier durch ihre hundertmal wiederholten ironischen und distanzierten Erzählungen ihre Angst vor einer Bestialität, die in den Tiefen der Meere und im Herzen des Buschlands auf sie lauert, keine zwei Schritte von ihren schmucken Gärtchen entfernt.

Françoise ist ins klare Wasser eingetaucht. Ich laufe den einscherigen Krabben hinterher und erfreue mich am Anblick der seltsam gemusterten Muscheln, ob gelb gestreift mit feinem schwarzem Zickzackmuster, ob blaugrau und wie mit weißen Wattebäuschchen bedeckt oder ockerfarben gesprenkelt und mit braunen, gleichmäßigen Linien gezeichnet wie die Punkte in den Zeichnungen der Warlpiri … Ein braun gebrannter Surfer mit blonden Haaren gleitet auf seiner letzten Welle dahin und lässt sich von ihr fast direkt vor meinen Füßen absetzen … »Ralph!« »Froggie, was machst du denn hier? Ich komme gerade aus Red Bluff und jetzt treffe ich dich hier, das ist doch verrückt! Du erinnerst dich hoffentlich noch an unsere Höhlen? Tja, es ist alles unverändert, unsere Clique ist älter geworden, aber es sind immer noch dieselben!« Abgesehen von seinem Engelsgesicht, an dem die Bäckchen verschwunden sind, hat Ralph noch immer den flinken und geschmeidigen Körper der Surfer und jenen Blick, der immer aufs offene Meer hinausgeht und prüfend den Wellengang in Augenschein nimmt.

Craig hatte Ralph in Carnarvon* kennen gelernt, dem auf dem Wendekreis des Steinbocks gelegenen Hafen, von dem aus die Fischer auf *snapper* – Goldbrassen – Jagd machen, und wir hatten ihn als Schiffsjungen auf der *Invincible* angeheuert. Vor jedem großen Aufbruch strömte eine Schar junger Männer in den Hafen, die von der *dole* lebten, der Arbeitslosenunterstützung in Höhe von etwa dreihundert Euro, und ihre Dienste als Netzflicker oder Schiffsköche anboten. Dieser improvisierte und durch und durch inoffizielle Arbeitsmarkt ermöglichte es den Besitzern der Kutter, aus dem Stegreif einen fehlenden Matrosen zu ersetzen, und den jungen Leuten, sich ein Motorrad, ein Surfbrett oder den Gemeinschaftsbulli zu kaufen, mit dem sie ihre Australientour machen würden.

Wie Tausende andere Arbeitslose auch, war Ralph mit dem

Rucksack unterwegs und verdingte sich mal als Schafscherer oder Schlachthofarbeiter, mal als Bohrer auf Erdölfeldern oder als Pflücker auf Bananen- und Zuckerrohrplantagen oder aber als Barmann in den Touristenhotels … Nie allzu weit von der Küste entfernt, denn das Surfen war seine Leidenschaft, und nie allzu weit weg von einer Stadt, in der er sich seine Arbeitslosenunterstützung abholen konnte. Er wusste mit allem Bescheid, konnte alles, hatte aber nie studiert oder einen Beruf erlernt … und auch nie den geringsten schriftlichen Nachweis für seine Fähigkeiten erbringen müssen.

Ralph war nicht gerade wild auf die Fischerei, aber einen Monat lang hatte er sich auf der *Invincible* völlig verausgabt, um sich das neueste Surfbrett auf dem Markt leisten zu können. Danach hatten wir ihn nach Red Bluff an die wilde Küste nördlich von Carnarvon zurückgebracht, wo er mit seiner Clique lebte. Nach achtzig Kilometern, vorbei an einer einsamen Schafsranch mit Tieren, die über mehrere Hundert Hektar verstreut weideten, und entlang einer zerklüfteten Küste, gegen die ein zorniges Meer brandete, waren wir in einer ebenen und von weichem Sand umsäumten, kleinen runden Bucht angelangt: »Das ist mein Zuhause«, hatte Ralph gesagt.

Am Ende des Strandes hatte der Ozean ein knappes Dutzend tiefe Höhlen in den Kreidefels gebohrt, in denen übers Jahr rund dreißig arbeitslose Surfer lebten. Die von Ralph war die geräumigste: Fünf Eisenbetten am Fels standen rings um einen niedrigen Tisch, der aus einem Baumstumpf bestand, den das Meer ausgespuckt hatte, und einer Kühlschranktür. An der Decke hingen Netze voller Gemüse und Konservendosen, von denen, neben dem täglichen Fischfang, fünf Personen zwei Wochen lang leben konnten.

Ralph stellte uns Neil, seinem *best mate* vor. Am Fuße eines blau emaillierten Ofens – der sicherlich von einer Müllhalde aus Carnarvon stammte – filetierte dieser gerade einen kleinen Hai, den er gefangen hatte. Ich erinnere mich, dass er über die taiwanischen Trawler und ihre riesigen Netze klagte, in denen jeder Fisch, auch Delfine, hängen blieb, und die die Haie dazu trieben, in den Küstengebieten zu jagen, sogar in ihrer Bucht.

Mit einem Schlag hatte sich die Höhle mit braun gebrannten, tropfnassen Körpern gefüllt, eingeschmiert mit der Zinksalbe der Surfer. Peter, der »Sheriff«, der wie ein zu alt gewordener Boy-Scout aussah, war auch zu uns gestoßen. Er hielt, für fünf Dollar pro Monat und Person, das Lager in Schuss und holte im Brunnen der nächsten Ranch das Trinkwasser … Vor mir standen die Jungs der »Red-Bluff-Gang«, auf die die guten Bürger Carnarvons mit dem Finger zeigten, wenn sie auf einen Sprung in den Hafen kamen, barfuß mit ihren durchlöcherten T-Shirts, den vom Salz und dem Leben im Freien verbrannten Gesichtern, und in notdürftig zusammengeflickten alten Kombis wieder verschwanden, sobald sie ihr Arbeitslosengeld kassiert und ihre Lebensmittel gekauft hatten. Wenn die Leute sie in der Stadt sahen mit ihrem Blick, der die Weite getankt hatte, fragten sie sich, ob sie nicht etwas zu viel *green** rauchten … oder wie wilde Tiere hausten!

Am Tag danach hatte ich das tägliche Ritual der Surfer miterlebt. Craig hatte sich ihnen angeschlossen, er konnte seiner alten Leidenschaft nicht widerstehen. Die ganze Clique war den Trampelpfad entlanggegangen, der zur Landzunge führte. Dort formierte sich eine an der ganzen Küste einmalige Brandung, der *lefthander*, eine perfekte Welle, die sich von links nach rechts um sich selbst wand und ihnen ein ganz neues Gefühl gab, das sie nie zuvor kennen gelernt hatten. Wegen dieser Welle kamen sie ab März, wenn der hohe Seegang einsetzte, aus dem ganzen Westen herbei … Ein noch wohl gehütetes Geheimnis, denn sie hatten große Angst, dass die Wettkampffanatiker von der Ostküste anrollen und medienwirksame Treffen organisieren könnten.

Der Tag war günstig, die Welle schön geformt. Die ersten paddelten schon aufs Meer hinaus, während ihre Groupies sich aus den Höhlen quälten und mit dem Fernglas in der Hand zur Landzunge liefen, um der Performance ihrer Halbgötter beizuwohnen.

Erst waren es zwei, drei, dann zwanzig, die am Horizont auftauchten, sie verteilten sich zu einer schwankenden Girlande, die ihre balancierenden Arme bildeten, bis der Geschickteste den Grat des *lefthanders* erwischte und auf seinem Rücken einen wütenden Zickzackkurs hinlegte. Die Zeremonie hatte begonnen.

Ich stand vor Ralphs Höhle und hingerissen verfolgte ich ihre zittrigen Querungen, ihre holprigen Tänze zwischen Himmel und Wasser, ihre hochschnellenden Arme, die die Luft durchschnitten wie ein Segel. Wie Boxer zusammengekauert in der Mitte der Welle, die den sich schließenden Ring überholten, oder wie Elfen, die über den Scheitel der Welle schwirrten. Bis zuletzt setzten sie sich über die Schwerkraft des Wassers hinweg, bevor ihr Brett endgültig herausgeschleudert wurde, auf eine Kaprice des Ozeans hin, und sie ins Wasser fielen, wie man sonst auf die Nase fällt. Einige Auserwählte glitten unbeweglich zum Strand und wurden einer Gabe gleich vom Wasser herangetragen, das sie sanft vor ihrer Höhle absetzte.

Später saßen sie in Ralphs Unterschlupf und wärmten sich an einem kochend heißen Kaffee, den Blick aufs offene Meer geheftet, als hätten sich ihre Augen für immer dort niedergelassen, und schon taxierten sie die Größe der nachfolgenden Brandung. Ihre Gesichter waren geweitet, auf allen Lippen lag ein ähnliches Lächeln, sie wirkten glücklich und leer, wie nach der Liebe. Craig war an mich herangerückt, er war ganz aufgewühlt: »Die Wellen sind wie Gefühle, mit ihrer Energie tanzen heißt, von allem befreit werden und sich mit der Welt versöhnen. Wenn du durch die Welle gleitest, bleibt die Zeit stehen, der Raum wird weiter und während du dahinrauschst, kriegst du alles mit: den kleinsten Tropfen, der über dir zittert, einen bunt schillernden Lichtstrahl, die starren Augen einer Goldbrasse … Und zum Schluss wirst du herausgedrückt wie ein Baby, als kämst du noch einmal zur Welt. Da begreift man, warum sie danach alle still sind.«

Noch am selben Abend fuhren wir wieder zurück. Oben von der Felsküste aus hatte ich die Clique noch gesehen, wie sie ein Volleyballspiel improvisierte, mit einem Fischernetz, das an zwei Pflöcken hing. Ich wusste, dass ich den klaren Blick der wilden Kinder von Red Bluff nie vergessen würde. Auf dem Rückweg erzählte Craig, dass ihre Geschichte typisch wäre für seine Heimat: Sie waren in tristen Vororten geboren, die denen der Großstädte ganz ähnlich waren, sie stammten aus Familien, die auseinander gebrochen oder ohne Perspektive waren, und hatten als einzigen Lichtblick den Ozean, auf den all ihre großen Straßen hinausgingen. Mit acht hatten sie ihr Brett, mit zwölf liefen sie von der Schule weg und mit vierzehn standen sie an der Straße und hielten den Daumen raus. Niemand verlangte nach ihnen, Eltern und Lehrer hatten sich schon früh geschlagen gegeben ... Und im laxen Norden, wo das Gesetz nichts mehr gilt, war es so leicht, sich in Luft aufzulösen! Schon als Jugendliche fuhren sie in einem verrosteten Holden quer durch Australien und blieben dort, wo das Meer ihnen Sand zum Schlafen bot, Fisch in Reichweite, Wellen, die zum Surfen taugten ... und *mates* für die Freundschaft.

Das war auch Craigs Geschichte, aber er redete nur selten darüber, Surfen und *brotherhood* (das australische Wort für die auserwählte Brüderschaft) waren Sache der Jungs, die man mit Nicht-Eingeweihten – und dem weiblichen Geschlecht – nicht teilen konnte. Manchmal entschuldigte er sich dafür: »Wir haben das Mannesalter erreicht, nachdem wir nur unter uns gelebt haben, ohne uns je an einem Vater zu messen – die waren nicht da oder hatten keinen Charakter – oder an einer Gesellschaft, der Sicherheit mehr gilt als Abenteuer. Die Clique war unsere einzige Familie, das Meer die einzige Autorität, und wir haben seine Gesetze respektiert, es war die einzige Gewalt, die wir gefürchtet haben. Wir lebten in einer eigenen Welt, die sich selbst genügte, in der die Ältesten die weniger Aufgeweckten einweihten und manchmal als Vater oder Guru fungierten, in der die *mateship* (Brüderlichkeit) unser Zement war, ein Pakt der gegenseitigen Unterstützung und Freundschaft, den wir auf Lebzeit unterzeichnet hatten.«

Kurze Zeit darauf kreuzten Craigs alte *mates* in Carnarvon auf, um das Schiff zu reparieren. Sie waren auf ein Gerücht hin angerückt, das von Fremantle bis Melbourne von einer *brotherhood* kolportiert wurde, die noch genauso effizient war wie am ersten Tag. Ihr war zu Ohren gekommen, dass man Craig »für seine erste Fischfangsaison kräftig unter die Arme greifen müsse«. Zwanzig Jahre nach ihren Abenteuern waren sie für ihren *mate* quer durch Australien gefahren und hatten einen Monat ihrer Zeit geopfert, »das ist normal, *Chinaplate** hätte das auch getan«. Nach einigen Abenden, an denen reichlich Alkohol geflossen war und an denen ich diese drei Männer, die in der Lebensmitte standen, erlebt hatte, wie sie wie Internatsschüler genüsslich ihre Geheimnisse austauschten, war mir klar geworden, dass ich aus dieser auserwählten Familie, in der die Wunden ihrer Kindheit geheilt waren und ihre Jugend den Schwung zum Großwerden gefunden hatte, für immer ausgeschlossen wäre.

Ralph schleppt mich in die Bar von Roebuck, am Freitagabend auf ein Bier gehen ist heilig. Die Public Bar ist schon voll, Fischer, Taucher, Erdölbohrer, die von den Bohrinseln zurückkehren, und Cowboys aus dem Busch, die auf eine Kneipentour kommen, kleben seit fünf Stunden an der Bar: Das ist die »Happy Hour«, in der man fast überall in Australien das Bier für die Hälfte bekommt und die Knabbereien dazu gratis. An der Bar hocken in sich zusammengesackt drei Matrosen eines Trawlers, die seit drei Tagen nicht mehr nüchtern sind. Die Rückkehr nach einem Monat Fischfang bei Alkoholverbot muss gefeiert werden, also geben sie sich eine Runde Swan Bier nach der anderen aus und werfen, ohne abzuzählen, mit vollen Händen zusammengeknüllte Geldscheine auf den Teppich in der Bar. Das Geld fällt wie die Scheine beim Monopoly-Spiel, ohne Wert, nutzlos, der Sold einer ganzen Tour, verbraten in drei Nächten … Und sie lachen darüber, so wie sie über die Gefahren und ihr Leben lachen, unfähig, ihm einen Wert beizumessen. Einer von ihnen reißt sich von der Bar los, stößt taumelnd die Flügeltüren auf, schwankt einen Moment lang unter dem Vordach und sinkt dann in seinem alten Toyota zusammen, die Hände am Lenkrad festgekrallt wie am Steuer seines Trawlers. Dort verbringt er die Nacht, in Begleitung etlicher anderer, die von ihren Frauen am frühen Morgen wachgerüttelt und schonungslos in den Schoß der Familie zurückgeholt werden, wie schon so oft …

Ralph kommt mit zwei weiteren Bier. Er hat gerötete Wangen und seine Augen glänzen, auch er beginnt schon zu torkeln. Um mich herum sehe ich nichts als eine Masse von Gesichtern, von denen mir keines vertraut ist, sie sind zu einem einzigen roten Kopf verschmolzen, eine Traufe hinter einem riesigen Humpen goldgelber Flüssigkeit, die ihren Schaum auf die Bärte, die mit Öl und Austernperlmutt verschmierten T-Shirts, die vom Salz zerfressenen nackten Füße speit. Das Roebuck erstickt, die Körper lösen sich im Rauch der Winfields und der Würstchenkocher auf, alles in der Bar wankt. Nur die Kellnerinnen mit ihren automatisierten Gesten halten sich noch aufrecht, die Billardspieler, die nicht von ihren Kugeln lassen, und die Dartsspieler, die unerschütterlich ihre Pfeile werfen.

»Hello everybody, happy birthday!« In der Flügeltür steht Nelly, die alte Aborigine, stolz führt sie einen roten Paillettenpullover vor, auf dem in großen Lettern »Washington Senator« prangt, vermutlich ein Geschenk des anglikanischen Wohltätigkeitsvereins. Mit ihrer Einkaufstasche bahnt sie sich ihren Weg durch die Menge, ihre dünnen Beine arbeiten sich zur Bar vor, sie kommt zu ihrer Freitagsrunde, ihrem Viertelstündchen, in dem der Pub ihr ein Glas Invalid Port spendiert und dazu Erdnüsse bis zum Abwinken …

Ich fliehe, so wie ich in Alice aus der Todd Tavern geflohen bin, ob Weiße oder Aborigines, die schwankenden Schiffe und ihre Träume vom Alkohol schunkeln zum gleichen makabren Tanz, sie benebeln sich, um zu vergessen, dass sie untergehen.

Ich habe Ralph aus den Augen verloren. Über Red Bluff hat er mir nur berichtet, dass die Clique Bäume gepflanzt hat und dass dort jedes Jahr ein Surfwettkampf stattfindet, aber »unter Eingeweihten«. Ich bin nicht sicher, ob ich sein Engelsgesicht noch einmal sehe, morgen muss er schon wieder fort, angeblich ist die Brandung in Beagle Bay fantastisch, man kann großartig Fische fangen, und sein Kumpel Neil erwartet ihn, also dann …

Joyce Fong Lee hat sich mit mir vor Fong's Bakery verabredet. Das ist der gerade eröffnete Teesalon ihrer Tochter, die ab sieben Uhr morgens Händlern, Juwelieren und Beamten in Chinatown Milchkaffee und Croissants serviert, das beste *continental breakfast* in ganz Chinatown. Vor Kinney's, einem der ältesten Kleiderwarengeschäfte der Stadt, das ihrer ältesten Tochter Beverly gehört, hat das Kommen und Gehen der Aborigines begonnen: Es ist Mittwoch, der Tag, an dem es Geld gibt. Wenn sie sich ihre Unterstützung abgeholt haben, trinken sie an den alten Holztischen vor Fong's noch einen Saft und halten ein Schwätzchen mit Mutter Joyce.

Ich suche mir noch ein Plätzchen an ihrem Tisch, eine zahnlose Aborigine stellt ihr ihren jüngsten Enkel vor, ein Mädchen hat sich auf ihre Knie gesetzt und zieht an ihrer Perlenkette. Joyce entschuldigt sich lachend: »Der Mittwoch ist ein ganz eigener Tag, da kommen alle meine alten Freunde vorbei.« Ich blicke in ihr rundes Gesicht mit den Schlitzaugen, auf ihr warmherziges Lächeln, ihre behutsamen Gesten einer alten Aborigine gegenüber, deren Arm bandagiert ist, ich erkenne die Frau mit der schroffen Stimme nicht wieder, die mir am Telefon sagte: »Wir können uns schon sehen, aber glauben Sie bloß nicht, dass ich Ihnen etwas über die Geschichte der Perlen erzähle. Es muss endlich Schluss damit sein, dass die Alten aus Broome als Touristenköder herhalten. Hier gibt es ganz andere Probleme …«

Joyce zieht mich an einen etwas ruhigeren Tisch.

»Die Aborigines, die du hier siehst, sind die Seele der Stadt. Früher haben sie keine *welfare* (Sozialhilfe) gebraucht, sie hatten Arbeit in den Läden, in den Handwerksbetrieben, beim Fischfang und im Perlengeschäft. Aber seit fünfzehn Jahren haben die

Weißen sämtliche Geschäfte in Broome an sich gerissen, Hotellerie, Banken, Immobilien, Souvenirläden, Perlenhandel … Sie sind nicht mal von hier, sie kommen aus Perth oder Sydney mit ihren ganzen Angestellten und bringen die Leute von hier um ihre Stellung. Jemand wie Paspaley lebt nicht einmal in Broome, sondern in Darwin! Die Einwohner finden sich nicht mehr zurecht, die Familien gehen auseinander und unsere Gemeinschaft, die zusammengehalten hat wie Pech und Schwefel, löst sich auf.

Das Schlimmste aber ist, dass das Gesetz zu den Native Titles die Aborigine-Familien in der Stadt gespalten hat. Wen sieht man in den Versammlungen? Die Jungen und die Mischlinge, aber nie die reinrassigen Ältesten, die das Land wirklich kennen und nie den Ehrgeiz hatten, es an sich zu reißen.«

»Aber du bist doch selbst Mischling, du hast chinesisches Blut …«

»Das stimmt, mein Vater war Holländer, meine Mutter halb Chinesin, halb Aborigine und ich habe einen Chinesen geheiratet. Aber am meisten gelernt habe ich von den Ältesten der Aborigines. Als Broome im letzten Krieg von den Japanern bombardiert wurde, hat man alle Weißen und Europäer nach Perth geschickt und alle Schwarzen und Aborigines in die Mission von Beagle Bay. Wir waren über tausend – die Hälfte der Bewohner von Broome – und wir sind mit der ganzen Aborigine-Bevölkerung weggegangen, die südlich vom Wendekreis des Steinbocks wegen ihrer angeblichen Lepra-Erkrankung nicht leben durfte.

Die Straßen waren abgeschnitten, wir hatten nichts mehr zu essen, die Situation war dramatisch. Die einzigen, die den Busch gut kannten, waren die Aborigines, sie haben uns gezeigt, wie man fischt und jagt, wo man Trinkwasser findet, wir mussten nur tun, was sie sagten. Sie haben uns gerettet. Damals war ich noch ganz jung, sieben Jahre lang habe ich bei ihnen gelebt, sie haben mir malen und tanzen beigebracht und mir gezeigt, wie man an den *corroborees* und den Ritualen teilnimmt, wie man nach den Gesetzen der Traumzeit lebt.

Nach Kriegsende habe ich, wie die meisten Mischlinge in Beagle Bay, gemerkt, dass ihre Kultur mich geprägt hatte und ich diese Kultur liebte. Im Gegenzug hatten sie Chinesisch und Malaysisch gelernt und als unsere Gemeinschaft nach Broome zurückkehrte, gab es keine Unterschiede mehr wegen der Hautfarbe, wir waren alle Brüder und Schwestern. Wir haben weiterhin gemeinsam die *corroborees* gefeiert und sind zum *walkabout* in den Busch gegangen… Das hat Broome seine Seele gegeben.

Aber heute? Noch bevor man dir guten Tag sagt, wirst du gefragt, wie viel Prozent schwarzes Blut durch deine Adern fließt, woher es kommt und ob es dir Anrecht auf ein Stückchen Land verleiht… Seit die Aussicht besteht, Geld zu bekommen, entdeckt jeder seine Abstammung von den Aborigines!«

Eine schöne, sportliche Frau asiatischen Typs winkt uns von weitem zu. Ich erkenne Beverley, die älteste Tochter von Joyce. Sie kommt gerade von ihrer Perlenfarm an der wilden Nordküste, die sie seit zwanzig Jahren meisterlich führt. »Hallo, Froggie, wieder unter uns? Tut mir Leid, ich habe gerade keine Minute für mich. Ich musste die Reinigung der Körbe beaufsichtigen, es ist zu warm für die Jahreszeit und die Algen im Wasser vermehren sich. Die Austern kriegen nicht genug Sauerstoff und die Perlen wachsen nicht… Und ich habe dem Koch unter die Arme gegriffen: Ich muss jetzt zwanzig Taucher satt bekommen und das Essen ist sehr wichtig, wenn man drei Monate lang auf einem Stück Fels lebt, ohne Zerstreuung und ohne Frau! Zum Glück ist die Arbeit unter Wasser so anstrengend, dass sie in ihre Feldbetten sinken, kaum dass das Abendessen vorbei ist!«

Joyce blickt stolz auf ihre Tochter, sie ist die einzige Frau in der Perlenindustrie der Kimberleys und ihr Unternehmen Blue Seas floriert. Wir setzen unser Gespräch bei ihr fort, in der ehemaligen Villa eines Perlenzucht-Besitzers in der Louis Street im Nobelviertel von Broome. Wir sitzen auf der riesigen Veranda mit dem gestrichenen Jarrah-Parkett und den geflochtenen Doppelrollos, gegenüber einem Swimmingpool, dem Palmen Schatten spenden.

Auf einer Spitzendecke serviert Beverleys Tochter uns frische Lachsfilets und Austern, die sie noch am Morgen auf der Farm geerntet hat, das hellbeige Fleisch hat einen leicht nussigen Geschmack. Dazu wird ein Cape Mentelle gereicht – der König unter den Weißweinen aus dem Westen –, in Kristallgläsern, die sie von einer Ungarnreise mitgebracht hat. Dieses diskrete Raffinement ist hier, im kosmopolitischen Perlenmilieu, in dem man reist und die vornehmeren Kreise frequentiert, keine Seltenheit.

Die weitere Unterhaltung findet in einem chinesischen, mit erdbeerfarbener Seide ausgeschlagenen Salon statt und während man uns einen Cappuccino mit Panettone und belgischer Schokolade serviert, denke ich unweigerlich, dass das Gespräch unter diesen Vorzeichen leicht surrealistische Züge annimmt:

»Tja, ich nehme an, dass Mama dir von unserer Enttäuschung über die Native Titles erzählt hat und den Ärger mit meiner Schwester Cory und ihrem Haus in Gantheaume Point. Die hier die Szene beherrschen, haben mit den Aborigines nichts zu tun: Ich habe eine junge Anwältin wieder nach Hause geschickt, die noch grün hinter den Ohren war und von mir verlangt hat, ich solle ihr Informationen über meinen Stammbaum liefern. Wir wirtschaften einer Armada von weißen Juristen in die Tasche, die immer noch nichts von der Weltanschauung der Aborigines verstanden haben und noch weniger von der Komplexität ihrer Verwandtschaftsbeziehungen, insbesondere wenn Rassenmischung im Spiel ist. Dabei sind sie diejenigen, die von uns lernen und unsere Interessen vertreten müssten.

Auf der anderen Seite ergreift bei uns gerade die Generation der Vierzigjährigen das Wort, die von Wayne Barker und Martin Sibosado, die nicht mehr nach der Tradition leben. Und die Ältesten, die als einzige legitimiert wären zu reden, halten sich zurück, viele sind alt, krank oder müde und verstehen nur mit Mühe, worum genau es geht … Man muss auch sagen, dass die meisten Aborigines aus den Kimberleys ihren ersten Weißen erst im Laufe dieses Jahrhunderts gesehen haben. Dass sie in der Lebensmitte vom Steinzeitalter in die Welt der Moderne übergewechselt sind, war für sie wie ein atomarer Schlag, der ihr ganzes Wesen erschüttert hat und von dem sie sich nie erholt haben. Sie fühlen sich in keiner Zeit mehr heimisch.

Kürzlich beispielsweise ist David Mowarljarlai, einer der meistrespektierten Ältesten, in Derby gestorben. Es hat einen Gottesdienst in der Stadt gegeben und dann hat man seine sterblichen Reste auf das Land seines Clans gebracht, neben eine heilige Stätte. Aber die Bestattungsfeierlichkeiten, die früher über einen Monat gedauert haben und jedem die Zeit ließen, sich zu Fuß auf den Weg zu machen oder einen Bus zu nehmen, wurden innerhalb von zehn Tagen hingepfuscht. Und nur wer im Hubschrauber angereist war, traf noch rechtzeitig an der heiligen Stätte ein! Mit dem Ergebnis, dass diese Beerdigung, zu der sich alle Ältesten hätten einfinden sollen, ohne sie stattgefunden hat, im Schnellverfahren sozusagen. Was soll man machen?«

Was soll man machen? Beverleys Satz klingt noch in mir nach, als ich zu Fuß nach Chinatown zurückgehe. Eine leichte Brise kühlt die nach Algen, Schlamm und Plumeria riechende Luft, Broomes betörende Düfte. Auf dem Rasen vor dem Rathaus proben in ihren orangefarbenen Bodysuits die Tänzer der Gruppe Modern Dreamtime für das Eingeborenenfestival am NAIDOC (National Aboriginal and Islander Day of Celebration). Nachdem die zehn jungen Leute die traditionellen Tänze in Reih und Glied – mit Fußstampfen und In-die-Hände-Klatschen – überzeugend dargeboten haben, verwandeln sie sich übergangslos in Schlangenmenschen einer Rockband, die die Hüften schwingen, sich am Boden wälzen und aufreizend in die Gegend schauen.

»Denkt an Michael Jackson!«, ruft ihnen der junge, hoch gewachsene Choreograph mit dem tiefschwarzen Teint entgegen. »Seid professionell, das Publikum vom NAIDOC kommt aus ganz Australien, die müssen uns in Erinnerung behalten. Damit wir auch international wer sind!« Auf diese letzten, mit großartigem

Selbstbewusstsein vorgetragenen Worte reagieren die Tänzer wie elektrisiert. Der Didjeridoo-Spieler, der sich in einen Schlagzeuger verwandelt hat, legt auf eine Kassette von Midnight Oil ein rasendes Solo hin. Die zehn orangefarbenen Körper werden schneller, sie werfen den Kopf in den Nacken, verdrehen die Augen bis zum Taumel und erreichen um ein Haar den Trancezustand ihrer Vorfahren. Ist es in diesem Rausch, in dieser Erschöpfung, dass »Moderne« und »Traumzeit« sich begegnen können?

Am Anfang der Carnarvon Street höre ich Geschrei, das vom Sportplatz herdringt. Um die Rasenfläche hat sich ein Ring aus Toyota-Jeeps und Kombis gelegt. Transparente verkünden die große Begegnung vom Mangrove und dem Broome Cricket Club. Anhänger mit Perücken, gepudert in den Farben ihres Clubs, brüllen zwischen zwei Schluck Emu Beer die Namen ihrer Kapitäne. Aborigines stillen ihre Kinder neben einer Familie mit lauter Blondschöpfen und ziegelrotem Gesicht, die Kürbistörtchen und Pute für alle ausgibt. Eine junge Chinesin bringt einer Schar Kinder bei, wie man Drachen baut – die dann unter schallendem Gelächter auf die Zuschauer niedergehen.

In der Mitte des Geländes spielen die Protagonisten mit Gesichtern aus aller Herren Länder in weißer Galakleidung perfektes britisches Cricket, in gemäßigtem Tempo allerdings, denn die Hitze macht ihnen beim Laufen schwer zu schaffen ... Das ist sie, die gesellige und gutmütige Stimmung Australiens, diese Freude daran, das Leben zu nehmen, wie es gerade kommt, ohne nach mehr zu verlangen, und die es so leicht macht, mit anderen zu teilen.

Der Mangrove Club hat soeben gewonnen. Vier Chearleader-Girls in eisblauem Tüll feiern ausgelassen tanzend den Sieg und schwenken Straußenfedern über den Köpfen. Die Perücken tragenden Fans wirbeln ihre T-Shirts herum wie Fahnen ... Bierflaschen machen die Runde. Schon holen die Frauen Würstchen und scharf marinierte Hühnerschenkel aus der Kühlbox ... Das Ganze wird bei einem gemeinsamen Barbecue auf dem nahe gelegenen, weit ins Meer hineinragenden Picknick-Gelände enden und bis tief in die Nacht dauern. Und die von der feuchten Luft, dem Quasseln und den vollmundigen Weinen aus dem Süden ermatteten Mütter werden ihre längst schlafenden Kinder, deren Gesichter auf den Sternenhimmel gerichtet sind, im Gras auflesen.

»Was soll man machen?« Ich blicke auf die Poster, die an den Wänden des Aboriginal Resource Center hängen, wo ich mit Martin Sibosado verabredet bin. Auf ihnen steht, wie man ein Unternehmen gründet, die Buchführung macht, Subventionsanträge ausfüllt und sich in das Westminster Law, das Gesetz der Weißen, einarbeitet. Das Zentrum ist eine der nützlichen Brücken zwischen den beiden Welten und es wird von Martin geleitet.

»Ich habe Sie doch nicht zu lange warten lassen?« Ein kräftiger Handschlag und ein offenes Gesicht. Martin ist um die vierzig und hat einen untypischen Werdegang. Nach etwa zehn Jahren in der Behörde für Aborigine-Fragen in Melbourne und Canberra hat er vor drei Jahren die Versetzung in seine Heimatstadt Broome beantragt:

»Man muss sehen, dass die Weißen im Zusammenhang mit den Native Titles ihre Kolonialmentalität behalten haben. Für sie ist ein echter Aborigine jemand, der immer noch ohne Sauerstoffflasche nach Perlenaustern taucht oder im Busch *lap-lap* und *spinifex* sammelt. Ein ›echter‹ Aborigine hat nicht das Recht, die Technik der modernen Welt zu nutzen … Und unsere traditionelle Kultur wurde von eben diesen Weißen zerstört, die uns ausrotten oder assimilieren wollten. Die Verbindung zu unseren Wurzeln wurde mit einem Schlag gekappt, wir haben unsere Rituale nicht mehr praktiziert und unsere Sprache nicht mehr gesprochen.

Und was sollen wir jetzt machen? Dass ich als der gute Wilde meine Zelte im Busch aufschlage, auf dem Land meines Stammes Bardi*, kommt nicht in Frage. Aber ich lerne meine Sprache, ich spreche sie mit meinen Kindern, ich gehe auf die Jagd und zum Dugongfischen, natürlich nicht mit der Lanze, sondern auf einem Motorboot mit einer Harpune aus Aluminium. Und ich nehme an den ›modernen‹ *corroborees* teil, wie dem, das wir zu Ehren der Massai veranstaltet haben. Ich will für mich und meine Familie das Recht, in beiden Welten gleichzeitig zu leben: In der modernen Welt, in die ich geboren bin und die ich sehr praktisch finde, und in der Aborigine-Welt, deren Werte ich bewahren will, weil sie zutiefst menschlich sind und das Leben schützen. Ich wende mich zum Beispiel an die Ältesten, wenn ich wissen will, ob ich auf einem bestimmten Gelände bauen kann oder eine Straße anlegen, und ich setze mich dafür ein, dass auf dem Land der Bardi die Grundstücke möglichst nicht eingezäunt werden: Wir müssen unser Volk, das derart durcheinander gebracht wurde, in der Tat daran erinnern, dass wir auf der Welt sind, damit wir uns um unser Land kümmern, und nicht, um es in Besitz zu nehmen.

Wenn wir die Schlacht um die Native Titles gewinnen und das Territorium der Bardi zurückgewinnen, müssen wir dafür sorgen, dass dort unser Gesetz und die Disziplin der Ältesten wieder Gültigkeit haben. Wir wollen auch unsere Haupteinnahmequellen ausbauen, den Fischfang und die Perlenzucht – die Bardi sind ein Volk des Meeres –, ohne die Umwelt aus dem Gleichgewicht zu bringen, sondern mit Rücksicht auf den Rhythmus der Natur und die Artenvielfalt. Und wir arbeiten an einem Ausbildungsprogramm in der Sprache der Bardi, das über Fernsehen zu empfangen sein wird, wenn in nicht ganz einem Jahr die Satelliten auch das Gebiet der Kimberleys abdecken. Auf dieser Grundlage können unsere Kinder parallel zum modernen Unterricht die Bardi-Kultur erlernen und damit eine andere Lebensart, die stärker mit der Natur und den wahren Werten verbunden ist.

Im Grunde sorgen wir gerade für uns und für unsere Kinder dafür, dass unsere Kultur neu definiert wird, indem das urbane Leben und sämtliche Errungenschaften der vergangenen zwei Jahrhunderte darin integriert werden. Wenn wir uns zum Beispiel treffen, um unser Land zu besingen, bringt natürlich jeder seine Gitarre mit, und wenn ich *Fräulein* auf Deutsch singe oder *Good night Irene*, singen alle im Chor mit, weil die deutschen Missionare und die irischen Nonnen unseren Eltern diese Lieder vorgesungen haben, und auch das gehört zu unserer Kultur ... Selbst unsere Kinder kennen den Text auswendig!«

»Ist die Initiation noch notwendig, um richtig zu seinem Stamm dazuzugehören?«

»Ich spreche meine Sprache noch sehr schlecht und bin deshalb auch nicht initiiert. Aber wenn ich unser Gesetz hätte vertreten müssen, wäre ich ohnehin in eine sehr heikle Lage gekommen. Ich hätte meinem Clan Rechte und Privilegien zuerkennen müssen, die mit meiner Funktion und meinem Selbstverständnis als Beamter nicht zu vereinbaren sind. Das ist alles gar nicht so einfach!«

Martin zwinkert mir zu, das Gespräch ist beendet, einige der Ältesten warten in einem Bungalow im hinteren Teil des Gartens vom Resource Center auf ihn, um mit der Rubibi-Sitzung zu beginnen.

Ich treffe Wayne Barker an seinem schattig gelegenen Swimmingpool in der Miller Street. Mit ihm setze ich meine Befragung über die Aborigines seiner Generation, der rund Vierzigjährigen, fort.

»Worauf beruht denn unsere Identität? Wir sind das Ergebnis der vorherigen Generationen, aber auch die Träger einer Kultur, die sich ständig wandelt. Ein Aborigine heute bekommt als Erbe eine vierzigtausendjährige Zivilisation mit auf den Weg, die sich mit ihm weiterentwickelt: Das Gesetz, unsere Rituale und Zeremonien können wir auch in der modernen Welt pflegen.

Was sich aber ändert, ist vor allem die Verpackung, die Hautfarbe, die Art zu leben, die Mittel, unsere Kultur fortbestehen zu lassen. Früher ging das durch mündliche Überlieferung, heute benutzen wir Radio, Fernsehen und Film. Dahinter aber steht das Wesentliche, und das bleibt gleich: Wir müssen regelmäßig zurück auf unser Land, um es zu preisen und um unsere Identität zu behaupten.

Für uns bedeutet ›eingeboren‹ sein, dass wir die kontinuierliche Ahnenkette fortführen, die physisch in unseren Genen und spirituell im Gesetz festgeschrieben ist. Wenn wir diese Verbindungen respektieren, haben wir unseren Platz. Aber Heimat ist für jeden ein ganz bestimmter Ort. Ich komme aus dem Yawuru-Land, dort wohnt mein Geist, ich könnte niemals von einem anderen Ort sein. Australien als solches ist für mich nur eine geografische Masse, ein Kontinent, mehr nicht. Aber unter dem Blickwinkel unserer Aborigine-Kultur ist es das Ergebnis einer ganzen Kette des Austauschs zwischen Gruppen und Individuen und jeder Einzelne weiß, woher er stammt. Jeder hat seinen Platz.

Yawuru sein heißt auch, dass man in das Gesetz eingeweiht ist – heute dauert das nicht mehr monatelang, die Initiation passt sich dem urbanen Leben an – und die Verwandtschaftsbeziehungen respektiert. Als ich eine weiße Frau geheiratet habe und nicht die Aborigine-Frau, die mir versprochen war, habe ich ein Tabu verletzt. Aber ich konnte mit den Meinen reden und verhandeln. Ich habe ihnen erklärt, dass wir schlecht zusammenpassen würden, um eine Familie zu gründen, aber dass jeder seiner spirituellen Verantwortung weiterhin gerecht würde und die Rituale von dem Teil des Traums, mit dem er betraut ist, genauso aufrechterhalten würde, als wären wir verheiratet. Wichtig ist, dass die Überlieferung nicht unterbrochen wird …

Dazu müssen wir auch nicht mehr ständig auf unserem Land leben: Es reicht, zu gegebener Zeit dorthin zu gehen und die Zeremonien abzuhalten, damit die Vibration fortbesteht und das Wissen über die Reise unseres Traums lebendig bleibt, sodass die Kette nicht abreißt. Unsere Kultur ist nicht etwas, das man sich mit Gesängen, Erzählungen oder Ritualen aneignet, man kann sie nur von innen heraus erfahren. Wenn ihr nicht das Holz seid, das dem Feuer Nahrung gibt, seid ihr nur sein Rauch, eine Rauchschwade nur.

Das ist es, was die Weißen nicht begreifen, weil es nicht zu ihrer Weltanschauung passt. Akademiker, Ethnologen und Wissenschaftler aller Art wollen die Authentizität unserer Wurzeln beurteilen und ziehen dazu ausschließlich die Vergangenheit heran.

Sie entscheiden, was die ›wahre‹ Aborigine-Kultur ist, ohne das von uns Erlebte zu berücksichtigen. Mit welchem Recht? Das macht den Dialog und die Verhandlungen über die Native Titles sehr schwierig. Auf jeder Ebene sind wir in den Interpretationsmustern der westlichen Welt gefangen: Sie bestimmen, wer wirklich ein Aborigine ist in diesem Land und wem das Land zusteht, sie stiften Verwirrung in den Gruppen und den Familien und bringen uns gegeneinander auf.

Zur Rückgabe der Ländereien wird es auf dieser Grundlage nie kommen, auch nicht zur Versöhnung zwischen den beiden Gemeinschaften und noch weniger zu der von den Weißen versprochenen Entschuldigung. Solange wir uns vor ihnen rechtfertigen müssen und nach ihrem Gesetz beurteilt werden, funktioniert das nicht. Wie will man Erschaffungsmythen, spirituelle Erzählungen und Riten, die heilige Zugehörigkeit zu einem Stück Land und unsere ›Aboriginalität‹ durch Bluntuntersuchungen, Unterschriftsanalysen, Eigentumsgesetze und Pflöcke mit Stacheldraht beurteilen, die teilen und trennen?

Auf dieser Ebene findet unser Kampf statt, hier halten wir unsere Fahne hoch: Unsere Andersartigkeit muss anerkannt werden, wir haben keine andere Wahl. Und wenn die Regierung es nicht anders anstellt, kommt es eines Tages zum Knall … Und warum eigentlich nicht bei den Olympischen Spielen in Sydney im Jahr 2000, wenn die Aufmerksamkeit der ganzen Welt auf Australien gerichtet ist? Dann werden die Aborigines mit einer Stimme sprechen, im Namen aller eingeborenen Völker der Erde …

In der Zwischenzeit schlägt unser Boot möglicherweise leck und die Küste ist nicht in Sicht oder liegt vielleicht nicht mal auf unserem Kurs, aber ich rudere weiter, weil dies das Boot ist, in das ich gehöre.«

An diesem Morgen ist die Hitze fast unerträglich, eine Meeresbrise streicht über die Palmen, die Familien wagen es, ihre klimatisierten Inseln – Häuser, Autos, Büros, Supermärkte – zu verlassen und riskieren einen Gang auf die Straße. Vor der Jugendherberge schießen junge Aborigines mit Bumerangs an den Hochspannungsdrähten hängende Fledermäuse herunter, die in der Nacht von Stromschlägen getötet wurden. Etwas weiter weg holen zwei Knirpse mit einer Steinschleuder die braunen, zarten Nüsse der Baobabs herunter. In der Walcott Street gegenüber von Beverley stehen auf Hochglanz polierte Autos Schlange, um vor dem herrlichen Wohnsitz von Lord Mac Alpine parken zu können, jenes englischen Milliardärs, der Broome restaurieren ließ. Das Anwesen wurde soeben an reiche Händler aus Perth verkauft, die es kurzerhand in eine noble Bed-and-Breakfast-Unterkunft verwandelt haben, mit Zimmern in antik-balinesischem Dekor, Swimmingpool im Innenhof und etlichen Winkeln, Balkonen und Veranden mit anmutigen Möbeln aus philippinischem Bambus.

So wurde der erlesene Geschmack des Hausherrn respektiert, auf den für den Anlass eigens frisch restaurierten alten Parkettböden aus braun-rosafarbenem Jarrah ziehen sich allerdings behutsam Darstellungen einer recht gemischten Fauna, ein wenig gekünstelt – was *up North* so selten ist. Rings um das tropische Büfett, das mit lachsgefüllten Mangos, Litchis mit Cheddarcreme, Kuchen mit Sahne und noch warmem kontinentalem Gebäck bestückt ist, von Broomes französischem Küchenchef – mit großer Mütze – soeben hereingetragen, drängeln sich Immobilienhändler, Juweliere, Goldschmiede, Gastronomen und Manager aus der Tourismusbranche. Sie sind aus Perth gekommen, um vom Boom der Stadt zu profitieren, ein Jahr lang oder zwei, bis sie auf die Schnelle Geld gemacht haben und mit dem erworbenen Reichtum wieder gen Süden ziehen.

Zwischen ihnen schwirren die Lokalgrößen umher, ein ehemaliger Bürgermeister, Verfechter der Versöhnung zwischen den Gemeinschaften, der die Entschuldigung* an die Adresse der Aborigines gepredigt hat, ein nach einem Unfall auf See früh pensionierter Kapitän eines Perlenschiffs und Peter, der erste Goldschmied von Broome, der, bevor er sich dem gängigen Geschmack beugte, die Perlen in ein Rankenornament aus Goldfäden gefasst hat, »eigentlich wie Algen«, und tauchsportbesessen, seiner Kunst allein aus der Inspiration heraus nachging, die ihm die Visionen von seinen Unterwasserausflügen vermittelten.

»Also warst das doch du, die mit dem Fahrrad vorbeigeflitzt ist, du hast runde Wangen gekriegt, aber sonst ganz die alte.« Plötzlich stehe ich Graham gegenüber, dem Barramundi-Fischer aus den Kimberleys, der seine dreißigjährige Erfahrung an Craig weitergab, er verriet seine Fischgründe, das Geheimnis der besten Köder und der Netze, denen auch Krokodile nichts anhaben können... im Gegenzug für ein bisschen Freundschaft. »Komm, lass uns gehen. Sie laden mich immer zu diesen Partys ein, damit ich für Lokalkolorit sorge und meine Narben zeige, und ich gehe nur hin, um hier umsonst einen zu tanken!«

Dann sitzen wir in der Kneipe vor einem eiskalten Bier und betrachten still die Lagune.

»Fehlt dir das Meer, Kleines?«

»Nein, aber diese Lagune, diese Austernfarbe, ich glaube, daran werde ich mich nie satt sehen... Lebst du immer noch in deinem Wohnwagen?«

»Klar, du bist doch diejenige, die es nirgends hält. Warum sollte ich mein kleines Paradies aufgeben?«

Ich sehe seine ewig lachenden wasserblauen Augen, sein gegerbtes, rundes Gesicht, seine abgezehrten Hände... An seinem Stammplatz, hinter den Dünen von Cable Beach, war ich Graham zum ersten Mal begegnet. Bevor Craig sich in die sumpfigen Flüsse der Kimberleys stürzte, hatte er ihn aufgesucht. Sie hatten sich durch Marco kennen gelernt. Graham trauerte seinem Schiff *Barrier Reef* nach – das bei einem Zyklon an der Mole von Broome zerschellt war – und musste wegen der Versicherung noch in Perth bleiben; er stahl sich aus der Stadt, um Meeresluft zu atmen und bei Marco am Ende des Anlegestegs in guter Gesellschaft noch ein paar Bier zu trinken... Sie hatten sich auf Anhieb verstanden, es verband sie eine echte Liebe zum Fischen, der gleiche Sinn für Abenteuer, sie träumten nur davon, ihren Anker auf den Grund unberührter Flüsse zu werfen, inmitten von Landschaften, in die kein Mensch je einen Fuß gesetzt hatte, und einer Natur, die nur ihren eigenen Gesetzen unterworfen war. Und mehr als in jeder anderen Region Australiens war dies im hohen Nordwesten geboten, Grahams Reich. Hatte man dort nicht kurz zuvor erst Bungle Bungle entdeckt, einen Urwald aus roten Kuppeldächern, durchzogen von Canyons mit atemberaubender Vegetation, wie sie die Weißen überhaupt noch nicht kannten?

Auf der Küstenkarte der Kimberleys hatte Graham all seine Schätze vermerkt, wie lauter Zeichen seiner Freundschaft und seines Vertrauens zu Craig. Ganz selbstverständlich machte er ihm sein Leben zum Geschenk, in dem er auf eigene Faust zum Fischen losgezogen war und den langen Stab vom Bug aus in den morastigen Grund gestoßen hatte, um nicht stecken zu bleiben, und mit dem ganzen Körper in schlammige Ufer eingetaucht war, um die Netze zu befestigen. Als er die drei großen Barramundi-Flüsse kreuz und quer vermessen und den Schildkrötenstrand, die Guano-Insel, das japanische Flugzeugwrack, die Wand aus Kristallquarz an der Quelle vom Roe River und die Höhlen mit den Aborigine-Malereien rot markiert hatte, kehrte Graham nach Broome zurück: »Ich bin südlich des 26. Breitengrades nicht mehr zu Hause, aber ich habe Heimweh.«

Nur im Norden war er noch er selbst. Hier erwartete er uns auch: Wir fanden ihn auf den Stufen eines alten durchlöcherten Wohnwagens sitzen, in einem akaziengesäumten Garten mit rotem Staub und in der Mitte einem verrosteten halben Fass für das Barbecue. Auf jeder Baumgabelung zeigten sich die Hüter des Ortes, ein ausgebleichter Büffelkopf, ein angemalter Schildkrötenpanzer und auf dem Eukalyptusbaum am Eingang ein Krokodilsgebiss, das als Briefkasten diente. Er hatte gerade den Schaft eines Gewehrs poliert und hielt es Craig hin. »Hier, das ist für dich, Captain, das wirst du noch brauchen bei den Krokodilen … Und solltest du mal Ärger haben, kannst du mich immer über den Funk der *D Mac D* erreichen.«

Da das Geld von der Versicherung nicht ausgereicht hatte, um die *Barrier Reef* zu ersetzen, bot Graham seine Dienste auf den Schiffen anderer an: Er hatte auf der *D Mac D* angeheuert, einem alten *lugger*, der renoviert und zum Kreuzfahrtschiff umfunktioniert worden war, und schipperte vornehme Reisegruppen, die für viel Geld aus aller Welt anreisten, um eine Krokodilsexpedition nachzuempfinden, über den Prince Regent, den sichersten Fluss der Kimberleys. Dank des Funkgeräts auf der *D Mac D*, die auf einem Fluss parallel zu dem unseren kreuzte, konnten wir Grahams Rat auch weiterhin in Anspruch nehmen, auf diese Weise haben wir mehr als einmal vermieden zu stranden.

Und dann, als die *Invincible* gesunken war, erhielten wir noch am Morgen des Untergangs über ein Schiff im Hafen folgende Nachricht: »Es kommt alles, wie es kommen muss, der Unfall ist passiert, dem ›Alten Mädchen‹ stand es irgendwann bevor. Macht das Beste daraus, wenn ich zurück bin, werden wir in aller Ruhe darauf trinken, *in memoriam*.« In seinen Nächten voller Visionen, im verborgensten Winkel der Kimberleys, wusste Graham immer schon über alles Bescheid.

Ich beobachte ihn wieder, er hat seine Hand auf meine gelegt, sein Blick gleitet zärtlich über die Lagune. Instinktiv habe ich diesen Mann auf Anhieb gemocht, seine Ruhe und seine Augen, die ins Weite schweiften, seine plötzlichen Visionen, seine Gelassenheit und Einfachheit, seine souveräne Unabhängigkeit, die so typisch ist für die Leute aus dem Busch.

»Also, Froggie, wann soll ich dich mitnehmen? Ich habe mir wieder ein kleines Boot gekauft, mit dem ich in all meine Barramundi-Ecken fahren kann, bis zur Quelle des Hunter River, wär das was?«

Mein Herz schlägt mit einem Mal schneller. Ich habe unsere erste Ankunft in der Mündung des Hunter River vor Augen, die beiden vorspringenden Pfeiler, die sich in das Azur bohrten – Reste des Einfahrtsbogens zu einem vergessenen Königreich –, die steil abfallenden, zu Orgelpfeifen aus rotem Stein zersplitterten Felsen, die über ihren Spitzen kreisenden Königsadler. Und den purpurfarbenen Himmel, der Tag für Tag genau dann, wenn die Sonne versank, ganz schwarz wurde vor Millionen von Fledermäusen, die fiepsend die Wälder mit den Beerensträuchern aufsuchten. Und die riesigen weißen Kranich- und Storchenschwärme, die der Lärm des Kutters auf die Baumwipfel trieb, die Wand aus Quarz, die in allen Regenbogenfarben schillerte, die Mondfinsternis, die unsere Nächte immer wieder so magisch und die Stille noch intensiver machte… Hunter River, Roe River, Prince Regent River, die herrlichen, noch unberührten Flüsse der Kimberleys, das prächtige Schauspiel einer wilden Natur, die sich nach ganz eigenem Rhythmus entfaltet hat und nur sich selbst gehorcht, wie beim Anbeginn der Zeiten. Ein Paradies auf Erden.

»Na, wär das was?«

»Ich reise morgen wieder ab, Graham. Ich besuche eine Freundin in Derby und man erwartet mich in Arnhem Land… Aber ich komme wieder, versprochen. Ich möchte noch mit Jane auf die Abrolhos-Inseln, auf Beverlys Perlenfarm und dann würde ich gern mit dir die Küste rauffahren.«

Er lächelt. »Versprochen?« Er ist in das Gehäuse seines Wohnwagens eingetaucht und zieht aus der Kühlbox Barramundi-Filets hervor, die er in meine Tasche gleiten lässt, »den nächsten fangen wir gemeinsam«. Er setzt mich vor dem japanischen Taucherfriedhof ab, wo mein letztes Treffen stattfindet, drückt mich kurz und fest, »sag mir rechtzeitig Bescheid«, und braust Richtung Stadt. Kein Wort über Craig: Wie bei der *Invincible* wusste Graham eben immer schon Bescheid.

Zweihundert Marmorstelen ragen unter Pinien und Magnolien auf, keine zwei Schritte vom Meer. Die nüchterne Form der wie würdevolle Bücher geschnittenen, steinernen Rechtecke, ihre perfekte Anordnung, die klare Linie der japanischen Schriftzeichen und die Masten von Schiffswracks, die zwischen den Gräbern stehen, ergreifen das Herz. Dort liegen japanische Taucher begraben, die noch vor Erreichen des Mannesalters gestorben sind, gemeinsam mit Soldaten, die bei einem japanischen Angriff auf Broome umkamen. Vor zwanzig Jahren hat die Firma Mitsubishi allen eine luxuriöse letzte Ruhestätte eingerichtet, eine Stätte für all die, die für ihr Vaterland gestorben sind. Ringsum liegen verstreut im Unkraut kaum markierte Friedhöfe von Moslems, Kopten, Hindus, Christen und Juden, Spuren der vielen Minoritäten in Broome. Man errät die Gräber an den sorgfältig angeordneten weißen Muscheln oder den Flaschenscherben, an zwei Holzstücken, die zu einem Kreuz zusammengebunden sind, auf dem jüdischen Friedhof an aufgeschichteten flachen Steinen. Es ist die Ecke derer, die ohne Angehörige sind, der elenden und glorreichen Gatten des Meeres.

Mitten auf einem Stück leerer Wiese ist die Erde gerade am Fuß eines Holzkreuzes ausgehoben worden, es ist das Grab eines jungen Aborigine-Filmemachers, der bei einem Autounfall ums Leben kam. Ganz hinten liegen auf einem älteren Friedhof mit rostigen Eisenkreuzen die Missionare, die aus Europa gekommen waren, um die Kimberleys zu bekehren oder einfach, um ihre Brüder und Schwestern auf ihrem Leidensweg zu unterstützen: anglikanische und katholische Priester aus Großbritannien oder Deutschland, irische Nonnen – Krankenschwestern oder Lehrerinnen –, selbst Töchter des Elends und der großen Hungersnöte aus der Zeit Anfang des Jahrhunderts, die sich auf die Missionen von Balgo, Beagle Bay, Lombadina, La Grange, die Leprastation in Derby, das Krankenhaus und die Privatschulen in Broome verteilten … Über ihre messianische Pflicht hinaus waren sie für viele der letzte Rettungsanker und für die Aborigine- und Mischlingsfrauen – wie Térésa Barker und Joyce Fong Lee – die ersten, die ihnen Mut machten, nach einem Ausweg zu suchen: »Weil ihr Frauen seid und weil ihr schwarz seid, müsst ihr doppelt so viel arbeiten, um euch Respekt zu verschaffen.« Sie wussten sicherlich, wovon sie sprachen!

Ich sehe, wie bescheiden diese verlassenen Gräber sind, und denke an den Mut, den es brauchte, um an diesem ungemütlichen, von der Sonne verbrannten Ort zu leben, an dem Zyklone, Luftangriffe im Zweiten Weltkrieg, Taucherkrankheit, Schiffbruch und Epidemien ihre Verheerungen hinterließen… Was bleibt, sind die Lieder, die sie aus ihrer Nieselregenheimat mitbrachten und die hier von Generation zu Generation weitergesummt werden, und auch einige Hobbypianisten, die sich noch an ihre ersten Musikstunden und das trockene Geräusch das Metronoms der Nonnen erinnern.

Auf der Wiese der unbekannten Toten geht ein Wehen durch die weißen Gräser und verbreitet sich über den ganzen Friedhof, mit der Zartheit einer Liebkosung, die alle Trostlosigkeit wegwischt. Draußen ruhe ich mich einen Augenblick auf der Marmorbank von Mitsubishi aus. Ein roter Wohnwagen mit Surfbrettern beladen bremst ab: »Do you want a lift?«* Ich schüttele den Kopf.

Ein Wink des Schicksals. Hier vor dem Friedhof war ich als Anhalterin Craig begegnet. »Do you want a lift?« Und es war ein winziger »lift« gewesen – gerade mal so lang, um den Rausch zu kosten, den seine Augen auslösten –, der mein Leben in Australien komplett auf den Kopf stellte.

Die Brise über der Wiese kommt rüber bis zur Straße, sorgt für Rascheln in den Tamarisken und den Eukalyptusbäumen und verjagt eine Papageienfamilie, die sich im Azurblau einem Schwarm Pelikane anschließt. Der Himmel zieht sich mit purpurnen und goldenen Schleiern zu, die trockene Jahreszeit ist angebrochen, meine Seele ist unbeschwert, mein Herz in Frieden. Morgen breche ich auf nach Derby.

Derby. Buschfrauen mit Format

Ich erwarte Robyn im Lobster Cafe, einem kleinen Fischrestaurant am Eingang zur Hafenmole von Derby. Das ist unser Lieblingstreffpunkt, wo wir uns vor ein paar Jahren auch kennen gelernt haben über ihre französische Komparsin Marie, die ich im Flugzeug von Paris nach Perth getroffen hatte. Sie war mit ihren amerikanischen Umweltschützer-Freunden gekommen – die später über ein winziges Stück Erde in der Wüste von Arizona eine Glasglocke* gelegt haben – und hier, auf diesem verlorenen Steg am Ende der Welt, kam es zu einem wirklich verrückten Abendessen, eines von der Sorte, wie es sie nur in Australien gibt.

Während man uns auf einem wackligen Tisch, der in die Lagune hineinragte, halbe Langusten mit Tomatensauce servierte, entdeckte ich im Licht einer Sturmlaterne, die im Zyklonenwind hin und her schaukelte, die Gesichter der anderen Gäste. Es saßen dort Johnny, der Visionär der späteren Öko-Kapsel, Wissenschaftler und Dichter, ein Bauernsohn aus Oklahoma, der zum Meer hinaus Gérard de Nerval deklamierte und alles über den Bau der Kathedrale von Chartres wusste; Mark, ehemaliger Taxifahrer aus New York und promovierter Philosoph, der zu den Umweltschützern übergewechselt war; Robyn, eine Australierin aus dem Busch, die als Krankenschwester in Ländern der Dritten Welt gearbeitet hatte, dann in ihre Heimat zurückgekehrt war und achtzig Kilometer von Derby entfernt Birdwood Downs verwaltete, eine Ranch, auf der Saatgut produziert wird; und eben Marie, ehemals Schauspielerin in Aix-en-Provence, die sich in die australische Steppe verliebt hatte und seit zehn Jahren auf der Ranch lebte.

Unsere Unterhaltung habe ich nicht mehr so genau in Erinnerung, wohl aber diesen Tisch, der mitten im Nirgendwo stand, am Ende einer verlorenen Mole in einem Hafen, der im Schlamm versank, diese fünf Gesichter mit den bizarren Lichtspiegelungen unter der Sturmlaterne und diese nicht alltäglichen und so unterschiedlichen Lebenswege, die sich dort mit einem Mal kreuzten, in Derby, fünftausend Einwohner, ein von aller Welt vergessener Flecken. Das ist der Zauber Australiens, wo die Nomaden sich fast wie von selbst treffen, an Orten außerhalb der Zeit, an denen sie sich über ihre Entdeckungen austauschen und dann ohne Wehmut wieder aufbrechen können, weil sie mit Bestimmtheit wissen, dass sie sich wieder begegnen.

Ich war fast einen Monat in Birdwood Downs geblieben, wo ich bei vielen Arbeiten auf dem Hof mitgeholfen hatte, und hatte mir fest vorgenommen, wieder dorthin zurückzukehren … Da ist er wieder, der Schlammgeruch der Mündung, die vor Morast schwarze Küste, das Meer, das weit geflohen ist – hier gibt es die stärksten Gezeiten in ganz Australien –, die Hand voll Fischer in der Mole, die nach Goldbrassen, Lachs oder Wels aushaaren, der einzige Zeitvertreib im Hafen, da Baden und folglich auch Tourismus wegen der Versumpfung nicht in Frage kommen. Und genau das macht den Reiz Derbys aus, dass es außen vor steht und sich dem Fortschritt widersetzt, als würde die Mündung des Flusses Fitzroy alle Bestrebungen nach Innovation in ihrem Schlamm begraben: Schon seit 1983 wagen sich die großen Frachter nicht mehr dorthin und die Stadt konzentriert sich auf ihre Grundstücke und die geologischen Schätze der Kimberleys.

»Hallo, meine Schöne! Nach Broome kommt jetzt also doch noch ein Abstecher zu den Tröpfen vom Land!« Vierzig Kilo Nerven und ein Meter fünfzig Muskeln schießen aus einem riesigen, verstaubten Kombi hervor. Robyn packt meine Tasche, wirft sie nach hinten zwischen lauter Ersatzreifen, Benzinkanister und verrostete Traktorenteile und braust quer durch die Stadt. Es hat sich nichts verändert, die Hauptstraße, die einst für Kamelgespanne angelegt worden war, mutet heute eigenartig breit an: Die Einheimischen nennen sie schmunzelnd den »Sunset Boulevard«. Auf dem Grünstreifen in der Mitte, unter den Baobabs, unterhalten sich Aborigines, die Verbände tragen oder im Rollstuhl sitzen. Ein Alter auf Krücken kommt aus dem Krankenhaus gegenüber und überquert direkt vor uns die Straße: »Das ist Willi, der hat schon vor zehn Jahren beschlossen, sein Lebtag krank zu sein, damit er auf der Sanitätsstation leben kann, aber wie man über die Straße geht, weiß er immer noch nicht!«

Eine Aborigine-Familie nach der anderen reiht sich längs der großen Straße. Tropische Hitze, sie gehen extrem langsam. Hier gibt es wenig Mischlinge, Gesichter schwarz wie Ebenholz, es ist wie in Alice, abgesehen von den Spannungen und der geladenen Stimmung. Derby, die nördlichste Stadt Australiens, kann seine beiden Gemeinschaften – hier leben ebenso viele Aborigines wie Weiße – besser miteinander in Einklang bringen, wohl wegen dem harten Leben auf den Ranches, der großen Trockenheit, der dörflichen Hilfsbereitschaft, den Bindungen zwischen Familien, die seit zwei Jahrhunderten in den Kimberleys leben. Und da es nicht um Geld, Grundstücke oder Tourismus geht, gibt es auch nicht so viel Konfliktstoff wie in der Nachbarstadt Broome.

Stop bei Rusty – »rostig« –, der vorsintflutliche, seinen Namen zu Recht tragende Supermarkt, in dem es Modeartikel aus den Fünfzigern gibt, primitive Pfeifen und alte Cowboykoppeln, halbe Rinderhälften, die der Kunde auf den Schultern davonträgt, eingeschweißtes Obst und Gemüse, das im Kühltransporter aus Perth kommt und nach dreitausend Kilometern in kurzer Zeit so alt aussieht, dass es gegen Ende der Woche zu Schleuderpreisen an die Aborigines verkauft wird. Und in diesem Durcheinander am Ende der Welt stößt man manchmal auch auf einen Schatz, ein Whiskey-Fässchen aus altem Silber oder eine Flasche mit dreißig Jahre altem Wein, der zu einem Spottpreis angeboten wird, aus Unwissenheit oder Unbekümmertheit, da die Gesetze des Profits mit der Einsamkeit und der Entfernung an Härte verlieren.

Robyn kommt mit Zehn-Kilo-Säcken voll Zwiebeln und Kartoffeln, Mehl, Tee, Zucker und einem Kanister Öl wieder heraus. Der Rest wird auf der Ranch produziert, in die Stadt kommt sie nur alle vierzehn Tage und auch nur, weil sie muss, denn ansonsten... Ein Sprung rüber zum Postamt wegen der Überweisungen und der Briefe. Eine junge Aborigine-Frau steht vor einem Formular: »Wie alt bin ich?«, fragt sie die Angestellten. Und alle zerbrechen sich den Kopf, um ihren Lebensweg zurückzuverfolgen: »Du musst um 1978 rum geboren sein. Daisy hat dich bekommen, als meine Frau schwanger war, also musst du etwa zwanzig sein, so um den Dreh.« Die Aborigine zieht zufrieden von dannen, niemand scheint sich zu wundern, das gehört zur Routine.

Wir fahren am Boab Inn vorbei, einem alten Gasthaus, das, noch bevor es sich eine Klimaanlage leisten konnte, bereits die Verdienste seines »internationalen Küchenchefs« pries. Noch ein paar niedrige Häuser aus Weißblech, dann biegen wir vor dem Spinifex Hotel ab, Derbys Freizeit-Hochburg, die von Rockband-Ausscheidungen bis hin zu Krabben- oder Käfer-Rennen mit allem aufwartet. Robyn gibt Gas, vor uns liegt der Busch, wir fahren auf der Gibb River Road, dem Königsweg durch die Kimberleys, Richtung Birdwood Downs.

»Du kommst wirklich gerade recht, wir brauchen Hilfe. Marie lebt jetzt in London, meine russischen Praktikanten sind wieder weg, nur Térésa ist noch da, ein Neuankömmling aus Tahiti, die bei Brisbane einen Hof hatte... Du könntest ihr helfen, das Dach zu erneuern und mit ihr Französisch reden, wenn du Lust hast. Und die gute Nachricht, seit du da warst, ist, dass ich zur ›besten Landwirtin des Jahres‹ von ganz Australien gewählt worden bin. Das ist doch Klasse, oder?«

Robyn ist errötet, fünfzehn Jahre ungeheurer Arbeit und unerschütterlichen Glaubens an eine Sache sind soeben belohnt worden. Ich betrachte ihr Frettchen-Profil, den energischen Kiefer, die großen Augen, die rissigen Hände, in denen sich der rote Staub vom Lenkrad festgesetzt hat, ihre kleine Gestalt, die auf Kissen gebettet ist, damit sie die Straße sieht. Was für einen Weg hat sie zurückgelegt seit ihrer Kindheit, die sie in Armut auf einem kargen Stück Land in Queensland verbrachte, ohne Wasser, ohne Telefon und ohne Strom! Erst lebt sie als Nomadin, dann entflieht sie der Einsamkeit und Abgeschiedenheit und wird Kindermädchen, zunächst in Australien, dann in England, Arabien und in Nepal bei den tibetischen Flüchtlingen. Sie begeistert sich auch für Heilpflanzen und geht fünf Jahre lang auf ein Forschungsschiff, das durch die Tropen fährt. Mit dreihundert Pflanzen aus zwölf Ländern und der Erfahrung traditioneller Behandlungsmethoden kehrt sie wieder zurück.

An dem Punkt nimmt ihr Leben wieder eine neue Wendung. Die Amerikaner aus der Biosphäre, denen sie in Amazonien begegnet ist, schlagen ihr vor, eine öde Ranch in den Steppen der Kimberleys zu übernehmen und den Boden gemäß den ökologischen Gegebenheiten in der Region wieder aufzubereiten. Sie nimmt die Herausforderung an, die auch Wiedergutmachung für ihre Kindheit bedeutet, sofern es ihr gelingt, einen undankbaren Boden nach neuen Gesetzen fruchtbar zu machen. Sie schafft es und liefert der Öko-Kapsel in Arizona *birdwood*, ein Wunderkorn, das zwei Jahre Dürre übersteht. Und die Miniatur-Steppe sollte sich von den Entdeckungen inspirieren lassen, die auf die Experimente auf ihrer Ranch zurückgehen…

»Birdwood Downs«, das alte, handgemalte Schild steht noch immer da. Wir biegen auf den Pfad ab, Robyn entspannt sich, endlich ist sie wieder daheim, in ihrem Reich: »Sieh, wie grün alles ist, das Gras ist kräftig, und sieh dir die Kühe an, so fett waren sie noch nie… Kennst du Gloria noch, meine Stute? Sie hat uns ein herrliches Fohlen geschenkt.« Robyn jubiliert, wir gehen auf den *homestead* zu, der verborgen unter Mangobäumen und Bougainvilleen liegt: »Der Garten ist ein echter Urwald, die Regenzeit hat lange gedauert dieses Jahr und die Straßen zu den Schluchten sind noch abgeschnitten… Aber unserer Ernte tut das gut!«

Térésa hat zum Abendessen auf der Veranda gedeckt. Sie ist

eine Maori von etwa fünfzig Jahren, mit ausdrucksstarkem, schönem Gesicht. Ich sehe ihr zu, wie sie ein Stück vom Schwein herunterschneidet, mit Süßkartoffeln, »Erzeugnisse von der Ranch«, ich spüre eine immense, fast wilde Energie in ihr … »Erzähl ihr doch, wie wir uns kennen gelernt haben!«, ruft Robyn ihr lachend entgegen. Woraufhin Térésa ohne Umschweife über ihr Leben in den Bergen von Tahiti mit ihrer Schamanengroßmutter berichtet, die bei einer Hexenjagd in einem Netz gefangen wurde. Und über die Insel, die »langsam verkommt«, ihre Begegnung mit einem Bretonen, durch den es sie nach Australien verschlagen hat, ihren Hof in der Daintree, einem Tropenwald in Queensland, ihre Bananen- und Melonenplantagen, ihren Kampf gegen die Pythons, die die Truthähne attackieren …

Und plötzlich, vor sechs Monaten, war sie es über, einem respektlosen Ehemann als Sklavin zu Diensten zu sein. Sie packt zwei Kanister, Decken und eine Kühlbox, springt in ihren Jeep und fährt immer geradeaus, das heißt eher Richtung Westen, den sie noch nicht kennt …

»Ich haue ab!« – ihr Schrei hallt durch Mount Isa, Tenant Creek, Rabbit Flat und Fitzroy Crossing, auf ihrer Wüstendurchquerung, die sie in die Steppen der Kimberleys führt … Nach einem Monat, in dem sie die Nächte im Freien verbracht und sich von zu vielen Konservendosen ernährt hat, versucht sie eines Abends, am Ufer eines Flusses zu angeln. Sie verirrt sich in einem Gewitterregen, nass bis auf die Knochen steht sie bei Robyn vor der Tür: »Eine echte Wilde, wie ich, aber fliehen wollte sie nicht. Térésa kümmert sich sehr gern um den *homestead* und ich kümmere mich um die Felder, so ergänzen wir uns gut.« Als echte Australierin vermeidet Robyn psychologisierende Erklärungen und die Sprache der Emotionen, aber man merkt schnell, dass die beiden sich auch ohne viele Worte verstehen und ein gutes Gespann sind. »Ich stelle den Generator ab, gute Nacht, der morgige Tag wird lang.« Jede zieht mit ihrer Kerze los, der Lauf der Sonne bestimmt den Tagesablauf, die Müdigkeit macht die Körper bei Sonnenuntergang, kaum dass das Essen verspeist ist, bleischwer.

Die erste Nacht auf der Ranch. Der Duft von Zitronenmelisse, Mango und Papaya, das Quaken der Kröten, die sich auf ihrer ständigen Suche nach Wasser ins Leitungsnetz geflüchtet haben, das Grunzen der Schweine, schnelle, flüchtige Geräusche zweifelhafter Herkunft unter meinem Bett … Der Evergreen in dieser Savanne, der Wiege der Menschheit.

Sechs Uhr morgens. Lautstarkes Wecken. Ich merke, dass ich während meiner drei Tage hier die Hände nicht in den Schoß legen werde. Heute helfe ich Robyn bei ihren verschiedenen Arbeiten, das heißt: als Erstes den Generator wieder zum Laufen bringen, der den Strom für die gesamte Ranch produziert, den Benzinstand überprüfen, auch den für die Wasserpumpen, die den Gemüsegarten und Térésas Melonenfelder versorgen, die Futtertröge für Vieh und Haustiere auffüllen. Robyn schiebt mir eine Werkzeugkiste auf die Schulter, wir klettern auf ein Windrad, dessen Propeller sich beim letzten Zyklon gelockert hat.

Von der winzigen Plattform in zwanzig Meter Höhe blicke ich auf die Ranch und ihre tausend Hektar Grün, die der roten Erdschicht abgerungen werden, die weiten Flächen, auf denen gelbe Grasbüschel stehen, die zu salzhaltige, beige Erde und den Dünensand bei Derby. Ich sehe sogar den Ozean, der in der Ferne in den Schlund des Himmels übergeht. Ganz unten planiert Térésa mit dem Bulldozer den vom Hochwasser ausgewaschenen Weg, Robyn schmiert neben mir die Propellernabe und hat lauter Ölflecken im Gesicht. Eine Herkulesarbeit, verrichtet von zwei Bienen, die jeden Tag ein winziges Stück vorankommen, verloren zwischen unermesslichen Weiten.

Robyn hat ihr Werkzeug wieder eingepackt: »Wir sind gut vorangekommen, seit du da bist, ich glaube, die Schlacht gegen die Akazien gewinnen wir. Aber man kann nie wissen, hier ist die Natur immer stärker als wir, es reicht ein Brand, eine Heuschreckenplage, ein Zyklon oder eine Überschwemmung und innerhalb von einer Stunde sind zehn Jahre Arbeit zunichte gemacht. Ganz zu schweigen von der Trockenheit: Ein winziger Schauer und die Saat geht auf, aber wenn er nicht zum richtigen Zeitpunkt kommt oder gar nicht, sind unsere Weiden hinüber! Und so eine Dürre kann sieben Jahre dauern! Trotzdem muss man durchhalten und immer wieder von vorn anfangen, aber vielleicht erschaffen wir uns selbst ja auch immer wieder neu, oder?«

Wir gehen zum *homestead* zurück, um Hacken und Macheten zu holen, und fahren in Térésas Jeep zu einem Stück Land, das gerodet werden muss: Wir haben noch gut zwei Stunden, bis die Sonne allzu unerbittlich brennt. Seit zehn Jahren gehört das Abholzen der Akazien zum täglichen Ritual in Birdwood Downs und es hat Robyn auch ihre Besitzurkunde eingebracht, die der Staat für tausend gerodete Hektar ausgibt: In dieser Gegend der Kimberleys ist die Akazie tatsächlich »Ungeziefer«, denn nach hundert Jahren der Überweidung durch die Züchter, nach hundert Jahren der Dürre und der Brände hat sie das Gras verdrängt und die ganze Steppe überwuchert.

Mit der Hacke schlagen wir einen Trieb nach dem anderen aus und achten auf die Dornen, die sich unter den Blättern verstecken, und darauf, dass der Baum nicht zu stark erschüttert wird, um nicht neuen Samen auszusäen. Wenn ein Baum sich nicht schlagen lässt, umwickelt Robyn den Stamm mit Ketten, springt auf ihren Traktor und reißt ihn mit einem kurzen Ruck heraus. Nachdem die Parzelle gerodet ist, sehen wir uns die Felder und Weiden an und überprüfen so die nächste Phase, das gute Gedeihen des *birdwood* und seines Kompagnon, des *verano*, der Stickstoff bindet und den Boden regeneriert.

Robyn füllt eine Bodenprobe in ein Plastiksäckchen, sieht sich die Nester an, die Vogelschwärme rings um die Tümpel, die Insektenfährten und die Nagetiere, die sich wieder ansiedeln: »Siehst du, jetzt haben wir wieder eine Welt, die lebensfähig ist, wir haben uns um den Boden bemüht, die Erde ist so gefurcht, dass sie winzige

Wasserreservoirs enthält, und sie wird wieder mit ihrem natürlichen Dünger versorgt. Und mit einem Mal kehrt die ursprüngliche Fauna zurück, ganz einfach, weil das ökologische Gleichgewicht wieder hergestellt ist. Wir begleiten die Natur und nutzen ihre Kräfte und wir arbeiten niemals gegen sie.«

Sie streicht über die Spitzen der Gräser, lässt die braunen Samen eines *birdwood*-Kolbens durch die Hand gleiten und zeigt sie mir stolz: »Das ist unser grünes Gold. Es kann innerhalb einer Woche sprießen, wenn es nur fünfundzwanzig Millimeter Niederschlag gibt, sogar nach monatelanger Dürre. Und das Vieh kann gar nicht genug davon kriegen. Das Saatgut verkaufen wir an die größten Ranches in der Gegend, gemeinsam mit dem vom *verano*, das den Boden fruchtbar macht und dafür sorgt, dass er nicht auslaugt und die Verwüstung wieder einsetzt. Mittlerweile exportieren wir es sogar in sein Ursprungsland, nach Afrika!«

Die Sonne steht im Zenit und drückt uns zu Boden. Wir sind zurück im *homestead*, wo wir auf die Schnelle ein Chicken-Sandwich verdrücken, bevor wir unter den Ventilatoren eine Siesta halten. Süße Düfte von Plumeria und Melone dringen vom Garten her, zwei Truthähne kämpfen im Hühnerhof, sonst nichts, sogar die Insekten kleben an der Wand, die Hitze hat alles Leben zum Stillstand gebracht und lässt die Natur verstummen.

Vier Uhr. Im großen Schuppen, der ihr als Büro dient, gibt Robyn die Liste der monatlichen Niederschläge, die *birdwood*-Bestellungen, die vom Hafen in Adelaide nach Saudi-Arabien verschifft werden müssen, und die Heulieferungen nach Alice Springs in den Computer ein. Und den Benzinverbrauch, die Ersatzteile für den Bulldozer, für die beiden Traktoren und den Mähdrescher und die Reparaturkosten für den Trieur.

Fünf Uhr. Robyn liegt unter dem Jeep und reinigt den Kühler, tauscht dann die Trommel vom Traktor aus und macht mit breitem Wasserstrahl den Bulldozer sauber.

Sechs Uhr. Sie geht zu Térésa in den Schweinestall, packt ein kleines Ferkel, durchtrennt ihm mit einem Schnitt die Kehle und taucht es in ein Bassin mit kochendem Wasser. Sie zieht ihm die Borsten ab und hängt es an einen Mangobaum. Ich sehe den beiden zu, wie sie es im Handumdrehen zerteilen, das Fleisch in Folie verpacken und in der Gefriertruhe verstauen.

Sieben Uhr. Während Térésa den Rinderbraten aufschneidet, holt Robyn fünf Laib Brot aus dem Ofen, für das sie am Morgen den Teig geknetet hat. Eine Viertelstunde später wird das Abendessen serviert, vor laufendem Video, auf dem Robyn in langem Kleid auf einem Podium zu sehen ist, wie sie ganz gerührt aus der Hand des Landwirtschaftsministers den Preis für die beste Landwirtin des Jahres entgegennimmt. Auf Zehenspitzen stehend, damit sie an das Mikrofon herankommt, und die Trophäe in der Hand, richtet sie sich mit durchdringender Stimme an die zweitausend Menschen im Parkett: »Wenn man sich dafür entscheidet, Landbau zu betreiben, hat man eine Schuld gegenüber dem Leben. Ich bin in der Steppe groß geworden, sie hat mich ernährt und jetzt möchte ich sie am Leben erhalten. Und weil die natürlichen Zyklen sehr langsam sind, weil es mindestens fünfundzwanzig Jahre dauert, bis ein Boden sich regeneriert hat und eine Landschaft sich verändert, werde ich ihr mein ganzes Leben widmen. Entweder wir gehen gemeinsam unter oder wir überleben, aber ich gebe niemals auf!« Robyn beendet ihre Ansprache mit Tränen in den Augen, Applaus.

Ich blicke neben mir auf die kleine Gestalt, die den Kopf hin und her wiegt, die Müdigkeit ist stärker als die Erinnerungen an den Ruhm. Beim Gehen wirft sie uns noch einen Handkuss zu, in der Erschöpfung hat sich ihr Gesicht entspannt, plötzlich könnte man sie für ein kleines Mädchen halten, das ihren Glauben und ihre Begeisterung nie verloren hat.

Zweiter Tag. Robyn ist unterwegs, um Saatgut nach Kimberley Downs zu liefern, der benachbarten Ranch mit hundertfünfundzwanzigtausend Hektar, für die sie als Beraterin in Sachen »Regeneration der Weideflächen« tätig ist. In den Kimberleys, die bei zwanzigtausend Einwohnern dreimal so groß sind wie Frankreich, gibt es riesige Ranches – zum Teil von der Größe Belgiens –, aber hundert Jahre blinde Tierzucht haben sie zu Wüstenquadranten heruntergewirtschaftet. Robyns Arbeit besteht nicht nur darin, *birdwood* zu verkaufen, sie versucht auch die Züchter davon zu überzeugen, dass ihr Reichtum auf lange Sicht weder Vieh noch Gras sind, sondern der Boden und seine Fruchtbarkeit, von der alles andere abhängt.

Nach fünfzehnjähriger Missionarsarbeit und der Bewährungsprobe auf Birdwood Downs schenkt der chauvinistische und konservative Clan der *ranchmen* Robyn nun endlich Gehör und nimmt ihr Wissen immer häufiger in Anspruch. Nur aus der Not heraus oder handelt es sich um einen wirklichen Mentalitätswandel? Langsam jedenfalls bringt die »kleine Portion Frau«, von manchen in nicht steigerbarer Ehrenbezeugung inzwischen auch *mate* genannt, die Welt der Schäfer im äußersten Far West in Bewegung.

»Für meine Insel ist die Sache gelaufen, es gibt kein Zurück mehr, die Jagd auf das Geld hat alles kaputtgemacht.« Grummelnd hält Térésa mir Palmwedel hin: Sie hat angefangen, das Blechdach des *homestead* mit einem Blattgeflecht zu isolieren, wie man es auch auf Tahiti macht. Eine Geduldsarbeit, die uns den ganzen Tag beschäftigen wird, oben auf einer Leiter unter dem glühend heißen Zink, die Arme in die Höhe gereckt. Es ist schier unglaublich, was für eine Ausdauer die beiden Frauen aus den wilden Bergen und aus der Steppe an den Tag legen und wie sie sich völlig verausgaben und keine Mühen scheuen.

Und als es langsam kühler wird, sind wir alle im Garten, um rings um die Papaya- und Mangobäume und die Bananenstauden organischen Dünger auszustreuen, Würmer und Termiten in den Boden des Gemüsegartens zu setzen, damit die Erde atmet, und Obstbäume für die Baumschulen in Broome einzutopfen. Wir finden einen wilden Hund, der hingestreckt auf dem Weg liegt. »Du siehst die beiden Löcher in seinem Schenkel, das war eine *king brown*, eine Python, deren Biss genauso gefährlich ist wie der der *death adder*, die mich letzte Woche angegriffen hat ... Zum Glück kenne ich das schon! Ich habe das Gift angesaugt und die Arterie abgebunden und ich war gerettet, noch bevor ich im Krankenhaus war!«

Térésa packt den Hund an einer Pfote: »Komm, wir begraben ihn, jedes Lebewesen hat ein Recht darauf.« Sie sucht einen alten Baobab aus und hebt die Erde aus, als wollte sie einen Baum pflanzen, mit der gleichen Selbstverständlichkeit. In diesen extremen Gegenden gehören Leben und Tod zusammen, sie leben auf Tuchfühlung, das weiß Térésa seit ihrem ersten Atemzug.

Abendessen zu zweit – Robyn wird erst spät zurückkommen –, die Wonnen eines Papayahuhns. Ruhe und Entspannung, Kerzen werfen Licht auf das Schauspiel der Geckos, kleiner, durchsichtiger Eidechsen mit Schwimmhäuten. Draußen eröffnen die Heuschrecken wie auf Kommando ihr gequetscht tönendes Konzert und oben auf den Obstbäumen beginnen die Fledermäuse mit ihrem Ballett. In der Ferne fängt ein Dingo zu heulen an, sein rauer Koyotenschrei erinnert daran, dass der Busch genau hier beginnt, zwei Schritte von unserem grünen Unterschlupf entfernt. Ich sehe eine Federmaske und zwei runde Augen in den Bougainvilleen, die Schleiereule ist zurückgekehrt, sie ist die Hüterin der Ranch. Wir können beruhigt schlafen.

Letzter Tag, eine Überraschung. Es ist Térésas Geburtstag, also »arbeitsfrei«. Wir beschließen, einen Ausflug nach Windjana Gorge zu machen, zwei Autostunden von der Ranch entfernt. Wir brausen über die Gibb River Road, die frisch geteerte Hauptverkehrsader, die zu den Schätzen der Kimberleys führt. Térésa hat eine Kassette der Pigram Brothers eingelegt, eine Kultgruppe aus Broome, die eine Mischung aus Folk und Country-Rock spielt, die perfekte Untermalung für Strecken, auf denen es immer geradeaus geht. Nach und nach tauchen die Felder mit den Riesentermitenhügeln zwischen den weißen Gräsern auf und treten an die Stelle der Baobabs, sie geben der Landschaft eine erhabene Note. In der Ferne erhebt sich ein rosa gefärbter Steilhang mit vertikalen Felstürmen und blätterteigartigen Querstreifen: Das ist Napier Range, das älteste Korallenriff der Welt, das aus dem Wasser emporagte, als der Ozean in der Devonischen Formation, vor über dreihundertfünfzig Millionen Jahren, zurückwich.

Wir laufen zu Fuß auf den Steilhang zu, entlang der sumpfigen Ufer des Lennard River. Knapp über der Wasseroberfläche gleiten *johnsons* dahin, Süßwasserkrokodile mit spitz zulaufenden Kiefern, die »nur« Fische fangen können. Wir begeben uns in die Schlucht, laufen auf Trampelpfaden zwischen zwei Kalkmauern und folgen Robyn in eine Spalte, die sich in einen Flaschenhals verwandelt, erhellt von Lichtbündeln, die durch Risse im Gestein einfallen. Korallen in all ihrer Pracht, ob mit gekräuseltem Kopf oder malträtierten Armen, mit Blättern aus Kalkspitze oder wabenförmig gehöhlten Kugeln. Herrlichste Beige- und Grün-, Rot- und Blassrosatöne, die sich urplötzlich im Kegel eines Sonnenstrahls zeigen. Salziger Geruch von Moosen und Fels, aus dem es heraussickert. Wir bleiben stumm, unsere Hände streichen über alle Formen und begleiten so diese Reise ins Zentrum der Erde, zwanzigtausend Meilen unter dem Meeresgrund, in sämtliche Bäuche der Schöpfung.

Draußen überfällt uns das Licht, wir kehren von einer langen Geschichte zurück. Ich denke an die Surfer, die aus dem Wassertunnel der Wellen geschleudert werden. Australien scheint uns ununterbrochen zur Wiedergeburt aufzufordern, durch die zigtausend Arterien in seinem Fleisch oder die unsichtbaren Pfade, die auf seiner Haut tanzen und singen.

Picknick mit Kuchen, Kerzen und Champagner auf einem kleinen Steilhang mit Sicht auf die ganze Steppe. Eine unerschütterliche Landschaft, durch die einst die großen Säugetiere zogen, das stille Kreisen der großen Adler, hier ist der Ursprung der Menschheit … Und dann, ganz in der Nähe, Gänseblümchen und Hahnenfuß, winzige, weiße Blumen in Sternenform, die der letzte Regen hervorgebracht hat und die morgen wieder weg sein werden, um uns unsere Vergänglichkeit ins Bewusstsein zu rufen.

Wir beenden unsere Tour in Tunnel Creek, eine Stunde Fahrt auf einer Piste südlich von Windjana Gorge. Es ist ein achthundert Meter langer Tunnel, der den Steilfels von einem Ende zum anderen durchzieht: Er war Unterschlupf für den Robin Hood der Aborigines, auch »Taube« genannt, der über zehn Jahre lang gegen die Einnahme des Landes der Warwa durch die Weißen Widerstand leistete und schließlich im Gefängnis von Derby landete, das sich in einem riesigen, ausgehöhlten Baobab befindet. Wir bewegen uns zwischen den kleinen Becken mit klarem Wasser vorwärts, in denen sich die Tropfsteine spiegeln. Zu jeder Seite hin leuchten unsere Lampen in Basalthöhlen hinein, noch im letzten Jahrhundert diente dieser Basalt zur Herstellung von Steinäxten.

An einer Stelle, an der das Gewölbe eingestürzt ist, fallen plötzlich Sonnenstrahlen ein und werfen Licht auf eine Mähne aus weit verzweigten Lianen und Farn, die sich im Nichts wiegen. Das Wasser reicht uns bis an die Hüften, im Dunkeln waten wir durch einen tiefen Wassertümpel und fahren mit unseren Stöcken vor uns her, um die Krokodile auf Distanz zu halten. Am anderen Ende dieses eigenartigen Parcours, der manchmal etwas von einer Geisterbahnfahrt hat, entdecken wir Handabdrücke – wie mit einer Schablone gemacht –, zwanzigtausend Jahre alt; die Kinder allerdings halten sie gern für die von »Taube«, der sich auf diese Weise verraten hätte.

Am Ausgang tauchen wir in eine Aureole von kristallklarem Wasser ein. Die Frau von den Inseln hat sich sofort ausgezogen, Robyn schwimmt angezogen, sie weiß, dass alles in null Komma nichts wieder trocken ist, wozu also der Aufwand. Ich erinnere mich an Janet in Delmore Downs, die den Fluss bei der Ranch wie eine Straße überquerte, in voller Montur, Sandalen inbegriffen, und auf der anderen Seite ganz selbstverständlich ihren Beschäftigungen nachging, während die Sonne sie wieder trocknete.

Bei Einbruch der Dunkelheit sind wir zurück, zur Stunde, da die grauen Wallabies in kleinen Hopsern über die Wege setzen, ohne jede Eile, um zusammen mit dem Vieh an den *billabongs** zu trinken. Robyn stellt einen Sender mit Aborigine-Programm ein. Sandra, die Moderatorin aus Broome, bringt die Nachrichten:

»Alle Straßen im Nordwesten sind freigegeben, mit Ausnahme der in Kalumburu, die noch überschwemmt ist. In den Kimberleys liegen der Alkoholkonsum und die Zahl der Verkehrstoten infolge von Alkoholmissbrauch am Steuer doppelt so hoch wie im nationalen Durchschnitt; als Gegenmaßnahme wurden in Broome und Derby die so genannten ›Sobering shelters‹ eingerichtet, in denen Rückfällige auf Entzug gehen können. Die Ältesten sind äußerst schockiert über die fortschreitende sexuelle Freizügigkeit in den Städten; angesichts des rasanten Anstiegs von Geschlechtskrankheiten raten sie jungen Leuten zum Gebrauch von Präservativen. Ein Aufklärungsvideo von BRACS wird demnächst in den Gemeinschaften verfügbar sein. Das Training der Jugendschwimmmannschaften hat begonnen: Aufgepasst, die Olympischen Spiele in Sydney stehen unmittelbar bevor. Bei einer Demonstration gegen den Bau des Staudamms am Fitzroy River haben sich über hundert Umweltschützer und Aborigines aus den benachbarten Gemeinschaften versammelt …«

Es folgt ein Reggae-Rep, in dem Bumerang-Schläge den Takt vorgeben, sowie eine letzte Nachricht:

»Die Aborigine-Bevölkerung von Derby hat soeben die Lizenz erhalten, die sie zum Betreiben einer eigenen Rundfunkanstalt berechtigt. Jetzt können wir uns um uns selbst kümmern, wir sind groß genug, um unser Schicksal in die Hand zu nehmen.«

Der Schlusssatz ist derselbe wie auf den Kassetten von BRACS, der Tonfall ist der der Pioniere aus der Neuen Welt… Was natürlich nicht ganz ohne ist, wenn man bedenkt, dass es sich um das älteste Volk des Planeten handelt!

Auf den Stufen des *homestead* erwartet uns eine etwa fünfzigjährige, sehr blonde Frau, deren Gesicht vom Leben an der frischen Luft gezeichnet ist, die aber mit ihren blauen Augen einen sehr jugendlichen Blick hat: »Ich komme gerade von der Demonstration gegen den Staudamm, ich habe mir gesagt, bevor ich nach Broome zurückfahre, schaue ich noch auf einen Sprung bei meinen Freundinnen vorbei…« Robyn stellt mich Pat Lowe vor, der Gefängnispsychologin in Broome und Autorin mehrerer Bücher über die Great Sandy Desert, wo sie mit ihrem Mann Jimmy Pike, einem bekannten Aborigine-Maler, gelebt hat.

Aufmerksam betrachte ich die distinguierte Engländerin mit dem ziegelsteinroten Teint, die mir in schlichten Worten erzählt, dass sie ihr bürgerliches Umfeld in London verlassen habe, um in Uganda zu studieren, und ihren Abschluss in Psychologie über Vorbestrafte in Perth gemacht hat. Es folgten zwei Jahre Praktikum im Gefängnis von Fremantle, sie erliegt der Faszination des Nordens und dem Charme eines langjährigen Insassen im Gefängnis von Broome, Jimmy Pike, der wegen Mordes verurteilt ist. Auf Pats Betreiben wird er nach sechs Jahren freigelassen und zieht mit ihr in die Heimat seines Stammes in die Nähe vom Mackay-See, mitten in der Wüste.

Das Gespräch an dem Abend ist sehr lebhaft. Pat berichtet witzelnd von den eigenartigen Gepflogenheiten im Gefängnis von Broome, wo der Wärter kurz auf ein Bier geht und zu diesem Zweck ein Schild »Bin gleich zurück« aushängt, wo die Insassen sich gegen ihre Entlassung sträuben und ihre Freundinnen nicht aus-, sondern einrücken, um Bier und Videos einzuschleusen oder vor den Augen der Schließer Glücksspiele mit Geldeinsatz organisieren.

Pat spricht auch davon, wie schwierig es ist, nach dem Leben in der Wüste wieder in Broome zu sein, und vom rapiden Verfall der Aborigine-Kultur in den Städten:

»Welche Spuren haben sie hinterlassen, nach vierzigtausend Jahren, in denen ihnen das Land durchgehend gehörte? Die Reste ihrer Lagerfeuer, ein paar Werkzeuge aus Holz und Stein, Skelette, die auf Bäumen kauern – ihre ersten Skulpturen –, in Höhlen versteckte Zeichnungen ... Keine Pyramiden, keine Kathedralen, das haben sie nicht gebraucht, um ihr Dasein auf Erden zu rechtfertigen, um sich lebendig zu fühlen, die Traumzeit gab ihrem Leben einen Sinn.

Dieses Land bleibt auf immer von ihrer Geschichte geprägt, von all diesen Leben, die Inspiration für ihre Träume, für ihre Riten, ihre Gesänge und Tänze waren. Sie sind alle da, sehr gegenwärtig, in jedem Winkel der Landschaft. Sie allein kennen dieses Land und wissen noch, wie man es in der geeigneten Weise bewohnt. Das erste Mal, als Jimmy, mein Mann, das Land seines Stammes im Hubschrauber überflog, hat er sofort seine Heimat wiedererkannt, weil er sie immer so gemalt hatte, ›von oben‹. So hat er sie durchstreift und so ist sie ihm in seinen Träumen erschienen, dreidimensional ... Ganz anders als wir, sie brauchen kein Flugzeug, um zu fliegen!

Ich habe nie daran gedacht, mich ihnen anzupassen, ich werde niemals eine Aborigine sein. Ich bin ganz neu auf diesem Kontinent und dies ist nicht meine Heimat. Nach dreißig Jahren kann ich nur eines mit Bestimmtheit sagen: Dass ich keine *pommy** mehr bin, keine Engländerin. Wahrscheinlich bin ich jetzt Australierin.«

Pat lacht schulterzuckend, all das ist nicht so wichtig. Ihre langen Aufenthalte in der Wüste haben ihr Leben auf das Wesentliche reduziert, sie trägt ihre Wurzeln in sich ... Und ihre Nationalität ist die geringste aller Sorgen.

Ich sehe das von Wind und Sonne geformte Gesicht dieser drei Frauen, die in der Lebensmitte stehen und mit ihrem Lebensweg, ihrer »persönliche Legende«, wie der Alchemist sagen würde, im Einklang sind. Morgen fahre ich nach Arnhem Land, in den Norden, zu einem Stamm, der seine Legende nie verleugnet hat, denn es ist keine fünfzig Jahre her, dass er zum ersten Mal einem Weißen begegnet ist.

Und ich, werde ich dort wohl endlich auf die Fährte meiner eigenen Legende stoßen?

Arnhem Land. Bis ans Ende der Welt

Katherine. Fünftausend Einwohner. Ein Flecken irgendwo am Stuart Highway zwischen Alice Springs im Süden – tausendzweihundert Kilometer weit weg – und Darwin, der Hauptstadt von Top End und der Tropen, dreihundert Kilometer weiter nördlich. Hier, zwei Tage Busfahrt von Derby entfernt, regnet es immer zu viel, und vor zwei Monaten wurde die Stadt bei einer Überschwemmung vollkommen verwüstet: Nach dem Zyklon Tracy, der Darwin vor fünfundzwanzig Jahren dem Erdboden gleich gemacht hat, ist dies das zweite Mal, dass das Land im Norden einer Katastrophe zum Opfer fällt.

Der Greyhound setzt mich vor der Jacaranda Lodge ab, wo ich die Nacht verbringe, ein letzter Hauch von Zivilisation, bevor ich mich ins Herz von Arnhem Land aufmache. Zivilisation ist fast zu viel gesagt, die Fluten des Katherine River haben innerhalb von einer Stunde sämtliche Matratzen, die Tische im Restaurant und alle Küchengerätschaften unter Wasser gesetzt, haben den Stromkreislauf und die EDV-Anlage zerstört. Ich sacke auf ein Feldbett, im Licht einer Kerze und mit einem Corned-beef-Sandwich, das in einer Notkantine zubereitet wurde.

Am Tag danach zeigt mir Jill, die Eigentümerin, mit Tränen in den Augen den braunen Streifen an der Fassade, zwei Meter über dem Boden, die Spur der Schlammmassen, die innerhalb von einer Nacht ihre Geschäftsgrundlage und zwanzig Jahre harte Arbeit zunichte gemacht haben … »Ich hätte mich an die Aborigines halten sollen, sie hatten schon ein paar Tage vorher ihre Sachen gepackt und die Ufergebiete verlassen. Aus Darwin sind sie weg, ohne ein Wort zu sagen, drei Tage vor dem Zyklon. Eigenartig, nicht?« Ihr Lächeln ist wieder da, sie gibt mir die Briefe zu lesen, die aus ganz Australien eingetroffen sind, erzählt von einem Solidaritätsfonds, der jedem sofort fünfzehntausend Euro zugeteilt hat, von gegenseitiger Hilfeleistung, die auch gegnerische Lager in Katherine zusammengeführt hat, von unverhofften Versöhnungen. Und schließlich gibt sie in unbeschwertem Ton zu: »Ich habe schon viermal mein Leben auf den Kopf gestellt, die Arbeit gewechselt, den Mann, den Wohnort, alles ... Auf einmal mehr oder weniger kommt es auch nicht an!«

Schlag zehn bin ich im Roadhouse BP verabredet, dem wichtigsten Bahnhof für Reisende und der letzten Station, bevor sie in der Wildnis verschwinden. Ein riesiges Amphibienfahrzeug gibt mir die Lichthupe, es ist das von Bodeidei Camp. François winkt mich zu sich herein. Da ist es wieder, sein gegerbtes Haudegengesicht – das mir vor gut zehn Jahren in Paris zum ersten Mal begegnet ist –, da sind seine flinken und gewitzten Augen unter dem Filzhut, um den ein Krokodilsriemen gespannt ist, und seine Tat- und Entschlusskraft, die auf ein einziges Ziel gerichtet sind: nichts wie weg aus der Stadt, die er nur aufsucht, um seine Vorräte aufzufüllen, und noch vor Einbruch der Dunkelheit zurück in sein Lager mitten im Dschungel – sein Refugium und sein Leben seit fast zehn Jahren. »Du hast Glück, vor zwei Wochen waren die Straßen noch gesperrt. Aber du musst dich gut festhalten, durch die Überschwemmungen sind die meisten Pisten schwer beschädigt, überall sind Spurrillen.«

Wir fahren durch die Stadt, wo Zimmerleute und Maurer auf die Schnelle Blechbaracken errichten. Ein Schwarm schwarzer Kinder, die mit ihren Müttern unterwegs sind, rennt bei der ersten roten Ampel auf den Lastwagen zu. »*Balang**, *balang*, nimm uns mit!« François greift nach Händen und streicht über Köpfe, »kleine Strolche, was macht ihr denn in der Stadt und was ist mit der Schule?«, und schon geht es weiter. Bald biegen wir auf eine ungeteerte Straße ab, die in den Wald und schnurstracks nach Arnhem Land führt, dreihundert Kilometer im Landesinnern.

Ich atme den satten Geruch von Humus ein, eine Mischung aus Pinien, Eukalyptus und Pandanus – einem Baum mit palmartigen Zweigen, die die Frauen zu Körben verflechten. Der Wald wird dichter, mehrmals müssen wir langsamer fahren, um die Schlammmassen zu durchqueren, eine Wildeselfamilie passieren zu lassen oder Brahmanenkühe, die gleich Sphinxen wie angewurzelt mitten auf dem Weg stehen. François bremst abrupt: »Ich glaube, ich habe einen Waran erwischt.« Vor dem Vorderrad liegt eine Rieseneidechse in den letzten Zuckungen. In null Komma nichts hat François sie verschnürt und am Kotflügel befestigt: »Den schenke ich Georges und Maguy, das werden sie sich schmecken lassen.«

Er braust weiter. Ich betrachte dieses über fünfzigjährige Energiebündel, das es keine Sekunde an einem Fleck hält. In Paris hatte man ihn mir als »Crocodile Dundee« vorgestellt, aber es war eine tiefere Liebe zu Australien, die uns zusammenführte. »Wenn du wirklich ganz in dieses Land eintauchen willst, dann komm mich doch in Bodeidei Camp besuchen. Das ist in Arnhem Land, auf Aborigine-Gebiet, ich bin der einzige Weiße, dem sie erlaubt haben, auf ihrem Land zu leben. Der Stamm, der mich beherbergt, hat den ersten Weißen in den Fünfzigerjahren gesehen. Bis dahin lebten sie mitten im 20. Jahrhundert so wie vor sechzigtausend Jahren. Sie waren Nomaden.« Ich begriff, dass der als Cowboy verkleidete Abenteurer, dem ich bei französisch-australischen Festivitäten begegnet war, noch ein ganz anderes Gesicht hatte und sich dahinter eine viel ernsthaftere Geschichte verbarg.

Es wird langsam dunkel. Der schwere Flügelschlag von Reihern, Wildgänsen und Storchen lässt die Wipfel der Bäume erzittern. Eine drei Meter lange Schlange gleitet durch den Lichtkegel der Scheinwerfer, »nicht erwischt, schade, das war eine *king brown*, ihr Biss ist tödlich«. Rote Augen huschen durch das Unterholz: Hasen, Hunde oder Wildkatzen, Dingos oder Wallabies? Mein Blick findet sich in diesem neuen Dschungel noch nicht zurecht.

Am anderen Ende der Piste blinken kleine Lichter. Wir fahren durch ein Dorf aus Blechhütten mit Sportplatz, einem Barackenladen, einer Tankstelle, einem Gesundheitsamt und einer Schule, es kommt mir vor wie Hermannsburg. »Das ist Bulmann, das Reservat, wo die Weißen alle Stämme zusammengelegt haben, es ist das Verwaltungszentrum hier. Aber wie bei allen künstlichen Gebilden sind die Konflikte vorprogrammiert, eine wirkliche Gemeinschaft gibt es nicht. Der einzige Treffpunkt ist der Shop, der einzige Laden in der ganzen Gegend. Dort landen das Arbeitslosengeld und die Sozialhilfe und machen alle weißen Händler reich, die exorbitant hohe Preise verlangen.«

Nach zwei weiteren Stunden Fahrt kommen wir durch ein kleineres Dorf, das nur aus ein paar Blechhäusern und einem Fußballplatz besteht: »Das ist Weemol, die *outstation* (das Dorf) der Ngkalabons, ein Stamm, der beschlossen hat, auf das Land seiner Vorväter zurückzukehren. Dank ihnen konnte ich mich in Arnhem Land niederlassen, seit neun Jahren lebe ich auf ihrem Grund und Boden. Sie sind meine wirkliche Familie.« François bremst vor einer Reihe von Baracken mit zerstörten Türen und Fenstern und drückt auf die Hupe.

Schatten erheben sich vom Kartenspiel auf dem Betonboden der Terrasse. Eine Silhouette nähert sich gemächlichen Schritts. In der Dunkelheit nehme ich einen grenzenlosen Blick wahr, wie ich ihn noch nie gesehen habe. »Georges, ich habe ein *goanna* für dich.« Wieder dieser Blick, der den Waran mustert, ich höre eine raue Stimme rufen: »Maguy!« Ein zweiter Blick ohne Ende bohrt sich durch die Dunkelheit, aus dem Bauch heraus ertönt es: »Was für ein Festmahl!«

Von überallher kommen Kinder herbeigelaufen, »*Balang, balang,* nimm mich mit!« Eines von ihnen springt François in die Arme und klammert sich am Steuer fest: »Wamut, das ist Michèle, sie kommt aus meiner Heimat und wird im Camp bleiben. Morgen nehme ich dich mit auf unseren Ausflug.« Freudengeschrei, wir fahren weiter. »Ich bin auch wegen ihnen hier. Ich könnte es nicht ertragen, dass diese Kinder, die so lebendig sind und hier auf meinem Schoß herumspringen, sich morgen womöglich als sturzbetrunkene Wracks in den Straßen von Katherine herumtreiben.«

Schweigend beenden wir die Fahrt. Die Piste wird schmaler, die Dunkelheit noch undurchdringlicher, durch den Wald geht ein Rascheln von tausend gedämpften, mir unbekannten Lauten. Der Lastwagen torkelt zwischen den Rillen, fremdartige Palmen streifen über das Fenster an meiner Seite, mit Furcht und Entzücken betrete ich eine Terra incognita. »Siehst du die kleinen Lichter zwischen den Bäumen, das ist Bodeidei, wir sind da.«

Vor einer Allee geräumiger Zelte links und rechts von einem gepflasterten Weg lässt François mich aussteigen. Ich stelle meine Tasche am Fußende eines bequemen Bettes mit Moskitonetz ab. Die Vorhänge aus Tuch sind noch offen, der Dschungel befindet sich genau hier, hinter dem Kopfkissen. Zweige umspielen das Fenster aus Stoff, ich weiß, dass ich es Tag und Nacht offen lassen werde. Ich will dieses unberührte Land, das wie kein zweites auf der Erde erhalten wird, das uralt und unversehrt ist, das verlassen ist und vor Leben vibriert, spüren und begreifen.

Ich geselle mich wieder zu François unter das große Hauptzelt, das Küche, Esszimmer und Bibliothek in einem ist. Zahlen schwirren mir durch den Kopf: Achttausend Aborigines aus zwölf Stämmen teilen sich das Land von Arnhem, das neun Millionen Hektar umfasst und das kein Weißer ohne Genehmigung passieren, geschweige denn sich aneignen darf… Mit Ausnahme von François! Welches Geheimnis aber steckt dahinter? Ich entdecke die Malereien auf der anderen Seite des langen Holztisches: Schlangen, Kängurus und *goanna* mitsamt allen Organen sind dort abgebildet, als hätte der Maler sie geröntgt. »Das ist Georges' Werk. Das hat nichts mit den Punktmalereien aus der Wüste zu tun, hier wird auf Rinde gemalt und die Natur wird so dargestellt, wie man sie sieht. Gefällt es dir?«

François hat sich entspannt, mitten im Dschungel sitzt er mit der gleichen Glückseligkeit auf seinem Klappsessel, mit der er in einer prunkvollen Villa auf einem weichen Ledersofa sitzen würde. Er ist endlich zu Hause. Auf dem Büfett thront die Enzyklopädie vom Australien der Aborigines. »Sie ist gerade herausgekommen. Ich lasse dich ein bisschen darin blättern und drehe noch eine letzte Runde im Camp, gestern habe ich noch zwei Schlangen erlegt. Gute Nacht, in einer halben Stunde schalte ich den Generator ab. Und geh bloß nie ohne Taschenlampe nach draußen.«

Die Nacht ist kohlrabenschwarz, die Stille durchdringend, voller Geschichten. Ich habe mit einem Mal das Gefühl, in der Mitte der Welt zu sein, im Herzen der menschlichen Odyssee, ganz nah an ihrem Ursprung. Ich schlage die Enzyklopädie auf, auf dem Vorsatzblatt ist als Einführung ein Zitat von Fred Maynard*, dem Sprecher der Aborigines, zu lesen:

> »Im Namen unseres Volkes möchte ich ausdrücklich hervorheben, dass wir es niemals hinnehmen werden, von den Weißen als Unterlegene behandelt zu werden. Unsere beiden Rassen stehen für zwei sehr unterschiedliche Zivilisationen. Mittlerweile ist es eine allgemein anerkannte Tatsache, dass die Weißen, weil sie das Kriegshandwerk beherrschen, unsere Zivilisation, die sehr viel älter ist als die ihre, zerstört haben, dass sie unser Volk durch ihre Laster und Krankheiten dezimiert haben. Diese unstrittigen Fakten beweisen mitnichten die Überlegenheit der Weißen, ganz im Gegenteil.
>
> Wir haben auch die verzweifelten Versuche der Syndikate zur Kenntnis genommen, die zum Ziel hatten, Lebensbedingungen zu schaffen, wie wir sie vor der Invasion der Weißen hatten: Wir haben nur dann gearbeitet, wenn es nötig war, wir hatten keinen Lehrmeister und wir haben nie einen König gehabt.«
>
> Fred Maynard. 1925

Ein Krauskopf und zwei riesige schwarze Augen beobachten mich vom anderen Ende des Zelts. Wamut ist gerade auf dem Traktor seines Onkels Dudley aus Weemol gekommen mit seinen Eltern Philippe und June, seinem Großvater Peter und einer Schar Kinder, die von Maïa und Marie gehütet werden, französischen Praktikantinnen, die helfen, das Camp auf Vordermann zu bringen: In zwei Wochen beginnt die Touristensaison und Bodeidei bereitet sich darauf vor, eine Hand voll Freunde von François zu empfangen, die ganz versessen auf den Busch sind und darauf brennen, Aborigines zu erleben.

Wir springen alle in François' Jeep. Dudley fährt mit dem Traktor vor, um die Piste zu den Wasserfällen von Kliklimarra zu ebnen. Ich betrachte die Ebenholzgesichter mit ihrem sanften oder verträumten Blick, die schmalen Körper mit den langen Gliedmaßen. Ich fühle mich umgeben von stillen und friedlichen Lebewesen, die nichts fordern und nicht urteilen, aber ganz da sind, dicht an mich geschmiegt. Von Zeit zu Zeit streckt sich ein Arm und zeigt mir weit in der Ferne eine Herde Wildpferde im Gras, einen Büffel an einem Sumpf oder einen Schwarm Papageien. Die Augen in ihren ansonsten regungslosen Gesichtern sind immer in Bewegung und erfassen kilometerweit die geringste Bewegung am Boden oder in der Luft.

Wir biegen von der Piste ab, um zu den Schluchten zu gelangen, verlassen die große Weite der Steppe, um uns in sumpfiges Unterholz zu schlagen. Ein reißender Strom versperrt uns den Weg, wir machen eine Vollbremsung und müssen zu Fuß weiter. Die Kinder sind in den Flusslauf gesprungen, in voller Montur lassen sie sich vom Wasser tragen und stoßen laute Freudenschreie aus. Philippe bastelt eine Angel, June macht den *billy* heiß und wendet uns den Rücken zu, so ist es Tradition, etwas weiter weg packen wir unser Picknick aus. Großvater Peter malt einen Barramundi in den Ufersand. François erklärt mir, dass das dazu diene, den Geist des Fisches anzulocken, und dass Peter dazu berechtigt sei, weil seine Familie mit dem Wasser und mit dem Totem des Katzenfisches verbunden sei. Dadurch, dass Peter mit diesem Geist in Kontakt tritt, begünstigt er also Philippes Fang.

Wir lassen Wamuts Familie am Ufer zurück und gehen zu Fuß zu den Wasserfällen: Sie tauchen plötzlich in einer breiten, gar nicht mal tiefen Schlucht auf, wo das türkisfarbene, gestaute Wasser in gekräuselten Stufen hinabstürzt: »Dieses Paradies gibt es noch, weil die Weißen Arnhem Land lange für unzugängliches und unbrauchbares Gebiet hielten. Aber gerade entdecken sie, dass der Boden sehr reich an Mineralien ist: In Gove, an der Küste, zweihundert Kilometer von hier, gibt es eine Manganmine und jetzt ist auch von Gold und Diamanten die Rede. Die Prospektoren der großen Gesellschaften werden mit Sicherheit schon bald wieder aufkreuzen.«

Auf dem Rückweg lässt François mich Früchte aus dem Busch probieren, köstliche kleine Feigen und Passionsfrüchte. Er zeigt mir verschiedene Bäume, den, dessen Rinde für die Malereien verwendet wird, den, der zum Essenkochen gebraucht wird, der als Hülle für die Gebeine der Toten dient und schließlich den, der von den Termiten ausgehöhlt wird und sich perfekt für Didjeridoos eignet: »Verglichen mit der Wüste war dies das Leben, von dem man träumte: Alles war im Überfluss vorhanden und zum Greifen nahe.«

Wie zur Bestätigung erwartet uns Philippe mit einem Dutzend auf Schilfrohr aufgespießten Brassen. Wir fahren alle gemeinsam wieder zum Camp zurück. Kurz bevor wir ankommen, machen wir Rast auf einem mit blühenden Seerosen gesprenkelten *billabong*. Der alte Peter hat sich in den Staub gesetzt, ein wenig abseits, gegenüber von zwei Zwillingseukalyptusbäumen. François erklärt mir, dass dies eine geheiligte Stätte der Ngkalabon sei: Ein großer Vorvater habe einen Stock in die Luft geworfen und während er sich drehte, sei das Wasser gestiegen und der See habe sich gebildet. Dann seien die beiden Bäume gewachsen, sie seien sehr alt, aber würden nie sterben, weil sie den Geist der beiden Hüterinnen des Ortes vertreten würden.

Peter hat sich nicht gerührt, der Sonnenuntergang umschmeichelt sein rundes Gesicht und seine weißen Haare, er scheint woanders zu sein. Im Auto sagt er mir nur, dass er sich »mit seiner Erde auftankt«, weil er sie bald für sechs Wochen verlassen wird: Ein australischer Anthropologe nimmt ihn mit nach New York, damit er seine Bilder großen amerikanischen Kunstgalerien präsentiert. Wenn ich ihn so reden höre, bin ich mir nicht sicher, ob Peter sich darüber wirklich freut, er wirkt nicht sonderlich bewegt und redet über diese erste Reise, die ihn von zu Hause wegführt, als würde er auf einen Sprung in Bulmanns Shop vorbeigehen.

Wir erreichen die große Piste und begegnen einem Riesenbulldozer, der die Straße planiert. Nach langem Palaver mit dem weißen Fahrer wirkt François beunruhigt: »Die verlängern die Piste nicht, um uns einen Gefallen zu tun, dahinter stecken andere Interessen, die möglicherweise mit den Bodenschätzen zu tun haben, ich muss wissen, worauf das hinausläuft… Erst letzte Woche bin ich Büffeljägern außerhalb der freigegebenen Reviere begegnet, sie erlegen nicht nur unsere Tiere, sie zahlen dafür auch nicht einmal Gebühren. Ich muss mit Georges und Maguy darüber sprechen, so schnell wie möglich. Morgen nehme ich dich mit nach Weemol, einverstanden?«

Ich weiß, dass ich die beiden Blicke aus der ersten Nacht wiedersehen werde. Ich bin bewegt, ohne genau zu wissen, warum, aber ich habe beschlossen, mich auf diesen unvorhersehbaren Aufenthalt, bei dem sich alles spürbar meiner Kontrolle entzieht, einzulassen.

Um zwei Uhr wirkt Weemol wie ausgestorben. Kinder spielen rings um eine zerstörte Telefonzelle Fußball, andere sitzen mitten auf dem Weg auf den Resten von Schülerpulten und malen Comics aus. Die Erwachsenen kommen einer nach dem anderen von ihrer Siesta, das Treffen beginnt mit Verspätung, aber hier geht niemand nach der Uhr, die Zeit fließt und lässt sich nicht rationieren. Wir werden Philippe und June wecken. Abgesehen von den Matratzen auf dem Fußboden in den Schlafzimmern ist das Haus leer, keine Spur von einem Tisch, Stuhl oder Sofa. In dem großen Raum stehen, verteilt je nach Lage der Steckdosen, ein

Kühlschrank, eine Stereo-Anlage und eine Waschmaschine. Eine Küche scheint überflüssig zu sein: Die Wände sind kahl, keine Gewürze, keine Gerätschaften, nicht mal ein Gaskocher… Dafür ist der Garten voller Feuerstellen.

Wir finden uns alle vor der Veranda von Georges und Maguy ein. Mein Blick fällt als Erstes auf sie, sie ist dabei, Pandanus-Blätter glatt zu streichen. Ich sehe ihren mächtigen Rücken, dann wendet sie sich ruckartig um und ihr Gesicht trifft mich mitten ins Herz. Es ist ein volles Gesicht, aus einem einzigen Stück aus dem Innersten dieser Erde gemacht, ein Blick wie zwei dunkle Becken, der bis ins Mark hinein alles aufnimmt und ohne jedes Urteil wieder zurückgibt. Sie reagiert wortlos auf mein Kommen, aus ihren Augen blitzt nur kurz eine Spur von Erheiterung, als hätte sie schon erraten, weswegen ich da bin.

Die Vertreter aller Familien sind jetzt versammelt. Georges kommt auf die Veranda: Ich sehe zunächst ein grellgelbes T-Shirt und darüber diesen pechschwarzen Kopf, wie in die Lava eines uralten Vulkans gehauen. Und dann diesen schrankenlosen Blick, der aus dem Bauch der Zeit kommt und meinen Blick ganz aufsaugt, sanft und glühend zugleich, streng und amüsiert, schüchtern und unwiderruflich, wild und vertraut: Als würde er mehrere Geschichten auf einmal erzählen, die, die man kennt, und die, die allein sein Volk kennt, seit Anbeginn.

Georges hat sich auf den einzigen wackligen Stuhl gesetzt. François erzählt von der Instandsetzung der Straße und den wilden Safaris, jeder meldet sich zu Wort und äußert seine Befürchtungen, dass heilige Stätten beschädigt oder Kinder von einem Irrläufer getroffen werden könnten. Georges zeichnet das Gebiet der Ngkalabon auf ein Stück Pappe, François zeigt den Verlauf der künftigen Straße, Maguy schaltet sich besorgt ein: »Diese Straße führt durch den Ort, an dem ich als Kind die Zeremonien miterlebt habe, das ist sehr bedenklich. Ich bin die *djungai* dieser Gegend, ihre Hüterin: Wenn ich nicht fähig bin, sie zu beschützen, soll man mich lieber gleich in den Tod schicken.«

Dudley sagt, dass man sich zunächst erkundigen müsse, und François verspricht, die Bergwerksbehörde in Darwin anzurufen. Dann geht es wieder um die Jäger: Brian, ein Aborigine und Fremdenführer der Weißen, versichert, sie hätten sich verirrt und die Aborigines nicht hintergehen wollen, sie würden die heiligen Stätten respektieren und nicht in den für die Aborigines bestimmten Gewässern fischen. François erinnert an die Gebühren, die zu entrichten sind, und daran, dass die Verträge eingehalten werden müssen, sowohl was die Jagd als auch was die Lagerstätten betrifft. Georges lacht und klopft François auf die Schulter: »Die Weißen müssen ihr Gesetz in Büchern aufschreiben und in Verträgen, weil es sich ständig ändert und sie sich nie daran erinnern können. Unser Gesetz ist in uns und braucht kein Buch, es hat sich seit Anbeginn der Zeiten nicht geändert. Eines Tages haben mir Mischlinge gesagt, die alten Zeiten wären vorbei: Ich habe ihnen geantwortet, dass sie alles verloren hätten, ihre Haut, ihre Sprache, ihr Land, das Gesetz der Traumzeit, und dass sie deshalb jetzt dem Gesetz der Weißen folgen würden ... Aber ich habe mein Land nie verlassen und ich folge nur einem einzigen Gesetz.« Er weist zunächst auf den Himmel und dann auf die Erde und fährt fort: »An dem Tag, an dem der Mond die Erde erleuchtet hat, haben wir unter der Erde all unsere Toten gesehen. Sie haben uns den Weg zu den heiligen Stätten und den von den Helden vorgegebenen Weg des Gesetzes gewiesen. Das müssen wir weitergeben.«

Georges geht zu François, betastet seinen Bizeps und sagt lächelnd zu ihm: »Du weißt, dass ich viele Dinge im Kopf habe, aber meine Kräfte lassen nach, viele Ältere sind tot und auch ich werde bald gehen. Deshalb, *balang*, brauche ich all deine Energie und Entschlossenheit, damit du meine Arbeit fortsetzen kannst ... Ich werde nicht die Zeit haben, alles weiterzugeben, du wirst unseren Jungen das Wissen vermitteln.« Georges und François simulieren ein Armdrücken, und François, der einen roten Kopf bekommt und bewegt aussieht, erwidert mit ernster Stimme: »Du bist mein Bruder, *balang*, du weißt genau, dass ich bis zum Letzten gehe.«

Die Sitzung ist beendet. Maguy macht sich erneut ans Körbeflechten. Georges legt sich wieder hin, er ist gerade erst aus dem Krankenhaus entlassen worden, wo seine Diabetes behandelt wird. Im Dorf zeigt François mir einen Weißen, der den Müll aufsammelt:

»Das ist Peter, er wird von den Aborigines bezahlt, damit er Straßen, Duschen und Toiletten in Stand hält und den Generator und das Telefon bedient. Aber er kann sich keine Anerkennung verschaffen, es fällt ihm schwer, sich in sie hineinzuversetzen.«

Das wirkliche Problem ist nicht das Geld, sondern die Kluft zwischen den Werten und den Mentalitäten. Die Aborigines bekommen alle möglichen Mittel, aber keine Gebrauchsanweisung und keinen Übergang: Der Stamm von Georges ist direkt vom Stadium der Jäger und Sammler in den Supermarkt übergewechselt!

»Wir haben fast hunderttausend Jahre für unsere Entwicklung gebraucht und von ihnen verlangt man, dasselbe in weniger als einem halben Jahrhundert zustande zu bringen. Noch vor fünfzig Jahren haben sie sich hier mit drei Stück Holz, einem Feuer und etwas Wild begnügt, jetzt sind sie mit Videogerät, tragbarem Fernseher und Stereoanlage unterwegs. Aber alles geht sofort kaputt, sie wissen nicht, wie man die Sachen repariert, oder sind schnell davon gelangweilt. Gegenstände, auch Häuser, sind ihnen nicht viel wert. Ich weiß noch, dass ich Dudley einmal Ewigkeiten mit seinem Traktor neben der Zapfsäule habe stehen sehen: Er hatte vergessen, auf den Zapfhahn zu drücken!

Ich bin auch nicht sicher, ob Georges seine Medikamente einnimmt. Für ihn macht es keinen Sinn, jeden Tag zu einer bestimmten Uhrzeit eine Pille zu schlucken. Letzte Woche ist ein Junge an einer Lungenentzündung gestorben, nachdem er aus dem Gesundheitsamt kam, wahrscheinlich, weil niemand in Weemol das Rezept verstanden hat. Es reicht nicht, lesen und schreiben zu können, es ist vor allem eine Frage der Kultur und der Werte. Aber davon später mehr.«

Als wir wieder in Bodeidei sind, sehen wir Marie – die französische Praktikantin – in Tränen aufgelöst vor den Porträts, die Michel, ein Fotograf, der alle Familien in Weemol aufgenommen hat, aus Paris geschickt hat. »Mich macht das ganz traurig, er hat sie fotografiert, als würden sie alle sterben! Und dabei geht es mir so gut bei ihnen, sie haben mir beigebracht, den Busch genauso zu sehen, wie ich meine eigene Stadt sehe. Was soll ich machen, ich bin achtzehn Jahre alt und bei der Vorstellung, dass es dieses Volk nicht mehr geben soll, kann ich nur noch heulen und fühle ich machtlos.«

Ich lasse meinen Blick über die Fotos schweifen, die auf dem großen Tisch ausliegen. Um Georges und Maguy sind fünf Generationen von Ngkalabons gruppiert, die weiterhin auf ihrem jahrtausendealten Land leben. Ich sehe ihre furchtlosen Gesichter, ihre Würde, die fest verwurzelten Körper, den Wald aus mageren Beinen, die dicht an dicht auf der roten Erde stehen wie lauter Wurzeln ein und desselben Baumes … Ich wende mich wieder ihren Blicken zu, die so präsent und abwesend sind, unverstellt und ungebrochen, wie ein uraltes, eigenartiges Gedächtnis, das uns daran erinnert, woher wir kommen.

Stärke und Zerbrechlichkeit, alles ist im Umbruch, ihr Überleben hängt am seidenen Faden. Wie das unsere auch, wie das Leben auf diesem Planeten überhaupt. Ich kann Maries Schrecken begreifen.

Aber ist es nicht unsere Welt, die uns, im Spiegelbild der ihren, langsam Angst macht?

Morgens dann klärt sich das Durcheinander vom Vortag auf: Die Jäger wurden über Routen, Jagdzeiten und die Höhe der Gebühren informiert, die pro erlegtem Büffel anfallen. Und die Bergwerksbehörde in Darwin hat unmissverständlich erklärt, dass sich das Camp ihrer Ingenieure nicht auf Ngkalabon-Land befände und das Gelände, in dem nach Bodenschätzen gesucht werden soll, vierhundert Kilometer weiter nördlich liege.

Lautes Gehupe, Dudley fährt mit seiner ganzen Familie im Traktor vor – verglichen mit einem Toyota das robustere Verkehrsmittel – und teilt uns mit, dass die Beerdigung seines an Lungenentzündung gestorbenen Neffen soeben begonnen habe und wir dazu eingeladen seien.

Mitten auf dem Fußballplatz von Weemol wurde ein Katafalk aus Tuch und Ästen errichtet, unter dem das Kind aufgebahrt ist. Ringsum drängt sich die Familie. Nacheinander berühren zunächst die Männer und dann die Frauen den Körper und hinterlassen eine Spur von ihrem Schweiß. Vor dem Eingang tanzt eine Gruppe aus Männern und Kindern im Alter des Verstorbenen mit weiß bemalten Gesichtern den Kängurutanz, weil das Känguru sein Totem war, und vollzieht Riten, die der Initiationsstufe des Jungen entsprechen. Alle gehen mehrmals auf das Zelt zu und entfernen sich wieder, um dem Geist des Toten zu helfen, sich zu entfernen. Ein Kind in der Mitte repräsentiert den Toten, man trägt ihn abwechselnd liegend und aufrecht stehend, um Tod und Erlösung zum Ausdruck zu bringen. Sämtliche Körperöffnungen sind verstopft, denn dort, wo er ist, muss er weder atmen noch essen.

Georges begleitet die Zeremonie auf dem Didjeridoo, nach und nach werden die Stöcke im Rhythmus geschlagen, Frauen betreten die Szenerie. Auch François begibt sich in die Hütte zur Familie und hinterlässt seinen Schweiß. Nach dem Tanz der Frauen und einem Brummgesang, unterbrochen von Schnalzlauten, die den Geistern bedeuten sollen zu gehen, wird der blumenbedeckte Sarg auf einen Traktor gehievt und im Gänsemarsch fahren die Autos durch den Wald bis zu der Lichtung, in der die Grube ausgehoben wurde. Letzte Tänze, Stockschläge, ein sehr trockenes Zungenschnalzen, es ist vorüber, der Geist des Toten ist fort. Die in Tränen aufgelösten Frauen reinigen den Sarg, dann lassen ihn die Männer in die Grube hinab.

Wir sind jetzt über zweihundert Personen, mehrere Stämme sind vertreten, die weißen Beamten von Bulmann auch und der Pfarrer, der gerade eingetroffen ist. Urplötzlich ist alles ganz anders, die, die gerade noch getanzt haben, singen jetzt Kirchenlieder, andere holen ihre Gitarren hervor, der Pfarrer empfiehlt Gott die Seele des Verstorbenen und bittet die ganze »Christengemeinde«, für ihn zu beten. Georges und Maguy bleiben mit einem Großteil der Familien im Abseits, ihre Gesichter sind regungslos. Das von François an meiner Seite hat sich verdüstert, »komische Zeremonie, als wenn das Durcheinander nicht schon groß genug wäre«.

Eine letzte Hand voll Erde. Frauen stoßen Klageschreie aus. Die Menge verläuft sich. Dudley begleitet eine Tante zurück, die zusammengebrochen ist – sie hatte das Kind großgezogen –, dann kehrt wieder Ruhe ein. Eine Wolke aus Papageien lässt sich rings auf der Baumkrone nieder, der Wald übernimmt die Totenwache.

Die Rückkehr ins Lager verläuft schweigend, Marie und Maïa nehmen Wamut und seine Brüder mit an den Fluss zum Spielen. Bevor François in seinem Zelt verschwindet, schlägt er vor, dass wir uns morgen treffen sollen, »in aller Ruhe«, damit er all meine Fragen beantworten kann.

»Bald sind es zehn Jahre, dass ich das Leben der Ngkalabon teile, und mein Blick auf sie hat nichts zu tun mit dem eines Journalisten oder Ethnologen: Das tagtägliche Leben mit ihnen hat mich von Grund auf verändert, auch meine Sicht auf die Welt, selbst wenn ich weiß, dass ich nie ein Aborigine sein werde. Ich bewege mich an einem Ort mit unendlichen Reichtümern, ich bin ganz darin eingetaucht und gleichzeitig werde ich nie wirklich Zugang dazu haben, weil ich nicht als einer der ihren geboren bin. Es ist eine sehr komplexe Zivilisation und ich beherrsche weder die Basis noch wirklich den Kodex für ihre Beziehungen untereinander. Alles, was ich tun kann, ist, mich, dem so weit es geht, anzunähern, wie ich es mein Leben lang immer wieder bei verschiedenen Eingeborenenvölkern gemacht habe, die keinen Kontakt zu unserer Zivilisation hatten. Durch sie habe ich versucht zu verstehen, woher wir stammen und wer wir sind. Ich will die Wurzeln finden, den Ursprung unserer menschlichen Gattung, bevor sie alles zerstört und zugrunde richtet.«

Wir sitzen unter dem Vordach, vor dem Esszimmer. François blickt über das Camp, als wollte er seinen bisherigen Lebensweg ausloten.

»Ich bin in Lodève geboren, mein Vater war ein autoritärer Zigeuner mit schwachem Charakter. Als kleiner Junge habe ich alles von der Zigeunergemeinschaft gelernt, sie hatte ihr Lager auf dem ehemaligen Sportplatz der Stadt errichtet. Ich saß draußen beim Lagerfeuer mit ihnen zusammen, sie erzählten sich Geschichten, sangen, lachten, tanzten zu Gitarre und Akkordeon. Mitten unter ihnen und ihren Alten fühlte ich mich wohl. Sie lebten frei, aber sie pflegten untereinander einen echten Ehrenkodex, hatten Zusammengehörigkeitsgefühl und Gemeinschaftssinn, waren gastfreundlich und großzügig, bei all dem wurde mir ganz warm ums Herz und bei den Aborigines fand ich dies wieder. Und ich hatte einen Großvater, der Bahnwärter war und Lodève nie verlassen hat, aber er war ein sehr weiser Mann. Er hat mich gelehrt, ›niemals zu leben, um zu arbeiten‹ und die Natur zu lieben, die er sehr genau kannte.

Auf dieser Grundlage konnte ich ein abenteuerliches Leben meistern, ohne aus der Spur zu geraten, und zum Wesentlichen der Menschen vordringen, ohne mich vom äußeren Schein trügen zu lassen. Mit sechzehn war ich zunächst Koch in Hassi-Messaoud, dann auf Bohrinseln im Niger, mitten im Algerienkrieg habe ich die Welt der Schwarzen und der Araber entdeckt, ich habe mich dort sehr schnell wohl gefühlt, meine erste Freundin war auch eine junge Tuareg. Und dann habe ich gleichzeitig die Erfahrung von Krieg, Tod, Gewalt und großer Freiheit gemacht.

Als ich wieder in Frankreich war, war ich ein noch größerer Außenseiter als vorher. Aber ich wollte nicht wieder weg, ohne mir zuvor bewiesen zu haben, dass ich meinen Lebensunterhalt bestreiten konnte… Und sobald ich genügend Geld zusammen hatte, trat ich meine Weltreise an. Sehr schnell wurde mir klar, dass es mich am meisten reizte, in Gegenden zu kommen, die ich nicht kannte, mich mitten zwischen Leute zu setzen, die ich nie gesehen hatte, und aus ihren Augen ihre Botschaft zu lesen. Dem Menschen in ihnen zu begegnen. Ich begriff auch sehr schnell, dass ich mit der Welt der Weißen fertig war und dass meine Suche über die Begegnung mit so genannten ›primitiven‹ Stämmen gehen würde: Ich wollte weder als Voyeur dorthin gehen noch als Wahrsager, sondern von ihnen lernen, indem ich den Alltag mit ihnen teilte.

Der wirkliche Auslöser war 1971 eine Begegnung auf den Mallicolo-Inseln (die ehemaligen Neuen Hebriden, heute Vanuatu). Dort traf ich den Stamm der Mokmotobec, die noch nie einen Weißen gesehen hatten. Sie lebten mitten im tropischen Regenwald, in einer zauberhaften Umgebung, und als ich ihnen nach tagelangem Marsch plötzlich gegenüberstand, habe ich mir gesagt, ich würde mein Leben dafür geben, genau in diesem Moment in ihren Kopf zu schlüpfen, um zu erfahren, was sie bei ihrem ersten Anblick eines Menschen dachten, der keine Ähnlichkeit mit ihnen hatte. Dieser Blick, für den es keine Entsprechung gibt, hat mich schon immer fasziniert.

Ich habe mehrere Monate in ihrem Dorf gelebt und wollte mich ganz klein machen, nicht mehr als ein Schatten sein. Sie haben das gespürt und als sie Vertrauen gefasst hatten, haben sie sich nach und nach etwas geöffnet. Von ihnen habe ich, abgesehen von einer friedlichen Lebensweise, gelernt, dass, wenn man dem Menschen in seinem Wesen nahe ist, es überhaupt keine Unterschiede mehr gibt. Die haben wir künstlich hergestellt.

Der Unabhängigkeitskrieg für das künftige Vanuatu hat mich vertrieben, die Guerilla war im ganzen Urwald eingefallen … Und ich habe mich nach Sydney verzogen, wo ich zuerst an der Bar eines Nachtlokals gearbeitet habe, bevor ich in Ballarat, westlich von Melbourne, in der ersten Stadt des Goldrausches, wieder als Küchenchef gearbeitet habe. Als ich genügend Geld beisammen hatte, habe ich mir sofort einen Jeep gekauft und bin durch ganz

Australien gefahren, bis zum Nationalpark von Kakadu im Norden. Ich bin in Yellow Waters gelandet, in den Tropen, mitten in den Sümpfen und Urwäldern, und da hat es mich gepackt. Ich habe beschlossen, dass ich dort mein Leben noch einmal von vorn beginnen würde.

Und dann bin ich meinem ersten Aborigine begegnet. Ich war sprachlos, es war ein unmögliches Treffen, wir waren wie zwei Schatten, die sich nichts zu sagen hatten. Ich dachte, woher kommen denn die, aus der Vorzeit? Und gleichzeitig erwiderte eine Stimme in mir, woher kommst denn du, erinnern sie dich nicht an deinen Ursprung? Ich habe gespürt, dass es nicht hinnehmbar ist auf diesem Planeten, dass man sich wie zwei Schatten begegnet und es nicht schafft, sich miteinander zu verständigen. Ich wusste, dass ich wiederkommen würde.

Ich bin dann noch einmal komplett in die Welt der Weißen eingetaucht und habe sie als finanzielles Sprungbrett benutzt, um Geld zu verdienen und mich noch weiter weg zu katapultieren. Zehn Jahre lang habe ich zwei Restaurants und einen Club betrieben, die sehr gut liefen und mir viel Geld eingebracht haben, als ich sie verkauft habe. Damals hatte ich einen Freund, der Mischling war, Billie Noaxs, mit dem ich Büffeljagden veranstaltet habe, er war meine Verbindung zu den Aborigines. Eines Tages hat er mich nach Arnhem Land mitgenommen, bis nach Weemol, wo ich Georges und Maguy begegnet bin … Und ich hatte das gleiche Gefühl wie bei den Tuareg in Afrika oder bei dem Stamm auf Vanuatu. Ich habe Georges gesagt, dass ich auf seinem Land leben wollte. Er gab mir zur Antwort, dass ich dazu nicht berechtigt wäre. Und ich habe ihm erwidert: ›Wenn du mir das Recht dazu gibst, ist die Sache besiegelt.‹ Ich war fest entschlossen, ich wollte mir hier mein Leben aufbauen und neue Projekte auf den Weg bringen.

Ich wusste, es würde hart sein, aber nicht unmöglich: Ich habe meinen Schlafsack genommen und im Wald gecampt, zwei Kilometer vom Dorf entfernt. Ich habe mitbekommen, wie die Aborigines die Weißen manchmal zum Wahnsinn treiben, wie sie ihre Schwachstellen subtil ausnutzen und sie für sich einspannen. Und je tiefer ich gleichzeitig Einblick in die Welt der Ngkalabon gewann, desto spannender fand ich sie. Sie hatte nichts mit der der übrigen Aborigines zu tun, sie war von Grund auf anders … Vor allem aber wollte ich Georges nicht übergehen.

Also habe ich sie komplett über mich verfügen lassen, ich habe keine Fragen gestellt und gewartet, dass sie auf mich zukommen. Am Anfang habe ich in Katherine ihre Einkäufe erledigt und auf die Kinder aufgepasst. Und irgendwann haben sie mich mit in den Busch genommen. Eines Tages habe ich zu Georges gesagt, dass ich ein Camp aufbauen wollte, um dort Weiße zu beherbergen und sie mit ihrer Kultur vertraut zu machen. Er hat geantwortet, dass man das ins Auge fassen könnte, wenn es sich nicht um Australier handeln würde, und dass der Rat der Erde und die Ältesten mir behilflich sein könnten, Gelder aufzutreiben.

Daraufhin bin ich drei Monate mit Billie nach Frankreich gegangen und als ich zurückkam, nahm Georges mich mit einem breiten Grinsen in Empfang: ›Willkommen, der Ältestenrat ist damit einverstanden, dass du dich auf unserem Grund und Boden niederlässt.‹ Das war 1989, es hat zwei Jahre gedauert, um sie zu überzeugen. Ich bin mir überhaupt nicht sicher, ob sie wirklich verstanden haben, worum es mir bei dem Projekt geht, aber das Wichtigste für sie war das Vertrauen, das sie mir entgegengebracht haben, für alles, was ich machen wollte … Wir haben auch nie einen Vertrag unterschrieben, meine einzige Garantie ist ihr Wort und unser solides Verhältnis.

Den Ort hatte ich mir schon ausgesucht. Es hat nochmal zwei Jahre gedauert, bis alles angelegt war, mitten im Dschungel. Ich habe Bodeidei Camp zusammen mit einem befreundeten Kanadier eingeweiht, der mir bei den Planierungsarbeiten geholfen hatte, und mit Vertretern der Ngkalabon. An jenem Tag hat Georges mir die Hand auf die Schulter gelegt, es war das erste Mal, dass er mich berührt hat. Dann habe ich erklärt, wie das Lager läuft und den Betrag festgelegt, den ich ihnen als Gegenleistung für ihre Beteiligung als Fremdenführer für weiße Besucher zahlen würde. In den sieben Jahren seither ist unsere Vereinbarung nie in Frage gestellt worden. Und Georges hat immer darüber gewacht, dass meine Rechte im Rat der Erde und gegenüber den Ethnologen, den Weißen oder den Mischlingen gewahrt bleiben, die mich um mein Privileg und um meine Vertrautheit mit den Ngkalabon beneiden.«

»Und was hast du in dieser ganzen Zeit bei ihnen gelernt?«

François sagt lange nichts, sein Blick verweilt in den Baumwipfeln, mit ernster Stimme fährt er fort:

»Das ist ganz einfach, ich bin heute ein anderer Mensch. Aber dazu ist es ganz allmählich gekommen und die einzelnen Schritte hat Georges festgelegt, ohne dass ich es anfangs mitbekommen hätte. Ein Jahr, nachdem ich dort war beispielsweise, rief Georges mich zu Cameron, einem jungen Aborigine, der mir überallhin gefolgt war. Er war gerade gestorben und Georges sagte zu mir: ›Berühre ihn, er war dein *mimi*‹«, was so viel bedeutet wie ›dein Geist, dein Schutzengel‹. Da wurde mir klar, dass Cameron jeden Abend, wenn er aus Weemol zurückgekommen war, dem Stamm über alles Bericht erstattet hatte, was ich tat, von Anfang an.

Später dann kam Georges mit Kindern in das Camp, er hat mir die Hautnamen* erläutert und erklärt, wie die Verwandtschaftsbeziehungen funktionieren. Er hat mir sehr oft ein und dasselbe wiederholt, damit es sich auch setzen konnte. Im Grunde hatte meine Initiation da schon begonnen und ich hatte es nicht einmal gemerkt! Eines Tages sagte Georges zu mir: ›Jetzt bist du *balang*.‹ Da wusste ich Bescheid, ich war sehr bewegt, ich würde also sein Bruder sein, weil er mir den Namen gab, den er trug, seinen Hautnamen. Und alles, was er mir bis dahin aufgetragen hatte, sollte mir zu verstehen geben, welches mein Platz innerhalb seines Stammes war.

Das hat mich dann noch neugieriger gemacht. Je länger ich mit ihnen lebte, desto mehr wurde mir klar, dass der Mensch seinem Wesen nach so ist wie sie. Sie sind unsere Wurzeln, unser Ursprung, wir waren einmal wie sie. Es ist, als würde sich eine Höhle öffnen und der Neandertaler stünde vor einem … Als ich Georges 1997 mit nach Frankreich genommen habe, sind wir zu den Höhlen von Gargasse bei Toulouse gefahren. An der Wand war ein Handabdruck, fünfundzwanzigtausend Jahre alt, und Georges hat seine Hand hineingelegt. Mir ging es durch und durch, weil ich dachte: ›Überall in der Welt ist die Vorzeit eine vergangene, tote Epoche. Und hier habe ich sie vor mir, äußerst lebendig, in direkter Abstammung verkörpert durch Georges, der vor fünfzig Jahren mit seiner Steinaxt genauso gelebt hat wie unsere Vorfahren vor siebzigtausend Jahren!‹ Am Ausgang der Höhle hat er dann Didjeridoo gespielt und lächelnd zu mir gesagt: ›Siehst du, hier sind dieselben *mimi* gewesen wie bei uns.‹

Als ich wieder in Frankreich war, wurde mir bewusst, dass das, was ich hier erlebte, etwas ganz Außergewöhnliches war. Bei den Ngkalabon kann man Wissen noch unmittelbar erfahren. Ich erinnere mich, dass ich eines Tages mit Georges und Maguy am Ufer des *billabong* der Zwei Frauen Muscheln gefangen habe und mir beim Anblick ihrer jahrtausendealten Gesten und ihrer beiden Gesichter plötzlich ganz schwindlig wurde … Ich befand mich mitten in der Vorzeit. Ich bin mit ihnen schon mehrere Male ins Schleudern gekommen und habe sämtliche logischen Anhaltspunkte verloren. Was nichts Schlechtes ist, weil sie noch wirkliche Werte haben. Jedes Kind hier lernt, im Busch zu überleben. In Paris kommen die Kinder, die auf der Straße groß werden, nicht zurecht, weil der Beton eben nicht ihr Ursprung ist.«

»Können diese Werte denn auch bestehen?«

»Die Beziehung zur Erde und zur Umwelt bleibt unveränderlich, sie ist bei allen Stämmen dieselbe, denn sie ist die Grundlage der Traumzeit, der Kultur und der Lebensart. Das gilt auch für die Beziehung zur Zeit. In der Kultur der Aborigines gehen Vergangenheit, Gegenwart und Zukunft ineinander über, weil das, was sich zugetragen hat, noch andauert und sich wiederholen wird. Das Gesetz regelt alle Ereignisse im Leben und ist der Figur des Kreises nachempfunden, so wie auch die Jahreszeiten zyklisch sind und sich alles auf der Erde dreht. Das Neugeborene fängt bei null an und muss dann nur noch den Kreis vollenden. Das erklärt auch, warum die Aborigines sich nicht in die Zukunft hineinversetzen können, weil für sie schon alles feststeht und immer so sein wird, wie es schon war. Das sind ihre gemeinsamen Grundlagen.

Im Gegensatz zu den Wüstenstämmen aber hat Arnhem Land ein matriarchalisches System: Georges lebt auf dem Grund von Maguy, sie stattet ihn mit seiner Macht aus und tut dies auch rückhaltlos, weil er stark ist und Entscheidungen fällen kann. Was die Initiation der Jungen angeht und die Weitergabe von Wissen, da ist der Onkel mütterlicherseits wichtiger als der leibliche Vater. Umso mehr, als der sexuelle Akt von der Fortpflanzung komplett getrennt wird: Das Kind wird von einem kindlichen Geist gezeugt, der in die Brust der Mutter eindringt, die Männer haben nichts damit zu tun. Das hat sie übrigens auch misstrauisch werden lassen und dazu gebracht, ihre eigenen Rituale zu entwickeln und die Frauen von ihren Zeremonien auszuschließen.«

»Und wie funktioniert das Nebeneinander dieser Verhaltensweisen mit denen der ›zivilisierten‹ Welt?«

»Schwierig! Manchmal erlebt man lustige Situationen: Als Georges ›mein Revier‹ sehen wollte, habe ich ihn drei Wochen mit nach Frankreich genommen, zusammen mit zwei weiteren Stammesangehörigen. Solange wir in Lodève geblieben sind, war alles wunderbar. Er fiel meiner Mutter in die Arme und sagte zu ihr, sie würde zu seiner Familie gehören, und als wir zum Friedhof gingen, hat er seinen Schweiß auf den Gräbern all meiner Familienangehörigen hinterlassen, ›damit sie uns nicht vergessen‹. Nachdem er im Rathaus empfangen worden war und von den Honoratioren der Gegend, sagte er stolz zu mir: ›*Balang*, du hast uns bei dir zu Hause zu großen Männern gemacht!‹

Ganz anders dann in Paris! Sie gingen barfuß auf die Straße, schliefen komplett angezogen, sahen sich nachts in den Hotelzimmern gewagte Filme im Fernsehen an und fingen mitten in einer Versammlung plötzlich an zu singen und zu tanzen. Ganz zu schweigen von den vielen Malen, als ich sie in der Metro aus den Augen verlor, weil sie stehen geblieben waren, um einen singenden Bettler mit dem Didjeridoo zu begleiten. Georges dachte nach einer Woche, er müsste wieder zurück, weil er die Mondviertel gezählt hätte … Ich habe versucht ihm zu erklären, dass der Himmel in Frankreich ›andersherum‹ ist, auf der anderen Seite von Australien. Er hat es nicht verstanden und nur gesagt: ›Ich glaube dir‹, und alles war wieder in Ordnung.

In Weemol steht natürlich etwas ganz anderes auf dem Spiel und die Anpassungsschwierigkeiten sind anderer Art. In den Meetings zum Beispiel sind die Aborigines sehr unkonzentriert und stimmen irgendwann mit ›Ja‹, damit sie schneller fertig sind. Aber im Grunde ist damit nichts erreicht und das ›Ja‹ bedeutet in Wirklichkeit ›Nein‹. Oft sind sie unberechenbar, vor allem was Anschaffungen und Geld angeht. Sie sind immer noch als Sammler unterwegs – ›das hätte ich gern, und das nehm ich mir auch‹ – und setzen bei ihren Einkäufen keine Prioritäten. Eines Tages ist Georges in den Shop gegangen, um Lebensmittel für seine Familie einzukaufen – und ist mit Videokassetten zurückgekommen. Die Kinder hatten Hunger, ich war so wütend, dass ich ihm zugerufen habe: ›Koch sie doch und gib sie ihnen zu essen!‹

Sobald sie Geld haben, verschenken sie es. Georges ist für ein Scheckbuch zeichnungsberechtigt. Er ›malt‹ seinen Namen unter einen Scheck über siebzigtausend Dollar, ohne sich darüber im Klaren zu sein, was für ein Betrag das ist. Und dann vergisst er sofort, was er da unterschrieben hat. Dabei haben sie ein hervorragendes Gedächtnis, weil in ihrer Tradition nichts schriftlich festgehalten ist, alles wird mündlich übertragen.

In Wahrheit sind die beiden Welten zu verschieden. In Georges' Kopf wird es den Brückenschlag nie geben, er sieht nicht einmal die Notwendigkeit dazu. Denk nur daran, dass er vor fünfzig Jahren, als er den ersten Weißen vor sich gesehen hat, nur gesagt hat: ›Der Teufel‹.«

Marie kommt mit einer Schar Kinder vom Fluss zurück. Wamut macht sich los und wirft sich François an den Hals:

»*Balang, balang*, lass mich deinen Laster fahren!« François wirft mir einen halb amüsierten, halb resignierten Blick zu.

»Siehst du, bei dieser Generation muss man tricksen, um ihr das Beste aus beiden Welten mit auf den Weg zu geben. Das ist es, was ich mit meiner Stiftung will, in die ich jetzt meine ganzen Ersparnisse und meine Energie stecke. Vor deiner Abfahrt sprechen wir noch darüber.«

Wamut zieht ihn zum Jeep. Bevor sie in einer Staubwolke verschwinden, höre ich den Kleinen aus vollem Hals lachen und schreien: »*Balang*, schneller bitte, schneller!«

François' Jeep holpert über die *speargrasses*, ein Queckengewächs, große Gräser mit schwarzem Samen und Widerhaken, die spitz sind wie Speere und uns Gesicht und Arme zerkratzen. Wir schützen uns mit Frotteetüchern. Georges und Maguy sitzen dicht gedrängt auf dem Vordersitz. Bedächtig, aber präzise weisen sie François die von den hohen Gräsern zugewachsene Fährte, es sind Pfade, auf denen sie zigmal zu Fuß nach Cotpela gelaufen sind, dem Camp, das am weitesten entfernt liegt. Die Trockenzeit hat begonnen, die Wasserlöcher sind ausgetrocknet, zum ersten Mal seit einem Jahr ist die Route befahrbar und gemeinsam werden wir das Camp wieder eröffnen.

Festgekeilt auf dem Rücksitz zwischen Philip und June sitze ich Dudley gegenüber, der mit einer anmutigen, behutsamen Geste das Gras aus meinem Haar entfernt. Wir erreichen die Höhe des letzten Hügels … Die ganze Pracht von Arnhem Land. Über der goldgefärbten Steppe schlagen die Grüntöne der Tropenbäume explosionsartig empor, überragt von einem erneut azurblauen Himmel, in dem die letzten Wolken zerfransen. Eine Herde schwarzer Pferde jagt durch das Gold der Steppe. Die Stille erfüllt die immense Weite des Himmels, die Gesichter der Aborigines sind nach wie vor regungslos, friedlich überblicken sie den Horizont. Ich fühle mich wohl unter ihnen, ihre Ruhe geht langsam auf mich über, keine Erwartung, keine Ungeduld verdüstert ihren Blick oder lastet auf ihrem Herzen. Sie sind eins mit Raum und Zeit, als käme jeder Moment gerade recht. Bei ihnen hat alles seinen Platz.

Der Jeep windet sich jetzt durch riesiges Farnkraut und durch Pandanuswälder und umfährt die letzten Sümpfe, die die Regenzeit hinterlassen hat. Kranich- und Reiherschwärme kreisen am fernen Himmel, zwischen den Bäumen erblicke ich ein riesiges *billabong*, das versteckt mitten im Wald liegt: Das ist Copoliu, ein Name, der dahinplätschert wie ein Bach, der Ort, der für unser Picknick auserkoren wurde. Während Georges und Maguy den *billy* erhitzen und das Büffelfleisch auspacken, entdecke ich von einem halb unter Wasser liegenden Eukalyptusbaum aus die Weite und Schönheit von Copoliu, einem Sumpf, der einem Märchen zu entstammen oder wie von einem visionären Geist erschaffen scheint. Im milchigbeigen Wasser, das über und über mit perlmuttfarbenen Seerosen bedeckt ist, tauchen silbrige Hellebardenwälder auf, so weit das Auge reicht, seit ewigen Zeiten überflutete Baumstämme. Auf ihren Wipfeln gehen wogenartig schwere Wildgänse- und Entenschwärme nieder, während Eisvögel, Silberreiher und Graue Kraniche mit dem Schnabel die Wasseroberfläche durchkämmen.

Zwischen dem Plätschern des Wassers und dem verlangsamten Schrei einer Ente scheint alles wie ausgesetzt. Sogar die Luft ist erstarrt. Dudleys geschmeidige Silhouette, ein nach vorn gerichtetes, zugeschnittenes Schilfrohr, das durch die Welle sticht, ohne dass sie sich kräuselt. Ein Blitz und zack, eine Brasse zappelt an der Spitze, aber alles geht so schnell, dass weder die Landschaft noch der Mann sich regen. Nicht mal ein Zittern im Sumpf, unantastbar seit Urzeiten. Ich halte den Atem an, jetzt bloß nicht stören. Auf Zehenspitzen schleiche ich davon und wieder in dem Jeep, der das Cotpela-Plateau erklimmt, weiß ich nicht einmal mehr, ob es sich auch wirklich so zugetragen hat oder ob ich Copoliu nur geträumt habe.

Wir kommen in dem auf einem Überhang gelegenen Lager an. Es besteht aus drei unter Akazien kauernden Häusern, einem Generator und einem Windrad, das Ganze von hohem Unkraut umwuchert. Während Philip, June und Dudley schon mit dem Jäten beginnen, gehen wir mit Georges und Maguy Richtung Plateaugipfel. Die Augen auf den Boden geheftet, stöbert Maguy kleine ockerfarbene und zinnoberrote Zwiebeln auf, die natürlichen Farben für ihr Körbe, während Georges die *string bark trees* anschlägt und an ihrem Stamm horcht, um herauszufinden, welcher sich am besten für ein Didjeridoo eignet: »So wie der Ton beschaffen ist, weiß er genau, wie tief die Termiten den Stamm ausgehöhlt haben … Er ist ein Meister seines Fachs«, flüstert François mir zu. Dann löst Georges behutsam Stücke aus der Rinde, die er als Untergrund für seine Malereien verwendet, und sammelt etwas weiter weg seine Pinsel ein, hohle Papyrusstengel. Ich beobachte ihre liebevollen und präzisen Gesten, die Geschwindigkeit, mit der sie die Dinge orten. Ohne zu zögern, treibt Maguy auf dem Plateau die Steine mit Pigmenten auf – Ton für Weiß, Hämatit für Rot, Mangan für Schwarz – oder Zweige des *ironwood,* des Eisenbaums, aus denen sie *clapsticks* macht, mit denen bei den Zeremonien der Rhythmus geschlagen wird. Trotz ihres Alters huschen Georges und Maguy wie zwei stille, geschmeidige Katzen zwischen den Büschen hin und her, langsam und auf leisen Sohlen, um die heilige Ordnung im Busch möglichst nicht zu stören. Hinter ihnen geht François und zeigt mir den Baum der grünen Ameisen – die gepresst einen köstlichen, nach Zitrone schmeckenden Saft ergeben –, den *marble tree,* dessen Rinde mit Asche vermengt und aufs Wasser gestreut die Fische an die Oberfläche holt, und die Pinien mit dem leichten Harzgeruch, die uns mit einem Mal an Südfrankreich erinnern.

Wir kommen an den Rand des Steilhangs. Der Himmel wird wieder ganz, unter uns ragen zwei Felsgipfel hufeisenförmig ins Tal. Georges und Maguy schleichen wie Schatten hinter mir her und verschwinden dann in einer tiefen Nische. »Dreh dich nicht um, sie ehren eine heilige Stätte, um ihrer Rückkehr in das Lager zu gedenken.« Wir klettern auf den höchsten Berggipfel am Eingang zur Schlucht: Der Steilfels schlängelt sich unendlich dahin, ein purpurnes Kreppband über dem zarten Grün der Eukalyptusbäume, die den Fluss in der Ferne säumen. Bewegt berichtet François mir von den beiden bereits verstorbenen Älteren, die, ohne sich noch bewegen zu können und fast blind, ihm aus dem Gedächtnis jeden Baum, jedes Wäldchen, jeden Ast beschrieben.

Wir rutschen den Hang hinunter und als würde jeder unserer Schritte die Erde und ihre Stimmen erwecken, zählt François den Terpentinbaum auf, mit dem man Feuer macht, den Kängurubaum – den Baum der *balang* – für die Gewürze, die Akazien mit den gold- und orangefarbenen Blüten und die mit den Perlen aus flaumigen Mimosen … »Sieh mal, die *Wet** hat alles gereinigt wie noch nie. Alles strahlt wieder.« Seine Stimme versagt, hingerissen entdeckt er sein vergessenes Reich wieder, das infolge des Regens acht Monate im Jahr von der Welt abgeschnitten ist.

François nimmt meine Hand, wir gehen den schmalen Rand einer Felswand entlang bis zu einer tiefen Spalte im Gestein. Sie ist ringsum mit einer Girlande aus roten Schablonenhänden verziert: »Sie schnitten sich die Hand auf, vermischten ihr Blut mit dem Sand und pusteten es an … Das war vor zwanzigtausend Jahren.« Weiter unten sind die Umrisse von Kängurus und Krokodilen, Tauben, Zwerggänsen und Honigameisen aufgemalt, in einer Ecke zeigt François mir einen in dünnen Strichen skizzierten *mimi* … Aber es sind die Hände, auf die mein Blick wieder fällt, weil sie so lebendig und für uns so greifbar sind; denn ihre schlichte Form ist immer gleich und universell, bei allen Rassen und zu allen Zeiten, seit es den Menschen gibt.

Wir steigen zum Fluss hinab, François zeigt mir mehrere Bienenstöcke am Fels: »Die Mundstücke der Didjeridoos werden aus dem rotbraunen Wachs der wilden Bienen gemacht. Georges kommt häufig hierher, um sich welches zu besorgen.« Vor uns ist ein großer, runder, dunkelroter Stein, François reibt seinen angefeuchteten Finger an der glänzenden Oberfläche und zeichnet eine Squaw-Maske: »In dieser Gegend hat es einmal einen Meteoritenregen gegeben, der sehr eisenhaltig war, die Aborigines benutzen die Reste noch immer als Malsteine.«

Wir sind fast am Wasser, ein scharfer Büffelgeruch durchsetzt die frisch aufgewühlten Ufer. Aus der Form einer Urinpfütze schließt François auf ein Weibchen. Wir nehmen seine Spur auf und halten uns dabei an die Kerben in den Bäumen, an denen es sich die Hörner gewetzt hat. Plötzlich hallt das Knacken von Ästen durch das Tal, eine riesige, dunkle Masse mit Hörnern macht sich schnaubend vor unseren Augen davon und verschwindet in dem Hufeisen der beiden Bergzipfel. Mir stockt der Atem, mitten in dieser wilden Schlucht, die gezeichnet ist von Menschenblut und dem Urin großer Säugetiere, fühle ich mich schlagartig in die Vorzeit versetzt.

Der Fluss macht eine Schleife und wird zwischen üppig wuchernden Palmen breiter, wir nähern uns Cotpela. Die Landschaft wird lieblicher und zivilisierter, Schwärme von *jabirus** und *brolgas** gleiten mit grazilen Füßen über die Wasseroberfläche, alles geht wieder seinen gewohnten Gang.

Von oben sehe ich Georges und Maguy, die am Abgrund sitzen und uns zulächeln.

François bringt mich in seinem riesigen Amphibienfahrzeug nach Katherine zurück und erklärt mir unterwegs sein Stiftungsprojekt: In Bodeidei Camp soll ein Kulturzentrum entstehen, in dem die Traditionen an die junge Generation weitergegeben werden, und ein Areal mit Bungalows, Küche und Sanitäranlagen, in dem die Ngkalabon mit Fragen der Ernährung und Hygiene vertraut gemacht werden.

»Alkohol und Drogen hat es bei ihnen nie gegeben und ihr Körper war auf eine so radikale Nahrungsumstellung nicht vorbereitet. Was zur Folge hat, dass die meisten Aborigines über vierzig heute in keiner guten Verfassung sind, viele leiden an Diabetes, Bluthochdruck und Alkoholismus. Das Budget für das Gesundheitswesen ist 1995 um das Doppelte aufgestockt worden und trotzdem liegt ihre Sterblichkeitsrate – und die Zahl der Selbstmorde – doppelt so hoch wie bei den Indianern in Amerika und bei den Maori. Das liegt wahrscheinlich an der mangelnden Koordinierung mit ihren Organisationen und daran, dass man ihren kulturellen Code nicht entschlüsselt.

Derzeit läuft die Stiftung über internationale Unterstützung. Aber mein Ziel ist es, weltweit Werbung für ihre Kunst zu machen, damit sie über ihr eigenes Einkommen verfügen und autonom werden können.«

Ich sehe Dudley vor mir, der über seinen Traktor gebeugt von Peter, dem weißen Bediensteten von Weemol, Instruktionen erhielt, wie er den Motor zu reparieren hätte. Langsam richtete er sich auf und wischte sich die Ölflecken aus dem Gesicht. Dann sah er mir zum ersten Mal geradewegs in Gesicht und sagte, auf seinen Kopf deutend, in aller Seelenruhe: »Bald können wir es auch allein.«

Wir sind wieder auf der Asphaltstraße, in einer knappen Stunde werden wir den Stuart Highway erreichen. Ich habe den Eindruck, sehr lange sehr weit weg gewesen zu sein und mit dem Ngkalabon nicht nur einen Zeitsprung gemacht zu haben, sondern in mein Innerstes eingetaucht zu sein. Dabei wurden gar keine Worte gewechselt, alles verlief in Stille, über einfache Gesten und Blicke. Was haben sie mir mit ihrer friedvollen und schlichten Präsenz vermittelt? Zweifellos das Abbild eines Lebens, das das genaue Gegenteil von dem unseren ist, dem der unbeholfene Wettlauf um Medaillen und Objekte fremd ist und das sich auf das Wesentliche beschränkt: sich von der Erde das zu nehmen, was diese jedem im Überfluss bietet, der sie zu schätzen weiß, ihr zurückzugeben, was das Leben erhält, und sie zu ehren, damit das Gleichgewicht der Schöpfung gewahrt bleibt.

Die Selbstverständlichkeit, mit der sie ihren Platz auf unserem Planeten einnehmen, und ihr Auftrag gaben den Aborigines vermutlich lange diese Gelassenheit, das Sich-dem-Schicksal-Überlassen, das auch Georges und Maguy noch ausstrahlen. Durch ihr jahrtausendealtes Wissen um die unveräußerlichen Gesetze des Lebens ist ihr Geist empfänglich geblieben für die Magie der Welt, zu der sie auf natürliche Weise Zugang haben: Weit entfernt von jeder Beweisführung durch die Quantenphysik und Zurschaustellungen schamanischer Kräfte wandeln sie mit der gleichen Natürlichkeit zwischen den Menschen und den Welten, mit der sie ein- und ausatmen, und zeigen uns, dass dies das Privileg eines jedes Menschen ist, der im Einklang mit der Schöpfung zu leben versteht.

Und neben ihnen, die ohne alles auskommen, habe ich, die ich ununterbrochen auf der Suche nach meinem Platz war, meine Suche eingestellt: Mein Platz ist dort, wo ich die Magie dessen erfahre, was ich war, dort, wo ich zu meinem Ursprung finde. Diese Erinnerung ohne Worte ist mir durch Georges und Maguy in Fleisch und Blut übergegangen und es ist das größte Geschenk, das dieser von mir so geliebte Kontinent mir machen konnte: Dass ich mich auf ewig darüber begeistern kann, am Leben zu sein.

Glossar

Arnhem Land: Gebiet von Aborigines im Norden Australiens, wo die Malerei auf Eukalyptusbaumrinden weit verbreitet ist, ebenso wie die berühmten Röntgenbildmalereien (der Körper wird in seiner Gesamtheit dargestellt, mit allen inneren Organen), die im Kakadu National Park zu finden sind.

Arrernte: Aborigine-Stamm, der als Hüter über Alice Springs und Umgebung wacht.

Ayers Rock: Seit sechshundert Millionen Jahren steht der 350 Meter hohe Ayers Rock mitten in der Wüste, fünfhundert Kilometer von Alice Springs entfernt. Er ist eine der wichtigsten heiligen Stätten der Aborigines. 1985 wurde er den Aborigine-Stämmen zurückgegeben, die die Hüter des Ortes sind: die Pitjantjara (oder Anangu), die ihn wieder auf seinen Namen Uluru getauft haben.

backpacker: Rucksacktouristen.

baked beans: gekochte weiße Bohnen.

balang: nach dem Verwandtschaftssystem der Aborigines Bruder aus »direkter Nachkommenschaft«, das heißt derjenige, der denselben Hautnamen trägt.

Balgo: Missionsstation für Aborigines, die am Rande der Tanami Desert in Westaustralien liegt.

banksia, blackboy: Bäume, die für die Wüstensteppen Westaustraliens typisch sind. Der *blackboy*, dt. Grasbaum, ist ein Baum mit schwarzem, schuppigem Stamm. Man erkennt ihn gut an seinem zerzausten Büschel hartgrasartiger Blätter, das im Wind schwankt.

Bardi: Küstenstamm in der Gegend von Broome.

Barramundi: sehr gepriesener, großer, tropischer Lachsfisch mit dicken Schuppen, der in den salzigen Gewässern der Flüsse und Flussmündungen lebt (auch kurz »Barra« genannt).

Be careful, I have tough tities: »Sieh dich vor, ich hab taffe Titten«, was soviel bedeutet wie: Ich bin ganz schön robust.

bikies: Motorradfahrer, die als Bande umherziehen.

billabong: Aborigine-Bezeichnung für Teiche in Sumpfgebieten.

billy: Metalltopf, in dem man Wasser erhitzt, meistens für Tee.

black fellow: schwarzer Kamerad.

blue bone gropper: Zackenbarsch.

bongs: Schimpfwort, das die Aborigines bezeichnet (ähnlich wie im Deutschen Kanake).

bottle shop: Getränkeausschank, der an einen Pub angrenzt.

brolgas: Vogel aus der Familie der Reiher. *jabirus* und *brolgas* tauchen häufig in den Berichten über die Dreamtime auf.

bullshit: umgangssprachlich für: »Das ist Blödsinn, völliger Quatsch«.

Busch: der australische Busch. Und im weiteren Sinne alles, was nicht Stadt ist… also 90 Prozent Australiens.

business: Ausdruck der Aborigines, der jede Art von Aktivität bezeichnen kann, von Geschäfte machen bis zur Teilnahme an Zeremonien, Konflikte lösen oder Trauerrituale ausführen (sorry Business).

Carnarvon: Fischerhafen in Western Australia, der für den *snapper* (Goldbrasse) berühmt ist.

cattle stations: Vieh-Ranches.

Chinaplate: Spitzname, wie sie in den Surfercliquen üblich sind.

Coober Pedy: Höhlenstadt mit viertausend Einwohnern mitten in der Wüste Südaustraliens, seit Anfang des 20. Jahrhunderts weltweit die Stadt des Opals und nebenbei auch die Kulisse für den letzten »Mad Max«. 1987 wurde eine riesige Ader entdeckt, woraufhin erneut Prospektoren aus der ganzen Welt herbeigeeilt sind.

creek: ausgetrocknetes Flussbett.

desert peas: Diese Wüstenblumen besitzen knallrote Blütenblätter und einen schwarzen Kern. Sie sind sehr gut an das Leben in der Wüste angepasst.

Didjeridoo: langes hohles Holzrohr (traditionell der Stamm oder ein Zweig eines Eukalyptusbaumes, der von Termiten ausgehöhlt wurde). Der Musiker bläst hinein und moduliert seine Melodie.

Do you want a lift?: Soll ich Sie ein Stück mitnehmen?

dot paintings: Acrylmalerei, die an den Pointillismus erinnert und die Mitte der Siebzigerjahre im Reservat von Papunya entwickelt und dann in allen Reservaten des Zentrums betrieben wurde. Die meisten dieser Bilder sind von rituellen Motiven inspiriert, die früher auf Objekten aus Holz, auf dem Körper oder im Sand ausgeführt wurden und nur für die Dauer einer Zeremonie gedacht waren. Mit der steigenden Nachfrage auf dem Markt wird die Verwendung von Geschichten und Symbolen immer freier gehandhabt und sie werden auf stabilen und kommerzialisierbaren Untergründen festgehalten.

dry settlement: Um gegen die verheerenden Folgen des Alkoholismus zu kämpfen, haben die meisten Reservate sich Ende der Siebzigerjahre zu »dry settlements« erklärt, was heißt, dass der Alkoholkonsum innerhalb ihrer Grenzen verboten ist.

Dugong: Pflanzen fressendes Säugetier aus der Familie der Seekühe.

Entschuldigung an die Adresse der Aborigines: Gegenstand einer großen Debatte, die die australische Regierung und Gesellschaft spaltet. Bis zum heutigen Tag weigert sich der Premierminister, sich für die von den Weißen begangenen Missetaten, darunter auch die unter dem Begriff der »geraubten Generation« bekannten Vergehen aus jüngster Zeit, offiziell beim Volk der Aborigines zu entschuldigen.

Europäer: Bei den Aborigines Bezeichnung für die Weißen, da die Emigration nach Australien über ein Jahrhundert lang ausschließlich von Europa ausging.

fairskinned: »hellhäutig«.

Geckos: kleine beige-durchsichtige Eidechsen der tropischen Zonen.

ghost gums: Eukalyptusbaumart (es gibt mehr als 500!) mit weißem Stamm, ähnlich den Birken.

Glasglocke: Es handelt sich um Biosphäre 2, eine zu wissenschaftlichen und ökologischen Zwecken errichtete Glaskuppel, unter der zwei Jahre lang vier Männer und vier Frauen praktisch autark gelebt haben.

green: umgangssprachlich für Marihuana.

gumtree: Gummibaum.

Hautname: ein Aborigine-Stamm wird in Untergruppen eingeteilt, so genannte »Hautnamen«, auf deren Grundlage die Verwandtschaftsbeziehungen geregelt werden: So kann jeder Angehörige einer Gruppe sich nur innerhalb einer einzigen anderen Gruppe seinen Ehepartner aussuchen. Auch hier geht es um die Verbindung zur Erde und die damit verbundene rituelle Verantwortung. Heiratet ein Mann in die falsche Gruppe ein, haben seine Kinder keinen Anspruch auf das Erbe der geheiligten Gebietsrechte.

homestead: Landgut. Der Name bezeichnet speziell die Besitztümer, die im Herzen der Ranches gebaut wurden.

Internetseite der Alice Springs News: www.alicesprings-news.com.au

jabirus: Vögel aus der Familie der Reiher. *jabirus* und *brolgas* tauchen häufig in den Berichten über die Dreamtime auf.

joey: umgangssprachlich für das Junge eines Kängurus.

junk food: Fastfood-Essen von sehr schlechter Qualität.

Kalgoorlie: eine der typischen Goldgräberstädte des letzten Jahrhunderts. Sie wurde mitten in der Wüste gebaut, im Südwesten von Western Australia, und sie ist immer noch aktiv: Die Industriellen haben aus den Schuttbergen, die ihre Vorgänger ihnen hinterlassen haben, mehr Gold geholt als 1910 dort gefunden wurde!

Känguru-Traum: Die Träume tragen oft den Namen von Tieren oder Pflanzen. Manche heißen auch Regen, Lanze, Fieber oder Wut. Ihr Name bedeutet gleichzeitig das Prinzip, das die Existenz der benannten Dinge ermöglicht: Ohne den Traum Regen oder Schwarze Pflaume gäbe es heute weder Regen noch schwarze Pflaumen. Individuen und Gruppen fühlen zu diesem oder jenem Traum eine besondere Beziehung, der damit auch ihr Totem repräsentiert. Auf diese Weise wird jedes Individuum als Hüter der Orte angesehen, die seinen Totems entsprechen. Mit anderen Mitgliedern des gleichen Totems muss er bestimmte Rituale ausführen, um die Bande, die ihn mit dem Boden und den ewigen Wesen vereinen, zu stärken. Den meisten Totem-Namen sind richtige Routen zugeordnet, die *dreamings,* die die verschiedenen Reisestationen der Helden repräsentieren. Einige dieser Wege verbinden die wichtigen Orte des gleichen Stammes über fast hundert Kilometer, andere durchqueren den ganzen Kontinent und werden von Stamm zu Stamm weitergegeben: Die gleichen Personen erleben weitere Abenteuer, wie in einem Fortsetzungsroman in der Zeitung. Diese mythischen Reiserouten sind ein Mittel, die Verflechtungen der Stämme untereinander in die Traumzeit zu versetzen: In ihrem Namen werden Zeremonien abgehalten und Rituale ausgetauscht. In diesem Sinne und gestützt auf geografische Orientierungspunkte, die von Generation zu Generation weitergetragen wurden, ist der Traum für die Aborigines Gesetz geworden (siehe Barbara Glowczewski in: *Australie Noire,* Revue Autrement).

lovebirds: eine Papageienart.

lugger: Perlenschiff aus Holz. Zu Zeiten des Perlenbooms Anfang des 20. Jahrhunderts gab es vierhundert davon; heute sind nur noch zwei erhalten, verloren in einer Flotte mit lauter modernen Schiffen.

maban: entspricht einem Schamanen, der heilende oder wahrsagende Kräfte besitzt und der auch Träume interpretieren kann.

Mall: Fußgängerpassage mit vielen Geschäften im Stadtzentrum.

Manjimup: kleines Nest inmitten der jahrhundertealten Wälder des Südwestens.

mate: nur in Australien gebräuchlicher Ausdruck für »Kamerad«.

Maynard, Fred: Gründer der Australian Aborigines Progressive Association, der ersten Vereinigung, die sich für die Anerkennung einer Aborigine-Zivilisation eingesetzt hat.

meatpies: kleine runde Fleischpasteten.

mimis: Schutzgeister in Arnhem Land, in den berühmten Höhlen im Kakadu National Park als langgliedrige Figuren dargestellt.

Nyungar: Stamm im Südwesten von Western Australia.

Outback: das abgelegene Innere des Buschlands.

petrol sniffing: Benzin schnüffeln.

pickles: Essiggurken oder in Essig eingemachtes Gemüse (mixed pickles).

pommy: pejorative Bezeichnung für die Engländer.

pur Aussie: Australier reinsten Wassers.

sheela: nur in Australien gebräuchlicher Ausdruck für »Frau«.

stubbie: nur in Australien gebräuchlicher Ausdruck für »kleine Bierflasche«.

social welfare: Sozialhilfe, finanzielle Unterstützung des Staates.

spinifex: harzhaltiges, hartes Steppengras, das sich hervorragend zum Feuermachen eignet.

stew: Eintopf.

swag: mit einer Plane bedeckte, zusammengerollte Matratze, die im Busch als Schlafsack dient.

Sydney Royal Easter Show: große Messe, die jährlich in Sydney stattfindet und sich als Schaufenster aller typisch australischen Erzeugnisse versteht.

Tantiemen der Mine: Seit 1976 erlaubt ein Bundesgesetz die Rückgabe gewisser Gebiete an die Aborigines, mit dem auch das prinzipielle Verfügungsrecht über die vorhandenen Bodenschätze verbunden ist. Meist sind endlose Verhandlungen notwendig, bis die Aborigines die Zahlung von Förderabgaben auf die Ausbeutung der Minen erreichen, für die sie aus spirituellen Gründen oft nur sehr ungern die Erlaubnis geben.

tjila: Geist eines Ortes, der mit der Person und dem Zeitpunkt ihrer Zeugung in Verbindung steht.

Top End: der gesamte tropische Teil des Northern Territory zwischen Katherine und Darwin. Am Top End befinden sich die großen touristischen Sehenswürdigkeiten des Kakadu National Park (Felsenmalereien, die älter als die von Lascaux sind), die Katherine Gorges und die wilden Wasserfälle des Litchfield National Parks.

Traumzeit (Dreamtime): Die australischen Aborigines lesen in der Erde wie in einem Buch. Sie interpretieren alle Eigenheiten der Landschaft als lebende Spuren fantastischer Wesen, Helden, die vom Himmel gestiegen sind, aus dem Meer oder den Eingeweiden der Erde, die kreuz und quer durch den Kontinent gestreift sind und ihn mit ihren Körpern markiert haben: Dieser rote Felsen ist das versteinerte Blut eines besiegten Stammes, jenes Wasserloch tat sich auf, als eine sagenhafte Schlange in der Erde verschwand… Wenn diese Bildhauer der Landschaft auch im Boden versunken sind oder sich in himmlische Phänomene verwandelt haben, sie haben diese Erde dennoch nicht verlassen: Sie bleiben bis in alle Ewigkeit präsent in den Orten, die sie geschaffen haben, und wirken direkt auf die Fruchtbarkeit der Frauen und der Natur, des Regens, der Winde… usw. Sie sind außerdem durch die sozialen Regeln und Rituale, die sie eingeführt haben, Garanten der Kultur und nach wie vor führen sie die Menschen in ihrem Schlaf. Man versteht so, dass die Traumzeit »nicht einfach nur die Frühzeit der Vorfahren bezeichnet, sondern eine parallel zur historischen Zeit der Menschen existierende Dimension, eine lebende Erinnerung […], die unabhängig von ihnen funktioniert und aus der sie schöpfen können, ohne sich ihres Gesamtumfangs bewusst zu sein. Sie beinhaltet alles, was war, was ist und auch, was in der Zukunft geschehen kann: Das erinnert ein bisschen an eine Datenbank, die alle Materie und alle Kräfte des Universums gespeichert hat und auf alle möglichen Programme zurückgreifen kann, ob sie nun aktiviert sind oder nicht.« (siehe Barbara Glowczewski in: *Australie Noire*, Revue Autrement)

Utopia: Aborigine-Reservat im Zentrum Australiens, das für seine Malerei und Batik berühmt ist.

walkabout: Ausdruck der Aborigines für »Rückkehr in den Busch«.

Wallabies: kleine graue Kängurus, die vornehmlich zwischen Felsen leben.

Warlpiri: Stamm im Northern Territory.

wet: umgangssprachlicher Ausdruck für die Regenzeit.

whiting: (Fisch) Merlan, Wittling.

Yulara: wurde 1984 im Herzen der Wüste von dem berühmten australischen Architekten Philip Cox gebaut. Yulara kann in seinen Hotelkomplexen fünftausend Personen beherbergen.

Internetseiten mit Informationen zur Geschichte, zur Kultur und zur gegenwärtigen Situation der Aborigines:

- Australian Institute of Aboriginal and Torres Strait Islander Studies: www.aiatsis.gov.au
- Aboriginal and Torres Strait Islander Commission: www.atsic.gov.au/nav/home.asp